《草葉集》如草葉般生生不息的文學生命，民主精神的詩歌捍衛靈魂自由

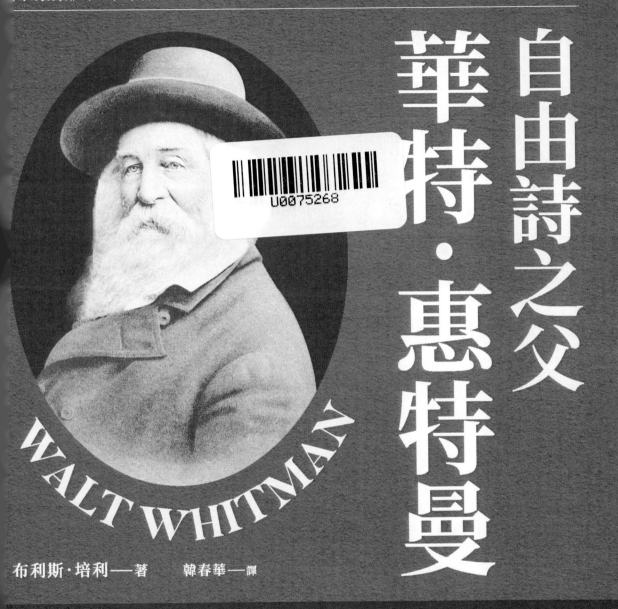

自由詩之父

華特‧惠特曼

WALT WHITMAN

布利斯‧培利——著　　韓春華——譯

歌詠生命、歌詠靈魂和自由的「自由詩之父」

耗盡心血、一生修改無數版本的詩作《草葉集》，
直至惠特曼生命終結時，仍是一個有機的未完成之作，
其詩歌被形容為「動物本能般的嘶吼、有著野性的吶喊」。

「我想要探尋人性，以一種比現有的詩歌形式，
或是任何書籍更為真誠且全面的方式去展現出人的人性。」

目錄

CONTENTS

前言

　　多年來，這本書的出版商都希望華特‧惠特曼多年的好友約翰‧巴勒斯[001]先生能夠撰寫惠特曼的人生傳記。但因巴勒斯先生尚有其他創作計畫在身，因此沒有時間進行這本書的創作。於是，出版商希望我能夠接下這個任務，創作惠特曼的人生傳記。在創作的過程中，巴勒斯先生給予了我許多幫助，並且允許我使用他所收藏的關於惠特曼的第一手資料。惠特曼的朋友威廉‧道格拉斯‧奧康納[002]先生的遺孀，來自普羅維登斯的艾倫‧M‧塔爾夫人也非常爽快地將奧康納先生當年與惠特曼之間的信件以及手稿交付於我，這些資料都是奧康納先生多年累積下來的。J.T. 特羅布里奇[003]先生與愛德華‧道頓[004]教授也允許我可以自由地使用惠特曼寫給他們的信件。對此，我深表感謝。

　　我還要感謝 E.C. 斯特德曼[005]先生、威爾‧米切爾[006]博士、R.W. 吉爾

001　約翰‧巴勒斯（John Burroughs, 1837 ～ 1921），美國博物學家、散文家，美國環保運動中的重要人物。美國文學的自然散文領域中最重要的實踐者。

002　威廉‧道格拉斯‧奧康納（William Douglas O'Connor, 1832 ～ 1889），美國詩人、作家，惠特曼的朋友。代表作：《鬼》（*The ghost*）、《白髮好詩人》、《華特‧惠特曼的支持者》等。

003　J.T. 特羅布里奇（John Townsend Trowbridge, 1827 ～ 1916），美國作家。代表作：《古戰場》（*The Old Battle-Ground*）、《鄰居家的妻子們》（*Neighbors' Wives*）、《農場之夜》（*Evening At The Farm*）等。

004　愛德華‧道頓（Edward Dowden, 1843 ～ 1913），愛爾蘭文學評論家、詩人。代表作：《莎士比亞的思想與藝術》（*Shakespeare: A Critical Study of his Mind and Art*）、《文學研究》（*Studies in Literature*）、《雪萊傳》（*The Life of Percy Bysshe Shelley*）等。

005　E.C. 斯特德曼（Edmund Clarence Stedman, 1833 ～ 1908），美國詩人、文學評論家、散文家、銀行家和科學家。代表作：《維多利亞時代詩歌選集》（*Victorian Anthology*）、《老友威廉‧溫特傳記》（*William Winter, Old Friends*）等。

006　威爾‧米切爾（Silas Weir Mitchell, 1829 ～ 1914），美國醫生、作家和詩人。因發現肢端紅痛症而聞名。文學代表作：《華盛頓的年輕時代》（*The Youth of Washington*）、《紅城》（*The Red City*）等。

PREFACE

德[007]先生的大力幫助。我要感謝來自費城的塔爾科特·威廉斯[008]先生對我的鼎力支持，他允許我可以自由地使用他所收集到的關於惠特曼的許多資料。接著我要感謝惠特曼的遺稿保管人之一赫拉斯·特勞貝爾[009]先生、來自斯莫爾地區惠特曼作品的出版商勞倫斯·梅納德[010]先生等人在各方面給予的幫助。我要感謝來自波士頓的查爾斯·H·艾姆斯[011]先生指出薩繆爾·沃倫[012]與惠特曼他們各自創作的《百合花與蜜蜂》以及《草葉集》（*Leaves of Grass*）在寫作風格方面的不同之處。我要感謝來自達特茅斯的查爾斯·F·理查森[013]教授創作了一篇講述惠特曼在1872年前往漢諾威的旅行遊記。我要感謝來自阿爾巴尼的約翰·博伊德·撒切爾[014]先生允許我使用他所保存下來的手稿，這些手稿內包括了惠特曼當年對自己詩歌的有趣評語。

　　我要感謝威廉·斯隆·甘迺迪[015]先生，感謝密西根大學的F.N.司各特教授，感謝來自紐澳良的阿爾伯特·菲爾普斯先生，感謝哈佛大學的

007　R.W. 吉爾德（Richard Watson Gilder, 1844～1909），美國詩人和編輯。代表作：《新的一天》（*The New Day*）、《兩個世界及詩歌選集》（*Two Worlds and Other Poems*）、《談音樂》（*A Book of Music*）等。

008　塔爾科特·威廉斯（Talcott Williams, 1849～1928），美國記者和教育家。代表作：《新聞人》（*The Newspaperman*）、《土耳其：今日世界之難題》（*Turkey: A World Problem of To-day*）等。

009　赫拉斯·特勞貝爾（Horace Traubel, 1858～1919），美國散文家、詩人、作家、雜誌出版人和喬治主義者。代表作：《普世的愛》（*Give All to Love*）、《工人的靈魂》（*The Soul of the Workman*）、《心之門》（*Heart's Gate: Letters between Marsden Hartley & Horace Traubel*）等。惠特曼晚年時期的朋友，並經常照顧晚年的惠特曼起居生活，記錄與惠特曼的談話，這些紀錄後來命名為《與惠特曼在卡姆登的歲月》，於1906年出版。

010　勞倫斯·梅納德（Laurens Maynard, 1866～1917），美國出版商。

011　查爾斯·H·艾姆斯（Charles H. Ames, 1859～1927），美國作家、詩人。

012　薩繆爾·沃倫（Samuel Warren, 1807～1877），英國專門律師、小說家、詩人和國會議員。

013　查爾斯·F·理查森（Charles F. Richardson, 1851～1913），美國作家。代表作：《美國文學》（*American Literature*）、《選書》（*The Choice of Books*）、《大學書》等。

014　約翰·博伊德·撒切爾（John Boyd Thacher, 1847～1909），美國紐約州參議員、製造商、作家和藏書家。

015　威廉·斯隆·甘迺迪（William Sloane Kennedy, 1850～1929），美國傳記作家、編輯、文學批評家、惠特曼的朋友。代表作：《奧利弗·霍姆斯傳》、《回憶華特·惠特曼》、《約翰·惠蒂埃評傳》等。

喬治・H・帕爾默[016]教授，感謝威廉・羅斯科・塞耶[017]先生、珍妮特・吉爾德[018]小姐、伊莉莎白・波爾特・古爾德[019]小姐。他們都為我的寫作提供了許多極有價值的資訊。在我創作這本書的期間，有兩本關於惠特曼生平的書籍出版了，分別是 H.B. 比恩[020]所著的《華特・惠特曼的人生》（*A Life of Walt Whitman*）以及赫拉斯・特勞貝爾先生所著的《與惠特曼在卡姆登的歲月》。這兩本書在許多方面都給予了我諸多參考與借鑑。

我的朋友 M.A. 德沃夫・豪伊[021]親自閱讀了這份手稿，讓我有機會接受他提出的許多充滿善意的意見。對此，我深表感謝。

布利斯・培利

寫於劍橋

016　喬治・H・帕爾默（George Herbert Palmer, 1842 ～ 1933），美國學者、作家、教育家，哈佛大學教授。代表作：英譯版《奧德賽》（*The Odyssey*）、《新教育》（*The New Education*）、《未盡的榮耀》（*The Glory of the Imperfect*）等。

017　威廉・羅斯科・塞耶（William Roscoe Thayer, 1859 ～ 1923），美國作家、編輯，義大利史專家。代表作：《愛默生的影響》（*The Influence of Emerson*）、《喬治・華盛頓傳》（*George Washington*）、《狄奧多・羅斯福評傳》（*Theodore Roosevelt: An Intimate Biography*）等。

018　珍妮特・吉爾德（Jeannette Leonard Gilder, 1849 ～ 1916），美國女記者，也是這個行業的女性先鋒人物。代表作：《文學女性畫傳》（*Pen Portraits of Literary Women*）、《在家的作家》（*Authors at Home*）等。

019　伊莉莎白・波爾特・古爾德（Elizabeth Porter Gould, 1848 ～ 1906），美國作家、詩人和改革家。

020　H.B. 比恩（Henry Bryan Binns, 1873 ～ 1923），美國作家。代表作：《林肯傳》（*Abraham Lincoln*）、《華特・惠特曼的人生》等。

021　M.A. 德沃夫・豪伊（M. A. De Wolfe Howe, 1864 ～ 1960），美國作家、編輯。

第一章　勇往直前的男孩

第一章　勇往直前的男孩

「一切從我的出生地，魚形的巴馬諾克[022]講起，天資聰穎，由完美的母親拉拔長大。」

—— 《草葉集》

想要探尋華特·惠特曼的出生地，我們就必須要沿著紐約市往東十五公里去追尋，一直來到長島鐵路附近。這是一片土地肥沃、景色美麗的鄉村地帶。即便是現在，這片土地看上去也更像郊區，而不是純粹的農村。長島灣在這個鄉村的左邊，但這個鄉村卻無法直接看到長島灣。後來，鐵路的建設慢慢延伸到了這裡，穿過這裡樹林茂密的山丘。這裡還有一個名叫冷泉的城鎮，是沙福郡的比鄰城鎮，火車接下來的一站就是亨廷頓，會有一些人乘客選擇在這站下車。火車沿路的一個主要村落在鐵路以北半公里左右，很多房屋都坐落在港口附近。長島灣有一個很深的水灣，這裡是貨船拋錨的好地方。水灣附近就是一片肥沃且灌溉條件良好的農田。這片土地最早吸引著從新英格蘭地區前來的殖民者。照當地一位歷史學家的話來說，「這些新來的殖民者都非常刻苦耐勞，展現出基督教精神的良好善意。」早在 1653 年，亨廷頓就出現了一群從麻州桑威治前來的殖民者在這裡的定居。為了獲得六平方英里的肥沃土地，他們必須要給印第安人支付「六件外套、六個水壺、六把短柄斧頭、六件襯衫、十把小刀、三十個捕捉鰻魚的叉子，還有三十根針。」三年之後，這座城鎮的面積因為購買了東部的一些地方而大大擴展。這次的購買花費了「兩件外套、七夸脫的牛奶與十一盎司的火藥[023]」這個時候，在那些不斷散發基督教善意精神的殖民者當中，也沒有惠特曼家族的任何祖先。直到 1660 年，亨廷頓當地

022　巴馬諾克（Paumanok），為美國紐約長島的印第安語稱呼，意為「魚形」，位於紐約東南部。開篇兩行詩歌譯文選自惠特曼《草葉集》。

023　出自《亨廷頓城鎮紀錄》第一卷。

的一些殖民者擔心附近西部荷蘭定居者的侵擾，於是希望能夠納入康乃狄克州的保護之內。大約是在這一年，約瑟夫‧惠特曼 [024]，這位華特‧惠特曼第一位可以考究到的祖先，從康乃狄克州的史特拉福穿過了長島灣來到亨廷頓，開發了一個農場。顯然，約瑟夫‧惠特曼是土生土長的英國人，因為紐黑文的普通法庭的紀錄顯示，早在 1655 年，他就是史特拉福的居民。亨廷頓這座城鎮上的居民於 1655 年任命他擔任治安官，後來又推舉他擔任其他官職。關於他孩子的名字，至今已經無法追溯了，但是他的孫子尼希米則是華特‧惠特曼的曾祖父。約翰‧惠特曼可能是在 1728 年加入了亨廷頓當地的第一教堂，並在 1718 年到 1730 年間擔任了城鎮政府機構的其他官職。他就是約瑟夫的兒子與尼希米的父親。無論如何，惠特曼的家族還是慢慢龐大起來了。1694 年，「惠特曼的山谷」就出現在了亨廷頓一份財產所有權的紀錄檔裡，作為劃定亨廷頓這座城鎮的邊界。在亨廷頓這座城鎮內，出現了許多小村落，比如冷泉這個地方就在城鎮的西北角落裡，那裡居住著凡‧威爾瑟這個荷蘭家族。在距離亨廷頓港口以南一兩公里的地方，是另一個被稱為西山的小村落。這裡有一大片寬闊的草地，在冬天的時候會被冰川礫石所包圍 —— 可以說，這是長島地區最高的土地了。我們可以看到長島灣的北面景色，或是可以看到南方十多公里之外的大西洋洶湧的海浪。

惠特曼家族正是在這片土地上慢慢繁衍生息，他們的農場也慢慢拓展到了一片肥沃的草地，一直延伸到樹林。據說，尼希米‧惠特曼在某個

---

024 約瑟夫‧惠特曼（Joseph Whitman），R.M. 布林克博士以及後來的許多傳記作者，其中包括惠特曼本人，都認為約瑟夫‧惠特曼是撒迦利亞‧惠特曼牧師的兒子。撒迦利亞‧惠特曼當時是康乃狄克州米爾福德地區的一名牧師，他是在 1635 年從英國移民過來的，他是約瑟夫‧惠特曼的兄弟 —— 這也是美國後來的惠特曼家族最早的祖先了 —— 在後來的 1640 年，他們搬到了麻州的米爾福德居住。但是，撒迦利亞‧惠特曼在去世的時候沒有子女，因此將他的財產都留給了他的姪子，撒迦利亞‧惠特曼二世。關於這方面，可以查看 C.H. 法魯安姆所著的《約瑟夫‧惠特曼的後代》一書，1889 年在紐黑文出版。

第一章　勇往直前的男孩

階段曾擁有將近五百英畝的土地，這些土地都是由奴隸來耕種。他的妻子——也就是華特・惠特曼的曾祖母，則是一個嚴格的監工，經常會騎在馬背上吆喝著奴隸們做事。她可以隨意地使用菸草，並且活到了九十歲。在華特・惠特曼對艾理斯・希克斯[025]——這位著名的貴格會傳教士的描述裡，他提到了「我的曾祖父惠特曼」，還談到他們倆人在獨立戰爭爆發之前一起度過了非常愉悅的時光。雖然艾理斯・希克斯（1748 ～ 1830年）要比尼希米・惠特曼年輕四十多歲，但在華特・惠特曼看來，他的祖父傑西・惠特曼（1749 ～ 1803 年）卻幾乎與這位傳說中的傳教士年齡相當。傑西・惠特曼後來繼承了其父親的農場，尼希米一直居住在祖厝裡。直到現在，這棟祖厝的部分建築依然還在——這就是尼希米・惠特曼當初出生與去世的地方。傑西在 1775 年娶了一位女教師漢娜・布拉什，他們所生的孩子就包括了老華特・惠特曼[026]（1789 ～ 1855 年），也就是詩人華特・惠特曼的父親。

老華特・惠特曼所從事的工作與祖輩們大不相同，他轉行做了木匠與房屋建造工人。他是一個身材魁梧，為人沉默，看上去一臉憂愁的人，很容易被別人的一些言語激怒。雖然他在當地沒有什麼特別的成績，卻也受到鄰居們的尊重。與亨廷頓地區大多數古老的家族一樣，惠特曼的家族成員在十八世紀就已經放棄了前往教堂禮拜的習慣。但是，他們「傾向於貴格會」。據說，老華特・惠特曼對艾理斯・希克斯始終保持著一種盲目的忠誠。惠特曼在六十年後的 1888 年描述他在布魯克林度過的童年時期這樣寫道：「我的父親每天在黃昏時候做完了木匠的工作，然後他就會從廚

025　艾理斯・希克斯（Elias Hicks, 1748 ～ 1830），美國著名的貴格會傳教士。

026　老華特・惠特曼（Walter Whitman, 1789 ～ 1855），華特・惠特曼的父子同名，後來為了區分，在英文名中，父親為兒子取個暱稱叫「Walt」，在這部中文譯著中，我們為了區分父子，在詩人惠特曼父親姓前加個「老」字。

房的地板上拿出一些點火的木塊，接著對他母親說：『母親，艾理斯今晚要過來發表布道演說。』接著，我的祖母就會叫大家匆忙吃完晚飯，清理好桌子，然後他們就會趕去參加聆聽這場布道演說。」

惠特曼的母親在年輕的時候「是一位喜歡騎馬的勇敢女性」——她是一個身體強壯，經常穿著格子花紋長袍的安靜主婦。保存下來的銀版照片就可以印證這點。惠特曼的母親全名是路易莎·凡·威爾瑟（1795～1873 年），出生在冷泉。她的父親是科尼利厄斯·凡·威爾瑟上校，他是一個說話聲音洪亮、面容粗獷的養馬人。凡·威爾瑟家族是純真的荷蘭血統，但是「上校」卻娶了有威爾斯血統的年輕人女人為妻，這位女人也是貴格會的支持者，名字是艾米·威廉斯。艾米·威廉斯的父親是約翰·威廉斯船長，曾經是一位性格隨和的水手。她的母親是瑪麗·伍利。根據一些人的說法，她是一個「不求上進，安於現狀的人」。因此，我們可以看到路易莎·凡·威爾瑟家族是一個有著荷蘭與威爾斯混血的家族，有著英國人的那種隨和的特質。惠特曼的母親可以說是一個文盲，但她的兒子卻經常稱讚她是一個「完美的母親」。與很多詩人一樣，他似乎將自己的文學天賦更多地歸功於母親的遺傳，而不是父親的遺傳。他對現在早已經消失的凡·威爾瑟家族庭院的描述充滿著嚮往。惠特曼曾回憶說：「漫步在用牆面板覆蓋的深灰色房子附近，可以看到一些小木棚，穀倉還有一大片開闊地帶。……寬闊的廚房與龐大的壁爐，還有相距不遠的客廳。客廳裡擺放著簡樸的家具，還有美味可口的食物。家裡有很多有趣的人，我的外祖母艾米總是帶著貴格會的帽子，臉上露出笑容。我的外祖父『上校』也是一個生性快活的人，臉上總是紅彤彤的，身強體壯，聲音還是那麼響亮，給人留下極為深刻的印象。」

當我們讀到惠特曼對自己母系旁支的描述，就會發現使用了很多諸如

第一章　勇往直前的男孩

「生性快活」、「真誠」、「安於現狀」與「甜美」等形容詞，這就像一陣陣愉悅的鈴聲那樣，讓我們相信凡·威爾瑟家族的人在性情與品格方面都比惠特曼家族更加有趣且多元化。在惠特曼出生前長達一個半世紀的時間裡，惠特曼家族基本上都是居住在亨廷頓地區，從來沒有在為大眾服務或是個人名聲方面取得過任何顯眼的成績。雖然他們過著相對富足的生活，但他們似乎從來就沒有志趣層面上的追求，沒有想過要將在新英格蘭地區生活的後代送到哈佛與耶魯去就讀，也沒有什麼道德層面上的熱情激發華特這一輩的後代們，向活躍在奧勒岡地區的馬庫斯·惠特曼 [027] 這樣的惠特曼家族中的楷模學習。在獨立戰爭之前，惠特曼家族似乎是處於經濟狀況最好的階段。在獨立戰爭期間，亨廷頓遭受到了巨大的破壞，惠特曼家族的很多年輕人都被徵召入伍。在獨立戰爭結束之後所進行的應納稅財產的評估裡，賽亞·惠特曼、尼希米·惠特曼與史蒂芬·惠特曼這三個家族的家長，都被認為是擁有許多土地的大地主，而尼希米的兒子傑西·惠特曼要繳納的稅則很少。在這之後，整個家族的命運似乎開始不斷衰落，最後只養育了一個文學天才。用新英格蘭地區多數人所說的一個詞彙，就是整個家族慢慢地「淡出這個地區了」。

　　當木匠老華特·惠特曼在 1816 年將新娘路易莎·凡·威爾瑟娶回家的時候，這是一間六年前建造的「新家」。直到今天，這座「新家」幾乎都沒有發生過任何的變化。這座房子的位置緊靠著一個十字路口，往左就是一條從亨廷頓南邊穿過島嶼的主幹道。這條老路現在已經更名為「紐約大街」。很快，這條大街也會開始出現電動車。但是，那個十字路口卻依然沒有什麼改變，只是旁邊多了許多冬青櫟、刺槐與雪松，依然保存著

027　馬庫斯·惠特曼（Marcus Whitman, 1802 ～ 1847），惠特曼家族中的傳奇人物，美國奧勒岡地區著名醫生和傳教士。

過去的魅力。道路兩旁用灰色牆面板做成房子已經是飽經風霜了 —— 一般來說，這些房子前面都會有一個鴨子池塘與一棵沒有人修剪過的蘋果園 —— 這些都是十八世紀時期的典型建築風格。惠特曼家的房子幾乎不到二十平方英尺（約 0.6 坪），甚至比「L」形的房子都還要小。這座房子的屋頂看上去很彆扭，上面有很多用全新的牆板覆蓋著，但其他的部分都沒有任何的變動。路旁的一塊大理石上刻著這樣的銘文：

> 「此處是華特·惠特曼的出生地，
> 這位白髮好詩人
> 生於 1819 年 5 月 31 日。
> 這片銘文由亨廷頓殖民地協會
> 於 1905 年豎立。」

　　惠特曼在家裡九個孩子中排行老二，九個孩子中有七個是男孩。他的名字與父親的名字是一樣的，但在他童年的時候，別人總是將他稱呼為「華特」，從而與他的父親區別開來。不過，在他早年進行寫作的時候，他就將自己的名字署為「華特·惠特曼」。在 1855 年，他改變了過去使用筆名的做法，依然使用「華特·惠特曼」這個最讓他感到親切的名字，並且一直沿用到去世。他有一個比他大一歲的哥哥傑西。另外兩個孩子是他的妹妹，其中他的第五個弟弟在幼年時期夭折了。他另外三個弟弟的名字都與美國著名愛國人士的名字相同，分別是安德魯·傑克森、喬治·華盛頓與湯瑪斯·傑弗遜。他最後一個弟弟是在他十四歲的時候出生的，因此他也非常疼愛這個弟弟，經常會照顧他。他最年幼的弟弟愛德華有智能障礙，而最年長的哥哥卻又死於精神疾病。可以說，在華特的兄弟姐妹當中，除了他之外，其他人都沒有表現出較為鮮明的智慧與活力。

第一章　勇往直前的男孩

　　惠特曼家族的家庭生活與十九世紀初期的美國鄉村家庭生活一樣，都是非常簡樸的。惠蒂埃要比華特·惠特曼早出生十幾年，他就說過自己的童年時期在農場度過了艱苦又快樂的時光。倘若我們對惠特曼的家庭生活進行一番研究，就會發現惠特曼一家人其實過得並不是很拮据，他們能夠享受著更多的自由，可以隨性地做自己喜歡做的事情，擁有健康的身體。華特在小時候看上去肯定像一個身體結實、性情愉悅的荷蘭孩子，有著柔軟的皮膚，如「焦油」一樣的烏黑頭髮 —— 正如惠特曼後來告訴奧康納夫人的那樣。他從小就知道了如何用自己那雙藍灰色的眼睛去注視別人的目光了。他對孩童時期的記憶也說明了西山地區的景象與聲音給他留下的深刻印象：

> 「早起的丁香花成為了孩子的一部分。
> 白色與紅色的花朵沐浴在早晨的榮光裡，
> 白色與紅色的三葉草沐浴著陽光，還有菲比鳥的歌聲。
> 三個月大的羔羊與母豬生下來的那頭粉紅色的幼崽，
> 母馬生下來的小馬與母牛生下來的小牛。
> 畜舍與池塘邊的泥潭不時傳來嘈雜的孵化聲響。」

華特對他母親的描述就是典型的荷蘭人的形象：

> 「母親在家安靜地將碟子擺放在晚餐桌上，
> 母親說著溫柔的話語，整理好帽子與長袍。
> 當她經過我們身邊的時候，
> 我們總能聞到一股芳香的味道。」

華特對父親的描述則似乎缺乏憐憫心了。當然，華特在以下這些句子裡所表達出來的情感，並不能視為華特·惠特曼對父親的真實感受：

「父親是一個身強體壯、自力更生、具有男人氣概的人，但他也是一個小氣、容易憤怒且不公正的人。

他經常會大發雷霆，大聲地說話，與人爭奪著蠅頭小利。

家裡人都不怎麼喜歡父親使用的這些語言，但是整個家庭還是非常溫馨的。」

但是，在華特的木匠父親的這個家，事情並不總是一帆風順的。孩子們內心渴盼安慰的心靈需要得到安撫。我們需要注意到一點，很多詩人在童年時期所受到的一些處罰，會讓他們對理想世界產生一種神奇的感覺，但是華特‧惠特曼卻沒有這樣的感受。在他們家，幾乎沒有任何宗教信仰的儀式。華特的父親雖然是一個勤奮工作的工人，卻也是一個躁動不安且對生活不滿的人，但他似乎無法找到如何賺取更多金錢的「竅門」。

當華特只有四歲的時候，他們家搬到了十五公里之外的布魯克林地區。在接下來的幾年裡，他們分別在福倫特、蔓越橘地區、詹森地區、蒂勒里大街等地方居住。「我們經常更換房子居住，但這些房子後來都被抵押了，我們失去了這些房子。」惠特曼在晚年的時候這樣寫道。但是，他對布魯克林的印象整體來說是非常美好的，因為他在這裡度過了非常快樂的童年。這座「村莊」在法律層面上一直存在到了 1834 年。當惠特曼一家搬到這裡的時候，那裡只有七千居民左右。對華特來說，這與生活在鄉村地區沒有什麼區別。年輕的華特經常與他的弟弟們一起遠足到他們在西山的老家，甚至還去過皇后區與沙福郡等地。長島靠近大海一側的景象，大南灣以及那裡出現的風暴與船難事故，這些都在華特‧惠特曼年幼的心靈留下了難以磨滅的印象。但是，更多充斥在他當時腦海裡的，是一種健康運動的精神，這樣的精神夾雜著一種對這些風景的一知半解的情感。惠

第一章　勇往直前的男孩

特曼在《典型的日子》[028] 散文隨筆集裡的回憶內容就提到了這點：

「在大南灣周邊的沙灘上，我們可以看到到處都是淺灘。在寒冷的冬天，淺灘的表面上會覆蓋著厚厚的堅冰。在我還是一個孩子的時候，我經常會與一兩個好朋友來到這一片結冰的土地上，有時還會帶上手動雪橇、斧頭與捕捉鰻魚的叉子，想要在這裡捉到一條鰻魚。我們會在冰面上鑿出一個洞，要是運氣好的話，就能捉到許多鰻魚，將鰻魚放到我們提前準備好的籃子裡……無論是冬天還是夏天，這個海灣的海浪所形成的美麗風景都給我留下了難以磨滅的印象。這樣的印象後來我也在《草葉集》一書裡進行了描述。」

孩子們特別喜歡的一項遊戲活動，就是在夏天的時候，在海灘的沙地上收集海鷗蛋。華特不喜歡用槍去打獵，也對釣魚不感興趣，但他喜歡划船，對走路始終都不會感到厭倦。在他很小的時候，他就曾走到了印第安人所說的長島（巴馬諾克）很多荒蠻的地方。寬闊的亨普斯特德平原特別吸引他的注意力：「在日落時分，我經常會來到這個平原的盡頭地方，欣賞著羊群沿著平原走過去的景象，聆聽著遠處錫鐵與銅器發出的叮噹聲，呼吸著空氣中略帶芳香的空氣，欣賞著無比美麗的落日景象。」

在這個時候，除了鄉村之外，城市的景象也開始給華特留下深刻的印象。當拉法葉侯爵[029] 在 1824 年在美國進行勝利演說的時候，他來到了布魯克林，並且為一間圖書館舉行了奠基儀式。很多孩子都聚集在奠基典禮附近，想要看看這位著名人物。拉法葉侯爵從那輛淡黃色的馬車上下車，選中了當時只有五歲的華特‧惠特曼 —— 顯然，華特當時肯定是一個圓胖

028　《典型的日子》（*Specimen Days*），惠特曼於 1882 年出版的一部隨筆集，為自傳性內容。

029　拉法葉侯爵（Marquis de La Fayette, 1757 ～ 1834），又譯拉法葉，法國將軍、政治家，同時參與過美國革命與法國革命，被譽為「兩個世界的英雄」。他一生致力於各國的自由與民族奮鬥事業。

可愛的男孩。然後，親了華特一下，接著將他放在一個安全的地方。美國的這些全新貴族表現出來的方式與過去的世界是那麼的不同，這為年幼的華特留下了第一個印象。在拉法葉侯爵這次拜訪的幾年之後，1月寒冷的某天裡，在紐約市哈德遜大街上，華特看到了「一個有點駝背，身體虛弱卻又看上去很結實的老人。這位老人蓄著鬍子，穿著昂貴的皮衣，頭戴著一頂貂皮帽子，身旁有十幾個朋友或是僕人都爭著要扶著他走上一輛名貴的雪橇。這輛雪橇車是我當時所見過最名貴的馬匹拉著。那位馬夫手上拿著鞭子，似乎在抽打馬匹的時候也格外小心。直到現在，我依然還記得那位老人的容貌，他就是約翰・雅各・阿斯特[030]。」

華特・惠特曼沒有接受過多少正規的教育訓練。當時的布魯克林普通學校剛剛成立沒多久，因此他們所教授的課程都非常有限，僅僅局限於閱讀、寫作與算術 —— 還包括一點點的語法知識與地理知識。華特對於教過他的老師都沒有留下什麼深刻的印象，他後來連這些老師的名字都忘記了。在十三歲的時候，他就徹底離開了學校。他所學習到的語言只有英語，根本沒有條件去學習任何其他外語。後來，華特在創作的時候經常會借用其他國家的語言，有時會借用法語或西班牙語的一些詞彙，有時則會自己創造出一些詞彙。但是他非常喜歡閱讀，後來誤打誤撞進入了一間律師辦公室做起了打雜。他從這位是兩個孩子的父親的律師身上得到了許多鼓勵。華特後來說：「當時，我擁有一張乾淨的桌子還有屬於我自己的角落。愛德華・C先生也非常友善地教育我如何寫字與創作（這是我人生中一件最為重要的事情），並且還幫我註冊成為了一間流動圖書館的會員。在那個時候，我每天都沉浸在閱讀各種小說故事當中。一開始，我閱讀的

---

030 約翰・雅各・阿斯特（John Jacob Astor, 1763 ～ 1848），德裔美國商人、投資家，阿斯特家族第一位傑出成員，美國第一批百萬富翁之一，亦是美國第一個商業信託的創始人。後來，成為了知名的藝術家贊助人。

第一章　勇往直前的男孩

是《一千零一夜》（*The Arabian Nights*），還有其他我所能找到的圖書，這讓我的內心感到無限滿足。後來，我又開始閱讀其他方面的一些書籍，還一本一本地閱讀了華特・司各特[031]的每一本小說以及他創作的詩歌。」

沒過多久，華特就離開了這個讓他感到舒適的環境，前往一位醫生的辦公室裡工作。在他還是一個少年的時候，就開始在長島《愛國者報》（*The Patriot*）的印刷辦公室裡進行文字排版的工作。《愛國者報》是一份由布魯克林郵政局長負責的週報。當時，華特與其他的學徒以及一位年長工人的孫女住在同一個地方，他也非常喜歡這樣的全新工作環境。在這段時間裡，華特的身體能量得以迅速成長。在他十五歲的時候，他的身高與精力就幾乎與成年人沒有什麼區別了。讀者朋友們可能會認為華特是一個十分懶散的學徒，因為華特自己曾這樣寫道：「在每個夏天，我都會不止一次前往長島，有時是前往長島的東邊，有時則是前去西邊，有時甚至連續去一個多月的時間。」

過了一段時間之後，華特離開了《愛國者報》前去《星報》工作。與富蘭克林以及其他年輕的印刷工人一樣，他也開始對創作產生了濃厚的興趣。「這是我人生中第一次產生了要創作出一些永恆作品的念頭。」華特在年邁的時候這樣說。「當時，我就像一艘掛著風帆的輪船，想要在大海上航行一樣。我的內心產生了要將自己所見到的一切都描述出來的衝動。」之前，華特為《愛國者報》寫了一些「充滿情感的短篇文章」。在這之後，他就在喬治・P・莫里斯[032]當時任職的紐約市那份非常著名且流行的《鏡報》上發表了一兩篇文章。「我還記得，當我看到一輛老式的英

031　華特・司各特（Walter Scott, 1771～1832），英國著名歷史小說家及詩人。代表作：《湖邊夫人》（*The Lady of the Lake*）、《威弗萊》（*Waverley*）、《撒克遜英雄傳》（*Ivanhoe*）、《十字軍英雄記》（*Tales of the Crusaders*）等。

032　喬治・P・莫里斯（George Pope Morris, 1802～1864），美國編輯、詩人和作曲家。

國送報車在布魯克林地區分送報紙時候，我的內心充滿著難以抑制的興奮感。當我打開這份報紙之後，還會用顫動的雙手將印有自己的那篇文章裁剪下來。當我看到自己的文章用非常美麗的字體印刷在報紙上的時候，我的內心簡直是跳得飛快！」在十六歲的時候，華特就擁有了司各特的詩歌全集。在他看來，「這是一個充滿著無限魅力的礦場與寶庫」。在接下來的半個世紀裡，他一直都珍藏著這些詩集。華特漸漸地喜歡上了辯論協會舉辦的活動。在十七歲的時候，他已經成為了布魯克林與附近村落多個辯論協會的會員。在他很小的時候，戲院的表演就讓他深深感到著迷。因此，當他在紐約從事著自由創作的時候，他有機會去滿足自己的這些激情。

在大約十八歲的時候，他的內心又開始躁動起來了，他想在皇后區與沙福郡的鄉村擔任老師。他經常在不同的地方寄宿。後來他認為，這是他人生中最為美好的經歷之一。關於惠特曼在學校擔任老師的事情，可以從1894 年對查爾斯·A·洛[033] 的一篇採訪中看到。當時，查爾斯是在長島法拉盛讀書的一個學生。雖然此時距離他當年讀書的時候已經過去了半個世紀，但是他依然對當時臉上充滿笑容、雙眼明亮且極為親切的惠特曼老師記憶深刻。看來，年輕的惠特曼對於教授學生如何學習心算有一套獨特的方法，也非常喜歡教授他的學生以怎樣的方式去描述問題或是一件事情。根據查爾斯的描述，惠特曼是一個不怒自威的老師，平時不需要採取什麼懲罰的手段讓學生服從他的管教，而是以循循善誘的方式引導學生去進行學習。惠特曼當時對男女學生都一視同仁，對任何人「從未表現出特別的宗教情感」，對於提供給他住宿的人的四個女兒，他也是一律嚴格對待。當時，他在創作詩歌方面已經小有名氣了。他經常穿著整潔的黑色雙排扣

033　查爾斯·A·洛（Charles Arthur Roe, 1841～1926），美國新英格蘭地區殖民局長官和地區法官。

第一章　勇往直前的男孩

長禮服，顯得非常英俊與健康，而且很少呆在室內。簡而言之，在查爾斯看來，「惠特曼老師是一個非比尋常的人，能夠以特別的方式贏得我們的尊重與愛戴。」

但是，表面上似乎一臉平靜與自力更生的年輕老師，內心卻有著自己的許多想法。他很快就再次感覺到內心的躁動與憤懣。也許，這是他內在靈魂的深層次本能推動著他必須要去進一步拓展自己的人生經驗。祖輩在長島農場的生活對他來說沒有任何吸引力。對他來說，教書的工作還算是相對有趣的。他就想著如果能夠專心於寫作，豈不是更好的一件事？他一直都希望能夠掌握排字出版方面的手藝，並且也體驗過作為創作者所帶來的樂趣。現在，對於年輕、獨立又渴求上進的惠特曼來說，還有什麼比成為一份鄉村報紙的編輯、創作者與發行人更加美好的呢？惠特曼在晚年曾對這一段經歷進行深入的描寫：

「我第一次真正的嘗試是《長島人》（*Long Islander News*），時間是在1839 年，地點是紐約長島的亨廷頓地區。當時，我大約二十歲左右。我之前已經在沙福郡與皇后區教了兩三年書，但我依然非常喜歡印刷。在我還是個少年的時候，就已經開始從事印刷方面的工作了，我學會了要成為創作者的竅門。因此，我想要在自己出生的地方創辦一份報紙。於是我前去紐約，購買了一些印刷設備與打字機，僱傭了一些人幫忙，但大部分的工作還是由我一個人承辦，包括要進行印刷方面的工作。當時，一切事情都進展的非常順利（只是我內心的躁動，讓我漸漸放棄了要成立一間長久的報社）。我購買了一匹良駒。每個星期，我都要騎馬到各個鄉村派送我的報紙，幾乎將每天的精力都投入進去了。可以說，這是我人生中最為快樂的短途旅行了 —— 我經常會前往南邊，前往巴比倫，前往南路，穿過史密斯鎮與卡馬克，然後回家。這些短途旅行的經歷，讓我看到農民與他

們的妻子，看到了許多乾草地，體驗到他們的熱情，還吃了不少豐盛的晚餐。我有時還會在他們家睡一個晚上。我在沿途還看到許多美麗的少女，看到其他人騎馬穿過灌木叢，聞到南路海灣那邊吹來帶著海水味道的空氣。直到今天，這些美好的記憶依然深刻地存在我的腦海裡。雖然已經過去了四十年，但我仍然忘記不了當初創辦《長島人》的美好歲月。」

此時，惠特曼的少年時期正式結束了。當我們審視惠特曼此時的容貌，就可以看到他的容貌已經表現出一個成年人所應該有的一切特徵。他是一個有著荷蘭血統與威爾斯血統的強壯年輕人，過著自力更生的生活，懂得欣賞周圍事物的美感。他還有一個讓他感到溫馨的家，雖然書讀得不多，但他收集了一些書籍。他們的家族雖然沒有取得什麼成功，但卻誕生了經常遷徙的習慣。惠特曼沒有讀過多少書，在很多印刷工廠擔任過學徒，最後想著要從事生意的行當。之後，他體驗過了教書的感覺，最後在他二十歲的時候，想著要創辦一份報紙。在這樣的環境下，他每一年的生活都充滿著對人生的實驗，而這樣的實驗也讓他的人生變得更加豐滿。雖然他經常更換工作，或是更換自己所處的環境，但是在這些多變的環境背後，我們可以看到惠特曼形成的一種明確的個性。這位頭髮烏黑、一臉愉悅的年輕人，有著荷蘭人的沉穩與英國人的活力，讓他有著健康的心智與強大的意志力。他對戶外事物的美感是極為敏感的，對詩歌與想像世界裡呈現出來的那種浪漫特性有著一種特殊的感知。即便在他還是一個孩子的時候，就是一個情感非常豐富的人。當然，惠特曼的 ·些人生經歷可能顯示出，他可能有點神經過敏，但他本人可能沒有意識到這點。惠特曼的母親後來對諾頓上校這樣說：「他是一個非常善良，卻又有點古怪的孩子。」「我的童年時光是非常躁動的，過得不是很開心。當時，我不知道自己應該去做些什麼。」惠特曼曾對格蕾絲·吉爾克里斯特這樣說。也許，惠特

第一章　勇往直前的男孩

曼內心的躁動與不安，可能只是每個青少年都會出現的一種正常現象吧。但是，惠特曼對安妮·吉爾克里斯特夫人[034] 所說的一個故事，就提到了他童年時期看到了一個男人從戶外的乾草堆上掉下來帶給他極大的驚恐。「我當時嚇得一口氣跑了好遠。」這說明惠特曼的確是一個有點神經過敏的人。也許，他哥哥的去世與兩個夭折的弟弟為他的心靈帶來太過強烈的影響。惠特曼從小就有一種想要前往戶外與那些自我克制且身強體壯的人接觸，這是他的幸運之處。當然，他是一個天生多愁善感之人，還有著自私本性，但他卻仍是父母眼中孝順的兒子，也是弟妹們眼中的好哥哥。他喜歡與人交往，喜歡前往各處遊玩，喜歡體驗不同的感受。他所接受的正式教育訓練與他同輩的尤利西斯·格蘭特[035] 是沒有什麼區別的。不過，與格蘭特一樣，他同樣有著強大的自制力、足夠的耐心以及對內心願望的執著追求。因此，在他二十歲這一年，他下定決心要勇往直前，並且在這條道路上一直走下去。

---

034 安妮·吉爾克里斯特夫人（Anne Gilchrist, 1828 ～ 1885），也稱格蕾絲·吉爾克里斯特或「G 夫人」，英國作家、文學評論家，因批判惠特曼的《草葉集》而聞名，後與惠特曼建立了良好的友誼。

035 尤利西斯·格蘭特（Ulysses S. Grant, 1822 ～ 1885），美國軍事家、政治家，第 18 任美國總統。

第二章　人生的撫愛者

第二章 人生的撫愛者

「無論我去到哪裡，都能感受到人生的撫愛。」
── 《草葉集》

在惠特曼的遺稿保管人所出版的一份備忘錄裡，就有惠特曼所寫的這樣一份沒有標明日期，看似隨意的內容：「一首詩歌，要有一個主題。要讓人讀起來感受到快樂。勇敢前進，領略所有美好的事物。」惠特曼的這些文字說明了他許多作品共同的主題，這也可以顯示他早年時期一種充滿浪漫情懷的思想。正如我們所看到的，他在這個時候已經掌握了印刷方面的技術。與很多中世紀時期喜歡漫遊時光的學徒一樣，惠特曼也是專門找任何自己感興趣的工作來做。雖然他的手腳不是特別靈活，但如果有必要的話，他還是能夠圓滿地做好農務，並能熟練使用木匠的工具。他對於以這樣的方式來養活自己感到非常滿意。他已經做到了經濟層面上的獨立。在他看來，要是放棄這些工作，選擇去承擔一些社會責任，這並不是他願意去做的事情。事實上，惠特曼在三十歲之前，想要找到他這個時期有什麼明確的目標，是很困難的。他在進行每一個選擇的時候，始終都是緊跟著自己內心的本能指引。他的很多選擇也能展現出他那段漫長的青年時光經歷帶給他人生的各種影響。至於惠特曼有什麼明確的目標，我們根本無法找到。他只是想要找尋那種「純粹的身心樂趣」的感受。年輕時期的華茲華斯[036]就曾非常喜歡這樣的感受，甚至在他還只有十歲的時候，就成為了一個「少年老成」的人。與華茲華斯一樣，惠特曼在這段時間裡，也慢慢地試圖試圖對自身的許多衝動情感進行引導，使之透過文學的形式去進行表達。

036　華茲華斯（William Wordsworth, 1770 ～ 1850），英國浪漫主義詩人，與雪萊、拜倫齊名，代表作：與柯勒律治合著的《抒情歌謠集》（*Lyrical Ballads*）、長詩《序曲》（*Prelude*）、《漫遊》（*Excursion*）。曾當上桂冠詩人，湖畔詩人之一，文藝復興以來最重要的英語詩人之一。

正如大家所預期的那樣，《長島人》年輕的編輯惠特曼在經過了一兩年之後，很快就對這項工作感到厭倦了。之前一直在經濟上支持他的人也失去了耐心。之後，他又回到了紐約。在 1841 年，他成為了《每日極光》（Aurora）的編輯，這是泰勒[037]政府的一個喉舌報。他當時的一位同事就曾對他進行過一番描述，說他當時雖然只有二十二歲，但看上去卻像二十五歲，「他是一個身材魁梧，舉止優雅的人，穿著整潔的衣服，有著一雙明亮的眼睛，臉上總是露出愉悅的微笑。他經常穿著一件禮服大衣，戴著一頂高頂硬禮帽，手上拿著一根手杖，外套上還有一個翻領，翻領上總是裝飾著襟花⋯⋯在他認真審閱了報紙與修改之後，（他一般是在晚上十一點到十二點鐘回到自己的小房間），他的一個習慣，就是沿著百老匯大街慢慢走到巴特利大街，然後在樹叢間坐上一兩個小時，欣賞著大海的景色。有時，他會在下午兩點或是三點回到辦公室。」遺憾的是，《每日極光》的資深所有人認為惠特曼「是所有城市報紙編輯中最為懶惰的人」，並且他與惠特曼在報社社論政策方面產生了分歧。最後，惠特曼只能選擇離開。

但是，英俊的華特·惠特曼似乎沒有因此而感到沮喪，他依然戴著那頂高頂硬禮帽，提著那根手杖，翻領上依然別著襟花。他就是以這樣樂觀的人生態度去面對一切的困難。在這之前，他就定期會為《茶餘飯後》這份晚報投稿。更重要的是，他證明了自己可以成為《民主評論》雜誌的合格撰稿人。在那個時候，《民主評論》雜誌是紐約地區最重要的文學期刊。當時，霍桑、布萊恩特[038]、朗費羅、羅威爾[039]、梭羅、惠蒂埃與愛

037　泰勒（John Tyler, 1790 ～ 1862），美國第十任總統。
038　布萊恩特（William Cullen Bryant, 1794 ～ 1878），美國浪漫主義詩人、記者、《紐約晚報》（New York Evening Post）編輯。
039　羅威爾（James Russell Lowell, 1819 ～ 1891），美國浪漫主義詩人、文學評論家、編輯和外交家。代表作：《一年的生活》（A Year's Life）、《對話古詩》（Conversations on Some of the Old

第二章　人生的撫愛者

倫・坡等作家都曾為這本雜誌撰稿。在當時看來，惠特曼並不是一位詩歌創作者，而只是一名創作故事的人。1841 年 8 月，惠特曼創作了〈教室裡的死亡〉。1841 年 11 月，他創作了〈狂野的弗蘭克的回歸〉以及在當年 12 月創作了〈父親與兒子〉。他這個時期的很多文章都與布萊恩特、惠蒂埃與朗費羅等作家同期發表。在 1842 年 1 月，惠特曼創作了〈墳墓花開〉，在當年 3 月，創作了〈最後的神聖軍隊〉，在當年 5 月，創作了〈小鬼頭，最後忠誠者的故事〉。在 1842 年 9 月，他創作了〈天使的眼淚〉，這是一篇很有趣的故事，證明了年輕的惠特曼如果想要創作的話，也可以創作出類似於愛倫・坡那樣的故事。下面就是這個故事裡的部分內容：

「在高高的天空上，天使阿爾縈在漂浮著，他不是控制宇宙神靈的人物，他也不是一個起眼的人物，無法控制世人與後人的命運。但是，世人卻羨慕著阿爾縈這樣完美的存在。許多人都希望能夠成為像阿爾縈那樣的天使。天空上有無數雙無形的眼睛在時刻觀察著地球 —— 每個陽光的孩子都有屬於他們各自的使命。阿爾縈只是眾多眼淚天使中的一個罷了。」

在接下來的三年裡，我們無法找到惠特曼在《民主評論》雜誌上的任何文章。但在 1845 年 8 月，他出版了一個故事〈復仇與救贖：一個逃脫的謀殺者的故事〉，現在，這個故事收錄在他名為《一個邪惡衝動》的散文集裡。

惠蒂埃的〈製鞋匠〉 —— 是他的《工人之歌》系列中的一篇。惠特曼希望他在接下來的十年裡，繼續讚美著美國的工人。在當年 11 月，惠特曼就創作了一篇名為〈對話〉的文章，反對死刑的存在。在這篇文章裡，他借用人民的權威與顫抖的罪犯之間的對話來表達自己的思想：「以上帝的名義去扼殺別人！哦，這就是《聖經》所宣揚的核心思想嗎？不知

Poets）、《我的學習之窗》（*My Study Windows*）、《於書中漫步》（*Among My Books*）等。

有多少人以你的名義，犯下了難以計數的愚蠢與可怕野蠻的行徑！」羅威爾在這個問題上也與惠特曼有著相似的立場。他的十四行詩〈關於閱讀華茲華斯為死刑辯護的十四行詩的感想〉早在 1842 年 5 月就在《民主評論》上發表了。《對話》這篇文章是惠特曼為《民主評論》雜誌所投的最後一篇文章，雖然該雜誌那位精明的編輯之後又在 1851 年發表了惠特曼的〈最後的神聖軍團〉文章，卻沒有署上惠特曼的名字。1855 年 9 月，《民主評論》雜誌為了表達對惠特曼的尊重，允許他以匿名的方式為自己的《草葉集》寫了一篇充滿溢美之詞的評論[040]。

惠特曼在這個時期的其他投稿則可以在《喬納森兄弟報》這份紐約週報上看到，時間是在 1842 年到 1843 年間。在 1842 年 7 月 9 日，該週報再次刊登了一個簡短的故事〈生命與愛意的傳奇〉，並在這篇文章附上了「惠特曼曾發表在《民主雜誌》上」。惠特曼更有趣的一次投稿發生在 1842 年 2 月 26 日，他在投稿的文章中為狄更斯辯護 —— 當時，狄更斯展開了第一次訪美行程。惠特曼對華盛頓的《全球時報》批評狄更斯的社論進行了反駁。在這篇名為《博茲[041]與民主》的文章裡，惠特曼這樣寫道：

「我認為，所謂的『民主作家』就是在文章裡表露出要摧毀過去一切讓榮耀與等級依附的古老制度，不再對人類大家庭的每個人進行階級的區分……我認為狄更斯先生就是這樣的民主作家。他對底層民眾的艱苦生活有著深刻的體會，這讓他的讀者在閱讀他的作品時會產生強烈的共鳴感覺……我想借這個機會表達我對他的敬意與尊重，因為他的作品也給我本人帶來了巨大的影響。」

040　惠特曼一共在《民主評論》雜誌上發表了四篇文章，分別是〈教室的死神〉、〈狂野的弗蘭克的回歸〉、〈最後的忠誠者〉與〈一個邪惡的衝動〉。這四篇文章後來都收錄在《散文集》裡，其他文章則沒有收錄在內。

041　博茲（Boz），查理·狄更斯早期的筆名。

第二章 人生的撫愛者

　　《美國評論》的第一卷（紐約韋利與派特南聯合出版公司在 1845 年出版）裡就收錄了惠特曼所寫的兩篇文章，分別是〈少年情人〉（5 月分出版）與〈風足的死亡〉（6 月）。惠特曼在後來曾寫下了這段有趣的話：「我當時唯一的想法，就是讓那些充滿著稚氣思想的文章漸漸被世人所遺忘。」但是，收錄這些文章的編輯卻沒有這樣做。看來，紐約期刊的編輯在 40 年代的時候，就已經看出了惠特曼在詩歌與散文創作方面所顯露出來的天賦 [042]。

　　惠特曼曾經嘗試過創作小說，他創作的這篇小說於 1842 年 11 月發表在《新世界》這份週報上，該週報的編輯是派克・班傑明 [043]。這篇小說的名字是《戒酒協會的朋友！富蘭克林・埃文斯，或者說是醉酒者：一個關於時代的故事》，當時的署名是一個大眾接受的作家名字。惠特曼的這篇小說是獻給禁酒協會以及美國各地那些支持禁酒運動的朋友們，希望能夠形成全社會禁酒的風氣。當時的惠特曼不僅有這樣的能力，而且對這個主題也非常感興趣，因此他認為這樣的小說會受到很多讀者的歡迎。這篇小說是他專門為《新世界》週報創作的，希望能夠推動美國的改革，避免讓更多年輕人陷入過度酗酒的魔鬼控制當中。惠特曼認為，這篇小說的情節是非常貼切實際的，而且表達了強烈的道德情感以及善意，因此應該能夠得到禁酒改革協會那些朋友的興趣，從而進一步推動這篇小說的傳播。

　　如果惠特曼那些禁酒協會的朋友們知道惠特曼竟然透過創作小說的方式去這樣做，肯定會感到很難受的。惠特曼一位摯友這樣寫道：「惠特曼幾乎是在坦慕尼協會的閱讀間創作這篇小說的。那個閱讀間有點像波西米亞那裡的度假勝地。之後，惠特曼告訴我，他經常是一邊寫這個故

042　我無法找到〈孩子與放蕩者〉、〈林格福的誘惑〉、〈小珍妮〉與〈愚蠢的凱特〉等文章第一次出版的日期與地點。這些文章後來都收錄在《散文集》裡。

043　派克・班傑明（Park Benjamin, 1809 ～ 1864），美國詩人、記者、編輯及報人。

事，一邊喝著雞尾酒，手上拿著白蠟杯，然後經過雲杉大街。」惠特曼去世前，他的一位崇拜者告訴他，他一直以來都在找尋著《富蘭克林‧伊凡》（*Franklin Evans*）這篇小說。惠特曼當時激動地說，他「希望上天有眼」，千萬不要讓他找到。

事實上，惠特曼早期創作的文章幾乎都沒有很高的文學價值。但是，他的文章裡卻飽含著對窮人與受苦難民眾的深切同情與憐憫心。雖然，惠特曼當時的許多文章都因為表現出一種過分強烈的悲哀與誇張的手法而顯得矯揉造作，但這是 1840 年代到 1850 年代大多數作家的一個通病。在惠特曼創作的故事裡，表現了他憎恨殘忍與不公平的暴行，對普通大眾懷著尊重的心理。這可以說明惠特曼當時真實的內心世界。愛倫‧坡是惠特曼當時唯一想要模仿其風格的當代作家。惠特曼的〈一個邪惡的衝動〉與〈孩子與放蕩者〉也許就是模仿愛倫‧坡風格中最為典型的兩個故事了。但是，他早年的這些創作與他後期的作品相比，顯得黯淡無光的。

讀者朋友們很自然地會將目光投到惠特曼早年的創作，希望能夠發現惠特曼在日後創作《草葉集》一書中顯露出來的天份。但讓人遺憾的是，惠特曼早期的創作根本沒有顯露出他日後能夠創作出《草葉集》的任何文學天份的端倪。在惠特曼的《散文集》的附錄裡，就有收錄了惠特曼早期創作的四首詩歌。惠特曼的〈面具之歌〉出版時，署名是「長島」。根據惠特曼自己的說法，這首詩歌最初刊登在《紐約晚報》上。這首詩歌包括了十二節的六行詩節，詩中表達了他對政治的諷刺。整首詩歌的韻律較為輕快：

> 「我們沒有要求勇敢之人走上前線，
> 我們絕對不會這樣做。
> 這會讓風暴降落在我們頭上，

第二章　人生的撫愛者

　　　　帶來一場充滿恥辱的狂風暴雨，

　　　　兄弟們，躲避這場暴雨吧！

　　　　『妥協』將會成為最後的答案。」

　　上述這首詩歌就可以作為惠特曼一開始創作詩歌的一種固定的模式。在他為《喬納森兄弟》創作的另外兩首詩歌裡，他認為這兩首詩歌都是不應該繼續刊登的。其中第一首詩歌是在 1842 年 1 月 29 日刊登的，詩名是〈野心〉。這首詩歌是由十一行無韻詩句組成的，描述了一個孤獨的年輕人自問自答的典型形象：

　　「在未來的日子裡，我能夠成為一個偉大的名人嗎？」

　　關於這個問題，惠特曼以九段四行詩進行了模糊的回答：

　　　　「晚上，去看看天空上明亮的星星，

　　　　它們似乎在無限的時空中不斷轉動，

　　　　最大的力量與之相比都不值一提，

　　　　最為世人驕傲的名字都是黯然失色的！

　　　　無論是富貴還是卑賤之人，

　　　　無論是愚蠢還是智慧之人，

　　　　都似乎在這樣混沌的世界裡沉睡，

　　　　一個世紀就這樣過去了。」

　　在接下來更多行的無韻詩裡，惠特曼在結尾處對詩歌進行了一番哲學方面的思考。幾週之後，《喬納森兄弟》的編輯刊登了華特·惠特曼的第二首詩歌〈熱愛自然之人的死亡〉，並且還附上了這樣的前言：「這首詩只需要半個小時的潤色，就能使之迸發出不同尋常的美感 —— 埃德。」前面兩段詩節是這樣寫的：

「讓人淚如泉湧，讓愛人嘆息的，
不是驕傲的蠻橫。
他希望，當黑暗時刻最終到來之時，
能夠放下肉身，從容死去。」

「在炮聲隆隆的戰鬥中，
戰爭的鮮血已經染紅了天際。
鋒利的刀劍已經出鞘，旌旗在飄揚，
戰場上全是呻吟流血的傷兵。」

　　惠特曼所創作的這些詩歌所展現出來的意義，並不在於這些詩歌本身所具有的內在價值，而在於證明了惠特曼對英語詩歌已經有了深入的了解。那些批評惠特曼《草葉集》的評論家們經常會指出一點，那就是惠特曼所創作的詩歌根本沒有什麼韻律與節奏可言，只是像一個非常普通的工匠那樣製作出較為一般的作品而已。但是，我們必須要明白一點，那就是此時的惠特曼只有二十三歲而已。他所創作的只是無韻詩，這種無韻詩是不需要講究韻律與節奏的。事實上，若是以這個階段的惠特曼的造詣來說，他可以與四十歲之前的羅威爾、N.P. 威利斯[044]以及惠蒂埃相比了。

　　惠特曼的另外三首詩歌也保存在《散文集》裡。他的〈午夜的密西西比河〉是在 1848 年所創作的，這是一首常規但卻又帶有鮮明特色的四行詩。他的〈在朋友家的傷患〉這首詩充滿著許多政治因素。這首詩的靈感出自先知撒迦利亞，讀上去就與伊莉莎白一世或是詹姆士一世後期時代的戲劇作家的無韻詩差不多。此時，惠特曼希望透過這樣的詩歌作品來爭取

044　N.P. 威利斯（Nathaniel Parker Willis, 1806 ～ 1867），美國作家、詩人和編輯。代表作：《旅行羅曼史》（*The Romance of Travel*）、《素描》（*Sketches*）、《我遇到的偉人》（*People I Have Met*）、《名人和名地》（*Famous Persons and Places*）等。

第二章　人生的撫愛者

比普通的十個音節的詩歌更加自由的創作空間。在惠特曼看來，詩歌本身所要求的限制會帶來倒退的作用，而不是促進詩歌進一步發展的因素。關於惠特曼這方面的創新，我們必須要認真研究他的〈血腥的金錢〉這首強烈反對奴隸制的詩歌，這首詩歌充分表達了惠特曼對奴隸制「這種制度是違背人性與上帝的」。

第一詩節

在很久很久以前，上帝派耶穌來到世間，
讓他在這個世界上完成他的旨意。
接著出現了猶大，他背叛了神性的耶穌，
讓耶穌為使命而殉道。

在耶穌手上的鮮血尚未流乾之前，
這種邪惡的行徑是應該被譴責的。
當黑暗降臨在出賣上帝之人的頭上，
世人似乎都在咒罵著叛變者，
天國的大門對他也是始終緊閉的。
他只能孤苦一人，自生自滅。

在經過了漫長的黑暗之後，
生命的循環依然在悄悄地流轉，
從古至今，有無數人提著裝滿菸草的袋子，
他們希望透過這樣的方式來向瑪麗的兒子贖罪。

但是，我們依然能夠聽到這樣的聲音：
「你能夠給我什麼？我將會給你什麼！」
他們訂下了契約，償還了銀條。

第二詩節

拯救者，看看吧！

看看第一個做出行動的人吧！

穿越了天堂的樹梢，

看到你仍受到這些契約的約束，

過著艱苦而貧困的生活，

你卻依然展現出一個人應有的模樣。

你遭到辱罵、鞭打，身陷囹圄，

但是，你仍然無所畏懼，仍然夢想著拔出寶劍，

摧毀一切權威的奴役。

他們再次包圍了你，

表現出極為惡毒的怨恨。

無數人都向你伸出了拳腳，

他們向你吐著口水，咒罵著你。

你渾身都是淤青，遍體鱗傷，

但是，你的靈魂要比死亡的痛苦更加痛苦。

我那些奴隸兄弟們啊，你們每天體驗著這樣的痛苦，

你們的價碼絕對不能代表你們的全部。

那些從事奴隸貿易的人，

全部都是人類的叛徒！ [045]

045　在《散文集》裡，這首詩歌標明的日期是 1843 年 4 月，詩歌的名稱是「巴馬諾克」。惠特曼後來在一段文字裡表示，這首詩歌一開始刊登在《紐約先鋒報》。但我手上有一封惠特曼親筆寫的信件。他在信件裡這樣寫道：〈血腥的金錢〉這首詩歌肯定是在 1852 年到 1853 年間出版的，並且說這首詩首先是刊登在《紐約晚報》上，當時的署名並不是「巴馬諾克」，而是「華特·惠特曼」。除此之外。我所收集到的這份情報也可以證明，這首詩歌出自他之前的《散文集》裡。了解這首詩歌首次出版的時間應該是很有趣的事情，但我至今仍無法找到準確的時間。

第二章　人生的撫愛者

　　整體來說，我在上面列舉出惠特曼早年創作的一些詩歌，只是為了證明惠特曼身為作家與詩人，正在慢慢地形成屬於自己鮮明個人特色的寫作風格。不過，對於這位來自長島的健康年輕人來說，寫作還是將生活中的一些見聞與體驗濃縮起來，然後表達出自己對自由與美好的一種情感。每個閱讀惠特曼《典型的日子》這本書的讀者，肯定都能夠感受到惠特曼在描述百老匯美好一面時所表現出來的熱情。他還充滿熱情地描述了紐約港口美麗的景象，描述了豪華的馬車在紐約市中心寬闊的大道上來回穿行，談到了那些馬車夫都是「目光銳利，手腳敏捷的人！」。

　　可以說，即便是倫敦與巴黎這樣的城市，也無法培養出像華特‧惠特曼這樣在農村土生土長的人。惠特曼就像一個著了迷的孩子那樣認真觀察著他所見到的一切。每個小時，每一天，每一年，他都會坐在渡船上認真地觀察，與他那些開渡船的朋友們經常聊天。他「看著自己所看到的一切，與朋友交流，洞察著身邊的事物」。他所坐的座位就與那些馬車夫的座位沒有什麼區別，那些馬車夫經常被人們稱為「百老匯的傑克」、「爆米花」、「強壯的比爾」或是皮特‧卡拉漢。當他走在人行道上，他經常會看到那個時代的一些著名人物，其中就包括：安德魯‧傑克森[046]、丹尼爾‧韋伯斯特[047]、亨利‧克萊[048]，那位喜歡阻撓國會議事程序的議員沃克等人。有時，他也會見到威爾斯王子、查爾斯‧狄更斯或是第一位日本駐美國大使。他曾看過詹姆斯‧費尼摩‧庫珀[049]在法庭上的表現。他曾前往

046　安德魯‧傑克森（Andrew Jackson, 1767 ～ 1845），美國軍人、政治家，第七任美國總統。

047　丹尼爾‧韋伯斯特（Daniel Webster, 1782 ～ 1852），美國政治家、曾兩次擔任美國國務卿。

048　亨利‧克萊（Henry Clay, 1777 ～ 1852），美國政治家、演說家。曾擔任美國國務卿，美國經濟現代化的宣導者。

049　詹姆斯‧費尼摩‧庫珀（James Fenimore Cooper, 1789 ～ 1851），美國最早贏得國際聲譽的作家。代表作：《拓荒人》（*Pioneers*）、《大地英豪：最後一個摩希根人》（*The Last of the Mohicans*）、《大草原》（*The Prairies*）、《找路人》（*The Pathfinder*）、《獵鹿人》（*Deerslayer*）等。

《百老匯期刊》的辦公室去拜會這份期刊的編輯愛倫·坡。愛倫·坡認為惠特曼的一首詩歌「充滿著人性的善意，但情感的表達不夠充分，還有一點多愁善感的成分。」—— 當然，愛倫·坡的這段評價是從他的日記裡找到的。

惠特曼就是這樣一位著了迷的觀察者，他始終認真觀察著人們的每個行動與表現，因此他對戲劇表演也極為著迷。在那間老公園戲院與包厘街戲院、百老匯劇院以及查特漢姆廣場戲院，他欣賞過亨利·帕拉希德[050]、芬妮·肯布林[051]、謝里丹·諾爾斯[052]、艾倫·特里[053]、年輕的基恩[054]、馬克雷迪[055]以及年邁的布斯[056]、福里斯特、夏洛特·庫什曼[057]以及其他當時紅極一時的戲院演員的表演。在這些年裡，他幾乎欣賞了這些戲院裡上演的所有義大利歌劇，非常欣賞諸如阿爾伯尼[058]、格里希[059]與馬里奧[060]等歌手。身為一名報業人員，惠特曼經常可以免費進出這些戲院，免費欣賞這些演出。在這個時期，惠特曼對演說與抒情詩歌展現出一種孩童般的強烈激情，這也讓他對鄉村地區的辯論協會不那麼上心了。因此，他覺得演說與創作更能夠讓他的身體與靈魂處於一種興奮的狀態。

050　亨利·帕拉希德（Henry Placide, 1799 ～ 1870），美國戲劇演員。

051　芬妮·肯布林（Fanny Kemble, 1809 ～ 1893），英國著名戲劇女演員、作家。

052　謝里丹·諾爾斯（James Sheridan Knowles, 1784 ～ 1862），愛爾蘭戲劇家、演員。

053　艾倫·特里（Ellen Tree, 1805 ～ 1880），英國著名女演員。

054　基恩（Charles Kean, 1811 ～ 1868），愛爾蘭戲劇演員。

055　馬克雷迪（William Macready, 1793 ～ 1873），英國演員。

056　布斯（Edwin Booth, 1833 ～ 1893），美國戲劇演員，因飾演莎士比亞劇作中的角色，當時紅遍全美及歐洲，也是紐約布斯劇院的創辦人。

057　夏洛特·庫什曼（Charlotte Cushman, 1816 ～ 1876），美國著名舞臺劇演員。

058　阿爾伯尼（Marietta Alboni, 1826 ～ 1894），義大利著名歌劇演唱家。歌劇史上最偉大的女低音歌手之一。

059　格里希（Giulia Grisi, 1811 ～ 1869），義大利著名歌劇演唱家。歌劇史上最偉大的女高音歌手之一。

060　馬里奧（Giovanni Matteo Mario, 1810 ～ 1883），義大利著名歌劇演唱家。歌劇史上最偉大的男高音歌手之一。也是格里希的對手。

第二章　人生的撫愛者

當他乘坐「強壯的比爾」或是皮特・卡拉漢所駕駛的馬車前往包厘街的戲院的路上，他會在馬車上對馬車夫發表慷慨激昂的演說，演說所談到的主要人物是凱撒或是理查大帝（在乘坐馬車經過川流不息的街道時，你可以非常盡情地表達自己的想法）。有時，惠特曼在進行這些演說時，則會有許多不同的同伴。因為在天氣溫和的時候，惠特曼每個月都會前往康尼島「在那個時候，那裡是一個沒有多少人會前往的海岸，我感覺自己彷彿是這個海岸的主人。我非常喜歡在海水裡泡澡，喜歡在堅硬的沙子上跑來跑去，然後大聲地面對海浪與海鷗發表自己關於荷馬或是莎士比亞的激情演說。」

與形形色色的人進行深入接觸之後，也慢慢地塑造了惠特曼內心的憐憫心。他經常會前去戲院觀看著名的戲劇演出與演說，這樣的經歷慢慢地彌補了他所缺乏的審美教育。那些歌劇的歌手與演員的表演，似乎對他日後詩歌創作的韻律也產生了深遠的影響。當然，惠特曼本人也下了一番功夫，閱讀了他所能夠找到的一切古典文學作品。雖然他在少年時期因為沒有接受多少教育而造成了無法彌補的缺陷，讓他對除了英語之外的其他語言都沒有任何了解，但是他喜歡華特・司各特爵士的作品與《一千零一夜》這樣的作品。這也為他日後走進詩歌這一充滿夢幻色彩的領域打下了基礎。關於惠特曼這個時期的人生經驗，我們最好用他自己的話來進行闡述：

「在每年的夏天與秋天之間，我經常會在鄉村地區待上一週時間，或是前往長島的海邊。我喜歡感受戶外帶給我的種種良好的影響。在這些時候，我會全神貫注地閱讀《聖經・舊約》與《聖經・新約》這兩本書，認真吸收著裡面的知識（也許，我可以說，閱讀這本書給我帶來了比閱讀任何書更為強大的影響）。我還閱讀了莎士比亞、奧西安（傳說中

的愛爾蘭詩人）以及其他著名作家最好的英文譯本。我還閱讀了荷馬、艾斯奇勒斯 [061]、索福克里斯 [062] 還有德國在中古時期的《尼伯龍根之歌》（*Nibelungenlied*），古印度的詩歌以及另外的一兩本傑作。當然，這其中肯定也包括但丁的作品。其實在後來我幾乎都是在一個古老的森林裡閱讀這些作品的。當我在長島東北端的東部半島上，我第一次深入徹底地閱讀了《伊利亞德》（*Iliad*）這本書。（當時，我還經常會感到奇怪，為什麼我不會被歷史上這些偉大的作家所強烈地震撼。可能是因為當我閱讀他們的作品時，我是處在自然的環境裡，感受著太陽，欣賞著美麗的風景以及開闊的視野，看著海水潮起潮落的原因吧。）」

　　不過，要是我們將這個時期或是之後一個時期的惠特曼說成一個系統性的閱讀者，這就是一種誤解了。惠特曼的閱讀方法基本上都較隨意，主要以自己所感受到的印象為主。當時，他將自己的大部分精力都投入到了報紙與雜誌上，因此其實也沒有那麼多時間可以去進行系統的閱讀。他經常會閱讀期刊雜誌上面的文章，會將一些他最喜歡的內容裁剪下來，然後對這些文章進行一番評論。「我發現我需要一個很大的剪貼簿，才能將我對羅馬以及羅馬人的看法完全說出來。」，他的這句話就是最好的注解。他經常會去紐約古埃及文物博物館進行參觀，這樣的參觀經常激發起了他對東方文化與歷史的強烈興趣。事實上，無論他去什麼地方，他都遵從著自己的興趣。他經常會前去商店或是工廠，與那裡的員工或是工人一起聊天。他這樣的習慣，與他所在城鎮的另一位名人亨利·沃德·比徹 [063] 是非

061　艾斯奇勒斯（Eschylus, 西元前 525～西元前 456），古希臘悲劇詩人，與索福克里斯和尤里比底斯一起被稱為是古希臘最偉大的悲劇作家，有「悲劇之父」的美譽。

062　索福克里斯（Sophocles, 西元前 497～西元前 406），古希臘悲劇詩人，與艾斯奇勒斯和尤里比底斯一起被稱為是古希臘最偉大的悲劇作家。代表作：《伊底帕斯王》（*Oedipus the King*）、《安蒂岡妮》（*Antigone*）等。

063　亨利·沃德·比徹（Henry Ward Beecher, 1813～1887），美國公理會傳教士、社會改革家、演說家、廢奴主義者。美國著名作家斯托夫人的弟弟。

第二章 人生的撫愛者

常相似的。雖然惠特曼並不是一個喜歡前去教堂的人，但他卻非常喜歡沃德·比徹的布道演說以及其他牧師的演說。有時，當比徹在教堂裡發表演說的時候，他也會專門前去聆聽。他非常喜歡聆聽溫德爾·菲利普斯[064]、加里森[065]、約翰·P·海爾[066]以及其他反奴隸制演說者的演說。在他之後參與政治的一個階段裡，他曾為總統候選人波爾克[067]發表助選演說，正如他之前曾發表支持范布倫[068]擔任總統的演說。在 1848 年 8 月，他成為了自由士兵委員會委派的一名成員，因此他可以自由地參加在布魯克林與紐約舉辦的各種活動。「我經常在女士舉辦的社交活動上見到他。」舒馬赫先生這樣說，「我認為，無論是年老的女士還是年輕的小姐，他們都會認為他是一位有著深厚教養的隨和年輕人。」持同樣想法的，當然還有百福公司在百老匯大街上那間著名的飯店管理人員。在一段時間裡，惠特曼曾是波西米亞圈子裡的著名社交人物，「並且從來不會喝醉或是發酒瘋。」在之後一個時期，惠特曼的確是從他在百福飯店的那些文學圈朋友那裡借了一點錢，但他始終是一位非常講信譽的人，一旦有錢了，馬上就還。惠特曼身上有一種溫和、休閒且吸引人的特質，這讓他非常受朋友們的歡迎。無論是男是女，他都會表現出彷彿置身於一個美好世界那樣去與他們接觸。他的摯友約翰·巴勒斯在 1867 年就寫了《關於身為詩人和人物的華特·惠特曼》（*Walt Whitman as Poet and Person*），他在裡面就用非常謹慎的語言這樣寫道：「在這段時期裡（大約是 1840 年到 1855 年間），惠特曼沒有特別地研究某個領域。可以說，他似乎在感受著生活的各個領域，體

064　溫德爾·菲利普斯（Wendell Phillips, 1811～1884），美國廢奴主義者、演說家和律師。
065　加里森（William Lloyd Garrison, 1805～1879），美國廢奴主義者、記者、婦女參政權者和社會改革家。
066　約翰·P·海爾（John P. Hale, 1806～1873），美國政治家、律師，參議院議員，廢奴主義者。
067　波爾克（James Knox Polk, 1795～1849），美國第十一任總統。
068　范布倫（Martin Van Buren, 1782～1862），美國第八任總統。

驗著自己的激情、快樂與放浪不羈。當時，他是一個身體健康的年輕人，生活在繁華的紐約市，身邊有許多機會。我認為惠特曼正是在這個時期內創作《亞當的孩子》，甚至還開始創作了《菖蒲》詩集的部分內容。」

惠特曼似乎在紐約這座城市過著極為悠閒的生活，對許多事情依然充滿著好奇，懷著一種包容心，根本沒有將自己寫下來的感想進行時間的標記。現在，他當時的許多感想都已經收錄在他的詩集裡，成為了永遠都抹不去的印記了。但是，我們卻始終無法找到惠特曼到底是在某一年的某個月寫下這次詩集的資料。正如很多研究白朗寧的《立像與胸像》的人所說的「對他們來說，一個星期彷彿變成了一個月或是一年。」但是，惠特曼那顆年輕的心所追求的勇敢與祕密的榮耀卻始終都不會褪去。

在他二十七八歲的時候，準確的日期已經無從考究了 —— 惠特曼變成了布魯克林地區《鷹報》的編輯。《鷹報》是一份只有四頁紙的小報，編輯的工作量也不是非常繁重。此時，惠特曼與他的父母一起居住在莫特爾大街的一棟木製小屋裡。直到現在，這棟木屋依然還在。他經常會慢悠悠地從家裡步行到辦公室，慢走也成為了他的終生習慣。當時，他的辦公室靠近富爾頓渡輪碼頭，距離他的家只有一公里左右。每天下午，他幾乎都會離開辦公室，前去碼頭附近游泳，有時還會帶上辦公室一些熟練的排字工人一起去。《鷹報》的一位繼任者就曾對惠特曼進行了有趣的評價。在這份鄉村報紙擔任編輯，這帶給了惠特曼很大的好處。他可以自由地呼吸新鮮的空氣，到大海裡游泳，還可以鍛鍊身體。除此之外，他還可以透過報紙的社論反對死刑、奴隸制、決鬥以及尚武的精神。他們經常會在報紙上報導一艘剛剛停泊在東海碼頭上的輪船，或是對貿易聯盟表達出不信任的態度。他們經常會在報紙上表達出對當地的一種自豪感，一種強烈的國家情感以及對普通民眾權利的強烈擁護。當然，惠特曼所負責的這份報

第二章　人生的撫愛者

紙在當時也是非常不起眼的。身為民主政治的擁護者,惠特曼擁有著一種善意的誠實,沒有任何黨派的狹隘觀點。即便當他所支持的候選人在城市選舉中被輝格黨候選人擊敗之後,他也平靜地表示,這次選舉失利的最大原因,就是「我們原本就不大可能獲得當選的足夠票數。」

　　整個 1847 年,惠特曼都在《鷹報》擔任編輯。1848 年初,惠特曼做出了一次有意義的轉變。關於這次轉變,最好還是用惠特曼自己的話來描述:「在擔任《鷹報》編輯的兩年時間裡,我度過了人生中最為愉悅的一段時光 —— 我的老闆非常好,我也得到了不錯的薪水,工作相對輕鬆,有很多閒暇時間。問題就在於民主黨在這個時候出現了分裂(大約是在 1848 年到 1849 年間),我也與民主黨內那些激進分子分道揚鑣了,這讓我與老闆以及『民主黨』出現了裂痕,因此我也失去了編輯的工作。在我失業之後,我受邀在紐約市珍珠街的老百老匯劇院發表了一場即興演說。這讓我有機會前往紐澳良的《新月報》工作,這是一份財力相當雄厚的報紙,這份報紙的立場與《五分錢報》是相反的。而《五分錢報》的老闆之一是麥克盧爾[069]先生,他當時正在北方採購材料,在大廳的走廊上見到了我。這應該是我們的第一次見面。在進行了十五分鐘的閒聊之後,我們達成了正式的協定。麥克盧爾先生答應支付我兩百美元的薪水,並且承擔我前去紐澳良的車費。我在兩天之後出發了,度過了一段悠閒的時光。因為當時這份報紙要在三四週之後才正式出版。我非常享受這段旅程,還在路易斯安那旅行了一趟。」

　　惠特曼在這趟旅程中最好的兄弟是「傑夫」,傑夫當時只有十五歲。他們一起乘坐火車經過了賓夕法尼亞州與維吉尼亞州,穿過了亞利加尼山

069　麥克盧爾(Samuel Sidney McClure, 1857 ~ 1949),美國著名出版人、記者、調查員和「扒糞運動」的先驅。《麥克盧爾雜誌》等多家報紙雜誌的聯合創辦人。

脈，之後乘坐蒸汽船沿著俄亥俄河與密西西比河前行。當時，墨西哥剛剛結束戰爭，紐澳良這個地方到處都能夠看到喧囂的人群以及剛剛返程的士兵。在聖查爾斯劇院裡，惠特曼有機會第一次見到了泰勒將軍[070]：「他是一個生性愉悅的老人，身板看上去相當健壯，看上去很普通，額頭上有皺紋，一張黃色的臉龐」。泰勒將軍的容貌讓他想起了詹姆斯·庫珀。在惠特曼關於紐澳良的這段《新月報》的經歷，他沒有特別提到什麼，只是說這是「一段非常愉悅的旅程」。我們可以想像，惠特曼的這次工作經歷絕對要比他之前在《每日極光》以及《鷹報》都要更好一些。但是，他還記得在週日早上所看到的那個法國集市，一位黑白混血的女人經常遞給他一杯咖啡，而他覺得這杯咖啡要比他之後喝過的任何咖啡都更好喝。他喜歡在這個地方到處轉悠，感受著這個地方的風情，他經常會品嘗「美味的美酒」，「感受著完美的法國白蘭地」，還有聖查理與聖路易等地方寬闊休閒的酒吧。他喜歡在碼頭上閒晃，與那些船夫進行交流。有時，為了尋找全新的感受，他會在週日前去法國人聚集的天主教教堂，並且養成了在這個地方漫步的習慣。不過，幾個月之後，「傑夫」就開始想家了，不適應這裡的氣候。後來，傑夫就乘坐密西西比號蒸汽船往北方前進，繞了一圈經過了芝加哥與北美五大湖，在尼加拉大瀑布前停留了一段時間，最後在6月返回了在紐約的家中。

此時，惠特曼已經三十歲了。他在南方的旅行與在當時的西部地區的見聞，極為豐富地拓展了他的人生視野，讓他更加堅信身為美國人的白豪感。如果一個人本質上一個流浪者，那麼無論他是在康科德的農場遊蕩，然後在半夜回到自己的家；欣賞密西西比河洶湧的河水，或是欣賞著內陸的大海，這都關係不大。但是，對惠特曼來說，這次遠離曼哈頓與長島的

070　泰勒將軍（General Taylor, 1784～1850），美國政治家、軍人，第十二任美國總統。

第二章　人生的撫愛者

旅行，對他日後以詩人的角色去解讀美國民眾的生活產生了深遠的影響。當然，他身上出現的其他轉變也是需要我們去關注的。此時，惠特曼的內在世界已獲得了全新的視野。

我在上文已經引述了約翰·巴勒斯先生的話，他在這段話裡談到了「惠特曼所感受到的快樂以及過著放蕩不羈的生活」，這些都是惠特曼在四十年前的行為。對很多立志於要從事文學創作的人來說，他們很可能將這樣的經歷視為創作人生自傳的一個基礎。但是，關於惠特曼的創作階段總是會引起許多人的爭議，因為這個時候的惠特曼似乎根本沒有進行正式的創作。事實上，因為缺乏多方面的證據，我們在很多方面都誤解了他。因此，我認為有必要擺出一些確定的證據來闡述這個問題。

當惠特曼的英國朋友與崇拜者 J.A. 西蒙德斯第一次閱讀《菖蒲》這本講述惠特曼與親密朋友之間友情的詩集時，他對詩歌中的一些句子表達了懷疑之情，而他對詩歌中部分古希臘的內容則充滿了好奇心。他寫信給惠特曼，希望惠特曼能夠告訴他更為詳細的闡明。惠特曼為了避免別人任何錯誤的理解，就在回覆裡坦誠地說明了自己早年與女性之間的關係。這封信標明的日期是 1890 年 8 月，當時惠特曼已經七十二歲了。這封信的部分內容當時也已經出版了 [071]。惠特曼在信中所寫的這段話就可以非常清楚地說明他的想法：

> 「我的人生，包括年輕時期、成年時期、中年時期以及在南方度過的時期，在生理方面都是十分愉悅的，這顯然會遭受大眾的批評。雖然我當時沒有結婚，但是我卻有六個孩子，其中兩個孩子去世了，一個孩子現在居住在南方，他有了自己的孩子，這個孫子偶爾會給我寫信。因為環境的限制（主要是為他們的命運著想），我與他沒有保持非常親密的關係。」

071　這是由愛德華·卡本特於 1902 年 2 月在《倫敦改革者》中出版的。這封信的內容變成了《與惠特曼在卡姆登的歲月》的部分內容，這本書後來在紐約由麥克米蘭出版公司出版。

當這封信第一次公開發表的時候，很多與惠特曼做了五十年甚至六十年的朋友紛紛站出來質疑這封信的真實性，他們寧願相信惠特曼的這封信是虛構出來的。但是，對於惠特曼在卡姆登生活時期的一小群朋友中，惠特曼已經成為了父親，並且在晚年的時候還有孫子前去看望他，這些都是不容爭辯的事實。當惠特曼在臨死前曾對他的一個朋友承諾，一定要告訴他全部的內情。但是，惠特曼在說出這方面真相之前，就已去世了。

　　從某種意義來看，有關惠特曼這個時期生活的評論似乎太多了，並且充斥著太多負面的評論。違背了貞潔的罪惡通常都會帶給人一定的懲罰。但是，因為我們對惠特曼這方面的事情根本就是一無所知的，因此我們最好的做法，還是在內心深處相信惠特曼的人品。惠特曼的一個性格特點，就是對女性始終充滿著敬意。惠特曼在華盛頓的一位經常相處的女性朋友就告訴我，惠特曼對她母親是多麼的尊敬，就對她是多麼的尊敬。即便是三十年後，惠特曼有時說話時變得粗魯一些，但是他卻始終保持著對女性的尊重，這也是強而有力的證明。從 1862 年到他人生的終點，我們可以找到許多證據來證明，惠特曼在性關係方面始終都是保持著純潔的狀態。關於惠特曼的一些詩歌中表露出來的墮落思想所引起的爭議，讓很多評論家都想當然地認為惠特曼是一位在性關係放蕩不羈的人。但是，倘若我們對惠特曼早年在布魯克林、紐約以及紐澳良的生活進行一番研究，就會發現他從未在這方面有過什麼不檢點的行為，絕對不是評論家口中所說的喜歡與那些水性楊花的女性在一起。至於到底是哪個女性懷上了惠特曼的孩子，或是他到底在什麼樣的情況下做出這樣的行為，我們是永遠都無法知道了。對於很多創作惠特曼傳記的作家們來說，關於惠特曼的這一方面是他們不願意涉及的，但他們卻必須要這樣做，因為這方面的內容對於談論他日後創作《草葉集》是極為重要的。

第二章　人生的撫愛者

　　因為沒有哪位詩人能夠「全身心地感受生活的各種體驗、激情、快樂以及放蕩不羈」，然後當他沉浸其中的時候，將自己的想像力都放在身後。如果華特・惠特曼真的正如他的朋友約翰・巴勒斯所說的那樣「是一個純粹且簡樸的隱居者」，那麼文學界肯定也不會在乎他到底在自己穴居的山洞裡到底過著怎樣的生活。大埃阿斯（特洛伊戰爭中的希臘英雄）可以將忒克墨薩（大埃阿斯的妻子）帶回他的帳篷裡共度春宵，但這絲毫不會讓大埃阿斯變成一個更好或是更糟的武士。但是，當諸如歌德、伯恩斯[072]、大衛等著名作家將他們的忒克墨薩帶回家，那麼這肯定會引起許多人微妙的想像，對其中的內情產生了無限的猜測。惠特曼的傑作《草葉集》就是一本反映他內在心靈思想的詩集，談到了個人與世界的和諧統一的思想。要是這樣的思想不是發源於一種性愛情感的話，那麼這肯定會讓其中的思想給讀者留下更加深刻的印象。可以說，《草葉集》充分展現出了惠特曼孩子般熱烈的激情。裡面的思想根源於一個年輕人的身體與靈魂的深處：這是一個純潔且充滿感官感覺能力的身體，還有一個不受任何黑暗神祕所困擾的靈魂。

　　但是，倘若我們將惠特曼視為一個習慣性的放蕩不羈者，或是至少認為年輕時期的惠特曼是這樣的人，那麼我們就是誤解了惠特曼的本性。卻斯特頓[073]先生在最近的一篇文章裡這樣表示，對於任何一種快樂的情感，都是需要「某種程度的羞澀、模糊的希望、一些孩子氣的期望。可以說，純潔與簡樸是感受這些激情最為重要的前提條件 —— 沒錯，即便是那些要感受那些邪惡的激情，也是如此。即便是邪惡的念頭，本身也是某種純

072　伯恩斯（Robert Burns, 1759 ～ 1796），蘇格蘭詩人，浪漫主義運動的先驅。代表作：《自由樹》、《蘇格蘭人》、《友誼地久天長》（Auld Lang Syne）、《往昔時光》（old long since）等。

073　卻斯特頓（Gilbert Keith Chesterton, 1874 ～ 1936），英國作家、文學評論者以及神學家。熱愛推理小說，所創造最著名的角色是「布朗神父」，首開以犯罪心理學方式推理案情之先河，與福爾摩斯注重物證推理的派別分庭抗禮。文中引文選自卻斯特頓隨筆集《持非正統見解的人》。

潔的思想存在。惠特曼就像那個害羞的男孩，遠離了布魯克林大街街角的骯髒，然後本能地躲避任何會影響他感知能力的事情，並且在某個時期因為對性愛的渴求所引起的躁動，讚美裸體，宣稱人的身體絕對不是普通或是玷汙的。惠特曼表示，每個人都應該追求身體層面上的快樂，對身體要有一種舒緩的柔和情感，最後在老年的時候保持長久的貞潔與平靜的心態。這些組合成了某類人的必備元素。」

當惠特曼從南方回來之後，乍一看，他似乎沒有什麼變化。「他還是跟之前沒有什麼區別，只是看上去老了一些，聰明了一些。」他的弟弟喬治這樣說。

惠特曼在十五歲的時候就已經發育成熟了，現在他已經三十歲了，頭髮與鬍子都很茂密了。他繼續與父母住在一起，每當他有薪水的時候，就會馬上支付房租。在 1850 年到 1851 年期間，他產生了要在布魯克林創辦一份名為《自由民》的週報。他的政治主張從早期的民主黨，慢慢地轉向支持「自由土地、自由言論、自由勞動與自由人」的黨派，這個黨派就是後來形成的共和黨。[074]

「我認為，就是在這些年裡，」惠特曼的弟弟喬治說，「惠特曼產生了要發表演說的念頭。他寫了曾被我母親稱為是一大疊的演說稿。我們不知道他當時在寫什麼內容。與過去一樣，他似乎也沒有什麼的異樣。他習慣了很晚才睡覺。在早上起床之後，如果他有什麼想法的話，就會創作幾個小時 —— 也許，在這一天的其餘時間裡，他都不會再去寫作。當時我們其他人都出去外面工作了，只有華特依然還在家裡思考著什麼。」關於演

074　出自《媒體之音》，1850 年在紐約出版，這是一本由印刷工人與記者投稿而集結成的書，書中包括了惠特曼創作的〈墳墓花開〉。在「投稿人名單」裡，就特別簡短地談到了華特·惠特曼：「惠特曼先生是一位堅定支持激進民主黨的政治活動人士，最近在布魯克林創辦了《自由民》週報，宣傳他所信仰的『自由土地』以及其他改革的政策。」

第二章　人生的撫愛者

說的活動，惠特曼在之後人生裡會經常參加，直到他去世。在這個時期，惠特曼的演說頻率並不高，但是演說活動似乎給他帶來了一個可以找尋志同道合之人的機會。關於惠特曼的演說，最早的紀錄是在 1851 年 3 月 31 日他在布魯克林藝術聯盟的演說。這篇演說後來刊登在 1851 年 4 月 3 日出版的布魯克林《每日廣告報》上。這篇演說只有部分內容收錄在《散文集》裡。惠特曼在演說中的第一段就非常有趣，因為這段話所談論的內容顯然脫離了當時美國民眾現實關切的問題。

「對我們這些美國人來說，絕大多數人都是以金錢利益來衡量事物的 —— 多數人都想要獲得更多的東西，而很少想過去好好享受他們已經得到的東西 —— 從某種意義上來說，這是這種對物質的需求要遠遠大於智慧層面上的需求。他們根本沒有想過要去追求所謂的理想事物。對一個國家來說，蒸汽引擎的發明絕對不是一個壞的象徵。因為蒸汽引擎能夠幫助我們更好地工作，讓我們能夠以更高的效率去做之前的事情。但是，我們應該去追求比衣服、餐桌、商業或是政治更加美好的目標。」

「幾百年前，一位懶惰的波斯人寫下了幾首詩歌，後來他收到了一個相信節約才能過好人生之人的引導。『你這樣過有什麼意義呢？』那位目空一切的人說道。詩人轉過身，摘下一朵玫瑰花，說：『那這朵玫瑰花的存在又有什麼意義呢？』『這朵玫瑰花很美啊，散發出香氣。』目空一切的人回答說。『那我存在的意義，』這位詩人回答說，『就是好好地欣賞這朵玫瑰花的美感，聞到它所散發出來的香氣啊。』」

「藝術作品以及所有真正的藝術家的光榮使命，就是將一切阻礙人們感受美感或是培養觀察美好事物的能力的東西全部掃除掉，讓人們感受到世界的真善美。」

在描述了一番上帝的創造之後，他在演說中接著說：

「當上帝在地球上創造完了之後，他所創造的事物都是充滿美感的。比如，現在已經是春天了，陽光照在這片古老而年輕的大地上，讓這個地球的血液彷彿都流動起來了，讓復甦的樹木開始慢慢地生長，讓花朵慢慢地長出花蕾。整個地球沒有失去任何一絲的美感。在地球的胸懷裡，經歷了難以計數的世紀之後，依然保持著它一開始的年輕活力。地球所展現出的這種活力，就是造物主所說的善意。真正的藝術家必須要充分感受且運用這樣的善意。每個人都有成為藝術家的能力，這是一個充滿美感的真理。也許，即便是最偉大的藝術家在度過了輝煌的創作期之後，在世人無法理解與欣賞的情況下死去。但是，當後人看到那些壯觀的宮殿，看到裡面各種精美的雕塑與充滿美感的畫作，感受著過去那些偉大藝術家的心血與付出的時候，誰能夠平復內心澎湃的激情與湧動呢？難道這件事情會讓你們生出悲傷的情感嗎？是的，這的確會給我們帶來一種悲傷的情感。因為對於那些過著奢侈豪華的國王來說，這些東西都被他們視為理所當然，認為他們天生就應該擁有這樣的東西。可以說，在古代的帝王中，沒有一個人能夠真正感受到這些宮殿與畫作的美感與榮耀！」

「關於藝術家，我要說的是，歷史已經賦予了你們光榮的使命：『勇敢地前往世界各地吧，宣揚美感的價值吧！』完美的人其實就代表著完美的藝術家，反之亦然。因為當我們對自然與藝術之間進行了太多的討論之後，要是將這兩者仍然視為兩個不同的事物，那這就是一個荒唐的錯誤了。盧梭本人一開始就是從錯誤的思想去觀察自然的，但是他最後獲得的就是對自然的讚美以及對藝術愚蠢的嘲諷。」

惠特曼在演說中表達著自己的想法，當然這段話是沒有任何歷史證據可以證明是惠特曼所說。這段話的大致內容是說盧梭在臨死之前所說的一些話，這讓惠特曼所要表達的思想存在著驚人的相似。透過虛構盧梭在臨

第二章　人生的撫愛者

死之前的場景，惠特曼希望聽眾能夠對古希臘藝術中的死神形象進行一番思考。之後，惠特曼在演說中對古希臘生活充滿高尚的藝術尊嚴進行了一番讚美。當然，惠特曼所引用的論據，就是他在「在某天晚上在附近一個城市所聽到的演講內容」。關於人的完美理想與 1851 年普通的美國人進行對比，這啟發了惠特曼寫出這樣充滿諷刺精神的文字。這也說明 1840 年那位戴著高頂帽子與別著襟花與 1855 年穿著法蘭絨襯衫與塞入褲子的惠特曼有了很大區別。

此時的惠特曼穿著由裁縫專門訂製的時尚衣服，穿著高跟的靴子，穿著可以蓋住腳踝的褲子，展現出不同以往的形象。他所穿的襯衫有著很大的袖口，外套則有厚厚的硬領 —— 他經常穿著專門訂製的外套，參加一些舞會。他的襯衫衣領經常會翹出來，彷彿給人一種可怕的敵人就要到來的感覺。這些就是當時流行的襯衫領，就像勇敢的哥倫布那樣，勇於去追尋未知的世界。除此之外，他一般都會戴著一頂時尚的帽子，這讓他給別人一種尚未說話，就可以感受到他是怎樣的人的感覺。我們的確可以讓雕刻家為他塑造這樣的形象。

最後，惠特曼在演說中表示，真正英雄的行為展現了「藝術家精神的最高境界。」

「年輕的藝術家，不要過分談論那些只會繪畫或是雕刻的過去藝術家。你們不要單純研究他們的作品。還有一種更為崇高且美好的東西是他們去追求的，這能夠燃點起他們內心的火焰，讓他們去追求最為崇高且純粹的藝術。這是一種代表著行動、美德與英雄主義的情感，讓人不懼怕任何困難，抱有一種為藝術殉道的勇氣。在人類歷史上，不少偉大的藝術家都曾有過光輝的榜樣。他們做出了許多大無畏的犧牲，表現出了忠誠與堅毅的品格。我們可以去閱讀一下蘇格拉底在世時的表現，就會發現這樣的

精神要比蘇格拉底展現出來的人格更加偉大。你們可以閱讀一下講述奴隸如何反抗奴隸主的故事 —— 了解受壓迫的人如何起來反抗那些君主的暴政。在人類歷史上，從來不缺乏這些為追求正義而獻身的人！」

「在那片充滿陽光的半島上，藝術的發展從古希臘萌芽，在經過數十代人的努力之後，煥發了全新的生命。現在，我們甚至可以看到這樣的藝術發展可以被普通人所認同，讓他們懂得欣賞與熱愛美感。無論是在那不勒斯、羅馬、威尼斯等地方，對自由的熱愛始終都是一位真正意義上的藝術家所必須要堅守的一個元素，要是沒有這樣的追求，那麼他的任何創作必有缺陷，也必然會讓人感到困惑。無法用言語去解釋的命運其實已經說明了這點。死去的人已經埋在墳墓裡，但是他們生前表現出來的巨大熱情與追求美感的決心卻不會隨著他們軀體的腐爛而消失」：

> 「這些年輕人的屍體，
> 那些在絞刑架上殉道的人，
> 那些曾被無數次刺穿心靈的人，
> 他們看上去是那麼的冷漠與動彈不得，
> 卻在另一個世界展現出永不消逝的活力。
> 哦，國王，他們的生命在其他年輕人身上延續下來，
> 他們再次與其他準備反叛你們的年輕人在一起。
> 他們因為死亡而變得更加神聖，
> 他們得到了更好的教育與提升。
> 真正給予他們力量的，
> 不是這些被屠殺者的墳墓，
> 而是他們所播下的自由種子。
> 自由的種子已經發芽，

第二章　人生的撫愛者

當風吹過之後，將會帶著更多種子在其他地方發芽。

接著，天下了雨，

滋潤著這些種子。

任何專武器都無法抵抗

這樣無所畏懼的精神。

這樣的自由種子將會在這個世界上

生長出挺拔的參天大樹，

低聲地向世人訴說著自由的可貴。」

「我在此可以總結一點，倘若沒有真正的自由思想，就沒有真正的藝術家 —— 因此，自由能夠讓藝術家獲得更多的創作空間，讓他們更好地發揮自己的想像力與才華去進行創作。只有在這樣的前提下，藝術才能變成一種高尚且完美的作品。」

當時，惠特曼對成為演說家是那麼的充滿激情，因為他認為演說可以透過更加直接的方式來表達自己的思想。但是，他之後卻沒有選擇往這條路繼續前行。他一直對工作只是為了謀生的念頭懷著一種冷漠的態度，但現實的壓力迫使他不得不要去做他父親當年所做的工作。此時，他父親已經是一個年過六旬的老人，依然有著一雙讓人看不透的眼睛。他開始在布魯克林郊區那一片迅速發展起來的地方建造與銷售一些小型的木製房屋。約翰·巴勒斯告訴我，他不知道惠特曼在操作鋸子與錘頭方面有多熟練，才能讓他變成一個合格的木匠。不管怎樣，惠特曼還是在這一行做了三四年左右，直到他找到了更好的工作。當時的環境讓建造房子變成了一門有利可圖的生意，他的弟弟們都認為惠特曼終於等到機會了。但在很多時候，當惠特曼做木工的時候，腦海裡卻思考著自己的詩歌。他無法將體力勞動與精神層面上的思考很好地結合起來。因此，惠特曼進行一番深思熟

慮後，他認為繼續從事木匠的工作已經不再適合自己。他的全新想法就是創作一本能夠表現出自己與這個國家精神的書。他會將自己之前所體驗到的一切都寫入這本書裡，將他過去度過的輕狂歲月都寫進去，然後將自己的得失成敗都寫進去，讓這本書充滿著更多的生命活力，讓這本書變成一本關注人內心的作品。

白天工作的時候，他腦海裡卻總是思索著如何去創作這本書。在他手裡拿著飯盒吃飯的時候，口袋裡卻始終放著愛默生所寫的一篇文章，利用午休時間去閱讀。但是，他對創造出一種全新的詩歌體裁並不感興趣，正如他對自己所經歷的很多事情都不感興趣一樣。惠特曼是一位喜歡舒適、快樂且自由生活的人，因此他這位喜歡讀書的木匠認為布魯克林這座城市的所頒布的法令是非常糟糕的。1854 年，他在一封寫給市議會與市長的信件裡，就以一個應該更為自由的市政府來反對週日的各種限制。這封信不僅在表達的思想方面極為深刻，而且還說明了許多代表著常識重要性的管理思想，直到今天依然有其意義。這封信的部分節選內容如下：

「在週日這一天，關閉城市鐵路的做法，為普通百姓的交通出行帶來了嚴重不便。事實證明，民眾在週日這一天的出行最為頻繁，但是布魯克林市政府所執行的這些死板的行政命令卻為市民的生活帶來了很多麻煩，因為很多公共設施、車站、雪茄商店、麵包店、糖果店、小吃店以及其他地方都關門了。事實上，週日這一天根本沒有什麼特殊的意義。在這一天關閉火車站，只會給很多家庭帶來諸多的不便，特別是從布魯克林東部、威廉斯堡、格林波特、布倫維克、新布魯克林、貝德福德以及格林伍德等地想要過來的民眾。這樣的停運措施根本無法帶來任何正面的意義。但是，在這些糟糕的行政命令背後隱藏著更深層次的東西，這些限制就是美國很多市政府發布的糟糕行政命令中的一項而已，這背後代表著市政府根

第二章　人生的撫愛者

本沒有顧及與關心民眾……」

「膚淺之人對某些事情充滿著熱情，這讓他們在某些禁忌所控制的範圍去追求所謂的特殊價值，這是我們在許多房子與大街上都能夠見到的一種柔弱的罪惡行為。先生們，文明世界已經被這樣的禁令控制了數百年之久了。我們並不需要這樣的禁令。我們真正所需要的，是一些精力充沛、具有理智且務實精神的誠實之人去負責這些事情。真正能夠代表安息日這天所傳遞出來的高尚且純潔意義的人，都是目前進行著各項改革的人，他們並不是一群自以為是的人，不認為透過罰款或是關押違反禁令的人就能實現這樣的目標。相反，真正代表著這種純潔且高尚精神的人，都是那些擁護改革與追求最大限度理性自由的人。因為，真正的自由精神具有一種充滿生命力的防腐能量，這能夠不斷增強我們趨向善意的一面，讓我們規避那些惡意。」

「現在，市政府與州政府都想要透過這樣的禁令，去命令民眾應該在什麼時候做什麼樣的事情，想要成為民眾的保姆，強迫他們去做我在上面所提到的那些事情。這會讓民眾在出行與日常生活方面受到極大的限制，讓他們無法更好地利用一週的時間。這會讓他們感到自身的自由受到了限制。因此，這樣的禁令無疑會讓人們變成非常可憐 —— 在這些問題上，美國民眾應該要求各級政府都尊重他們的意願，而不是讓民眾遵循政府的意願。每個公民都必須要擁有自由活動的空間，而這些空間是不會因為政府的禁令而受到限制。每個公民都必須要學會成為一個勇敢且冷靜的人，更多地依靠自身理性的限制，而不是依靠法律、城市規定或是警察的規定。只有當我們每個人都擁有這樣的情感，才能造就出充滿活力的男性與優秀的女性。這才會讓我們這座城市擁有更多具有高尚且品格鮮明的男女，讓他們的鐵路交通能夠更加順暢，讓輪船可以自由航行，讓報紙與書

籍的出版自由不受到政府的干預……」

「先生，我對你們懷著深厚的敬意，希望在這方面提醒你們，也希望你們能夠提醒其他人，包括那些想要成為你們的繼任者的人，或是任何擔任重要或是次要官職的人，都必須要遵守這個共和國的立國之本，那就是人人生而平等的基本原則，從而以更多的善意、更為純潔的動機與更為周全的方式去管理好城市的事務。只有當我們的政府擺出這樣的姿態，我與布魯克林市的其他納稅人才會發自內心地支持政府展開相關的工作。」

「我們認為，這座城市絕大多數人的利益或是他們的生活與財富都應該得到保障，而絕對不應該成為某些黨團或是利益集團內部鬥爭的犧牲品……我從未認為那些在首都華盛頓或是阿爾巴尼的政客所做出的行為有多麼重要，真正重要的是我們在布魯克林地區的民眾必須要發出自己的呼聲，表達出強大的民意，這才是最為重要的。可以說，沒有比我們將布魯克林打造成一座更為自由且讓人驕傲的美國城市，更能充分展現出美國這個國家的偉大理想了。我國絕大多數的城市都有不少的居民，他們都過著十分富足的生活，都是有上進心的人。這些城市的街道、大廈與市民的房子都非常美麗。但是，這些城市本身卻具有怎樣的特質呢？大力鼓勵貿易與商業的發展，這是值得讚揚的，但是我們同樣應該鼓勵那些投身政治領域的人要具有更高的視野與風度，而不是那些人浮於事或是喜歡勾心鬥角的人。」

「布魯克林這座城市的規模、居民數量以及城市面貌都是值得讚揚的，但是這座城市或是這座城市每個社區的持久榮耀，卻是取決於每個生活在這座城市的人所具有的品格與道德水準。倘若我們回顧歷史，就會發現在古代的時候，一個只有數千人的城市都可以在歷史上留名。真正讓這些小城市青史留名的，並不是這些小城市的居民人數，不是他們的建築有多麼的輝煌，而是因為這些小城市展現出了一種自由且開放的民主精神。

第二章　人生的撫愛者

雖然這些小城市的人數可能不及我們這座城市的三分之一，但是他們卻可以與許多強大的帝國相提並論，並且在人類的文學歷史上永垂不朽，受到後人的尊重。」

接著，惠特曼繼續對布魯克林這座城市進行了一番熱情洋溢的描述，談到了要是這座城市每個市民都能展現出恰當的市民驕傲，那麼這座城市的發展潛力將難以估量。惠特曼在這封信的結尾處，進行了一番典型的描述：

「綜上所述，打造一座城市的品格以及提升市民的品格，追根究柢還是源於每個市民自身的努力。從嚴格意義上來說，當這些時機成熟之後，那麼這樣的事情會出現。也許，市民們也根本沒有權利去抱怨自身的活動受到了限制、欺騙或是承受著過高的賦稅，因為他們手上就有解決這些問題的藥方。只有當他們每個人都切實認識到了這點後，才能夠更好地解決這個問題。我做出這樣的表態，絕對不是要奉承任何人。不過，我必須要說，市民對政府官員的信任與信賴，這些都是我們這個國家國民品格中高尚的一面。」

華特·惠特曼

據我所知，這是惠特曼在當年 7 月出版《草葉集》之前所寫的最後一篇署名文章了。在這封信裡，惠特曼讚美了每個個體所具有的崇高價值與存在的意義，這可以算是他過去多年來漫遊生活的一個思想總結了。當年在《長島人》擔任編輯，充滿孩子氣且打扮的像花花公子的人，充滿了強烈的精神追求，充滿了無限的生命活力，現在終於變成了一個性情安靜、腳步緩慢、頭髮灰白的工人了。自從他第一次為《民主評論》撰稿到現在，已經過去了十幾年的時間了。當年同期與他發表文章的還有惠蒂埃、布萊恩特與朗費羅。這些作家加上霍桑、羅威爾以及 1840 年代的其他雜

誌撰稿人，他們已經慢慢成為了具有大眾影響力的人。此時的惠特曼卻早已經被大眾所遺忘。這個時候湧現出了很多新雜誌，比如《哈帕雜誌》成立於 1850 年，《派特南雜誌》成立於 1853 年，這些雜誌都在培養著新一代的作家。

關於美國在 1840 年代至 1840 年代所出現的那種躁動不安的思想發酵運動，惠特曼其實沒有做出任何推波助瀾的貢獻，雖然他從這樣的思想運動中獲益良多。無論是人們對宗教領域、智慧領域、社會領域以及經濟領域的觀念，都受到這股來自於英國思潮的影響，這股思潮的代表人物就是紐曼[075]、普西[076]、卡萊爾、狄更斯、金斯萊[077]、科布登[078]以及布萊特[079]等人。這股思潮的最主要的目標就是要不斷提升每個個體存在的價值。同樣的情況也發生在美國，在這十幾年的時間裡，美國社會也出現了許多不同的思想改革運動。先驗主義的核心思想就是要擺脫外在世界對人類身心的枷鎖，從而更好地確立以人為主體的價值。先驗主義思想的傳播範圍遠遠超過了其發源地康科德與劍橋。與此同時，共產主義與社會主義等思潮也在慢慢流行起來，廢奴主義與至善論的思潮也得到了進一步的推廣。愛默生與羅威爾對先驗主義思想以及當時其他形形色色的思潮進行了一番睿智的總結，說「這是 40 年代的無套褲漢」。當時，布里斯班[080]與格里利[081]

075　紐曼（John Henry Newman, 1801 ～ 1890），英國神學家、詩人，羅馬天主教樞機。代表作：《為我人生的答辯》（*Apologia Pro Vita Sua*）、《大學的理念》（*The Idea of a University*）等。

076　普西（Edward Bouverie Pusey, 1800 ～ 1882），英國神學家。

077　金斯萊（Charles Kingsley, 1819～1875），英國文學家、學者和神學家。代表作：《水孩子》（*The Water Babies*）等。

078　科布登（Richard Cobden, 1804 ～ 1865），英國製造商、貿易商、政治家和作家。

079　布萊特（John Bright, 1811 ～ 1889），英國貴格會成員、演說家、政治家，主張自由貿易政策。

080　布里斯班（Albert Brisbane, 1809 ～ 1890），美國空想社會主義者、作家。代表作：《人的社會命運》（*Social Destiny of Man*）、《金錢哲學》（*Philosophy of Money: A New Currency and a New Credit System*）等。

081　格里利（Horace Greeley, 1811 ～ 1872），美國著名報人，編輯。《紐約論壇報》（*New York Tribune*）的創辦者。自由共和黨的資助人之一，政治改革家。1840 年代到 1870 年代論壇報在其

第二章　人生的撫愛者

都是宣揚傅立葉主義的堅定推廣者。諸如霍桑、雷普利[082]與科蒂斯[083]等才華橫溢的人則選擇在布魯克農場[084]過著隱居的生活。很多「新思潮的門徒」，包括惠特曼本人，也深受這些思想的影響。「一些人選擇出國，到歐洲那邊生活，之後就沒有什麼音訊了。還有一些人繼續留在家裡，也沒有取得什麼突出的成就。還有一些人則與上述這兩種人相反，他們依然為了自己的目標付出艱辛的努力，不斷地奮鬥。一些人渾渾噩噩地過著缺乏道德的生活，從來不去思考自己的人生激情是如何慢慢褪去的，也從來不去思考放縱激情可能帶來的後果。因此，在所有這些思潮塵埃落定之前，想要評判誰的追求是具有英雄色彩的，是較為困難的一件事。我能夠想像到，那些深受這個時期思潮影響的人，肯定都想知道生活中最惡劣的一面，也知道生活中最美好的一面，然後還願意為他們的認知付出沉重的代價，而他們的同輩也付出了更大的代價……有些人消失了，直到今天也無法去追尋。相比於當時各種思潮的狂熱分子，真正能夠堅持自己一開始夢想的人卻寥寥無幾。因為，這些人往往都承受著巨大的壓力。普通人會將他們說成是神經病，教會則會將他們說成是無法獲得救贖的人[085]。」

　　但在惠特曼放下手上的木匠工具之前，美國社會出現了反對先驗主義思想的運動 —— 美國國內出現了來自英國與德國浪漫主義思想的影響 —— 這幾股思潮出現了相互碰撞與衝突的結果。這兩股思潮的運動與

　　　主持下取得巨大成功，成為美國新聞史早期著名的「三大便士報」之一。

082　雷普利（George Ripley, 1802 ～ 1880），美國社會改革家、記者。

083　科蒂斯（George William Curtis, 1824 ～ 1892），美國作家、大眾演說家，共和黨員。

084　布魯克農場（Brook Farm），1841 年在美國麻州西羅克斯伯里（West Roxbury）建立的合作公社，全稱為布魯克農業和教育協會農場。布魯克農場是 1900 年之前美國最著名的社會主義實驗產物，目的在於實踐一種文學和哲學理論，即超越主義。布魯克農場的主要發起人是一神教牧師喬治‧雷普利，支持者包括納撒尼爾‧霍桑、瑪格麗特‧富勒及查爾斯‧安德森‧達納等知識分子。因缺乏資金，公社於 1847 年解散。

085　湯瑪斯‧溫特沃斯‧希金森在 1904 年 1 月出版的《大西洋月刊》上這樣寫道：「這是先驗主義思想全盛時期的陽光一面」。現在，這篇文章收錄在《一個人的部分人生》一書裡。

發展都可以追溯到三個與惠特曼同年出生的年輕人。這三個年輕人都是在 1819 年出生的。其中一個年輕人是 W.W. 史都瑞[086]，他在二十三歲時結婚，在接下來的六年時間裡擔任律師，還寫了幾本暢銷的法律書籍。之後，他突然放棄這個充滿前途的職業，在沒有進行什麼準備訓練的情況下，在 1847 年乘船前往義大利，想要成為一名藝術家。當然，他後來成為了一名藝術家，但卻是一名身居他鄉的藝術家。另外一位年輕人則是查爾斯‧A‧達納[087]，在 1841 年的時候，他在布魯克農場過著隱居的勞動生活，當時還會為瑪格麗特‧富勒[088]女士主編的《日晷》雜誌撰稿。但在 1847 年，他與當年一起在布魯克農場生活的朋友雷普利一道，一起創辦了《紐約先鋒報》。第三個年輕人則是詹姆斯‧羅素‧羅威爾，他同樣生於 1819 年。在華特‧惠特曼正在購買列印設備準備創辦《長島人》的時候，他正在愛情中遭受挫折，甚至想要以自殺來結束自己的生命。但在接下來的十五年時間裡，羅威爾卻安然度過了許多人生的風浪，創作了許多廣受歡迎的詩歌，漸漸對那些所謂的社會改革家失去了熱情，後來在哈佛大學擔任教授一職。

若是從智慧熱情與才華本身來看，這三位與惠特曼同年出生的年輕人都超過了華特‧惠特曼。在三十六歲的時候，他們對先驗主義思想的熱情都慢慢消退了，都各自擁有了較明確的人生事業。但是，惠特曼在這個時候卻依然像一個頑固的孩子似的，似乎仍在無限期地延長著他的童年光陰。與英國的作家薩克雷一樣，在三十六歲的時候，他似乎仍然是「生命的撫愛者」。在這個時候，他已經被很多同輩的年輕人超越了。但是，一

086　W.W. 史都瑞（William Wetmore Story, 1819 ～ 1895），美國雕塑家、藝術評論家、詩人和編輯。

087　查爾斯‧A‧達納（Charles Anderson Dana, 1819 ～ 1897），美國記者、作家、編輯和政治家。

088　瑪格麗特‧富勒（Sarah Margaret Fuller Ossoli, 1810 ～ 1850），美國記者、文化批判家、超驗主義運動者、女權社會活動家，俗稱「瑪格麗特‧富勒」。代表作：《夏日湖區》（*Summer on the Lakes*）、《十九世紀的婦女》（*Woman in the Nineteenth Century*）等。

第二章　人生的撫愛者

個更加深刻的事實卻是，惠特曼從來沒有想過要與任何其他人進行競爭，從來沒有想過去追求什麼物質層面上的獎勵。他仍然在探尋。對於惠特曼這位浪漫主義者來說。在找尋到任何神奇的「藍花」之後，他的內心都會產生要去追尋「更加美好且完美的事物」的感想。當然，他也發現自己錯過了一些完美的事物。在他選擇踏足的這條人生道路上，他遇到了許多美好的善意與邪惡的東西。但是，他依然保持著健全且理智的品格，不再變得那麼敏感或是簡樸。他仍然懷著平靜的心態去接受美好與邪惡，仍然像仁慈的母親那樣懷抱著這些東西。可以說，惠特曼身上會展現出一種母性，也展現出了一種強烈的男性氣概。想要真正了解惠特曼的人生體驗以及他所沉思的事情，就必須要看到在他的那些先驗主義同輩們都慢慢失去熱情，將他看似甩在身後的時候，惠特曼的一些做法。因此，我們必須要將目光轉向他的作品《草葉集》。

第三章　《草葉集》

第三章 《草葉集》

「就像一種類型的字體，詩歌也必須要立足於本土化，與美國的當代社會與民主機構的精神相一致。」

—— 華特‧惠特曼在 1888 年為《紐約先驅報》撰寫的一篇
文章裡的內容

「是的，華特‧惠特曼經常跟我談論他的一些作品。我會跟他說：『我不知道你想要透過這些作品取得什麼樣的成就！』每次我得到他的回覆之後，我的內心依然充滿了這樣的困惑。世界上很多著名文人都在文學領域有著各自的代表作。惠特曼應該也想要擁有屬於自己的代表作。他的目標就是要將真實的人寫入一本書裡。因為，這樣的創作是之前的任何作家都沒有做過的。」

—— 皮特‧道爾[089] 在 1895 年出版的《電車司機與鐵路人》
裡的節選片段

「每一頁的內容都飽含著真實且深刻的意義，卻又像山丘那樣平靜沉穩。閱讀這本書就像欣賞大自然美麗的景色，讓你可以欣賞到美麗的花朵，看到青綠的葉子。你會感受到這些葉子在微風的吹拂下，發出充滿憐憫心的沙沙聲，這樣的沙沙聲會在你的腦海裡永遠存在。在閱讀這本書的時候，你彷彿能夠感受到臭菘在春天裡茁壯生長。要是當我路過一處神聖的地方，我絕對不會因為臭菘發出的氣味而心生任何不悅的情感，因為你能夠在一陣大風的吹襲之後，感受到一種永恆的念想。在一個局部的世界裡，你會在什麼時候才能感受到上帝的存在呢？我很快就會將這棵植物移植到波里尼西亞或是將其視為天國裡的紫羅蘭。」

—— 梭羅在 1850 年的日記，1906 年才出版

089　皮特‧道爾（Peter Doyle），與惠特曼保持長年親密關係的同性男友。

1855 年的春天，惠特曼放下了手上的鋸子與錘子，開始了創作《草葉集》這本書的工作。當時，他使用著在克蘭伯里與富爾頓大街街角的安德魯與詹姆斯‧羅馬的印刷工具。他的第一份手稿可能是在戲院、渡船、馬車或是他認為方便進行創作的地方寫成的，但他對這份手稿進行了修改與潤色。正如他後來告訴他的朋友巴克博士[090]的 —— 他修改手稿的次數不下五次。惠特曼在〈典型的日子〉這樣寫道：「我在修改的過程中，為了刪除一些詩意過度濃重的部分，耗費了巨大的心力，但最後還是成功了。」

　　因此，我們可以肯定地說，《草葉集》絕對不是惠特曼心血來潮之作。這是他多年來的人生經歷與個人思考而慢慢形成的思想結晶。關於惠特曼有意識要創作這本書的想法，最為明確的證據可以在〈回首往事〉這篇文章裡看到：

　　「身為一個年輕人，在追求個人夢想與付出努力之後，想要在政治、商業或是文學領域內有所成就 —— 加入這場參與者眾多的混戰，不僅為了勝利者可以獲得的獎賞，還能做出一些有意義的成就。在對這些目標進行了多年的追求之後，我發現自己在三十一歲到三十三歲的時候，依然保持著冷靜的心態，依然懷著一種強烈的信念與決心。或者準確地說，我有一種要釐清過去生活的點點滴滴的想法，或是思考著一些最不明確的目標，然後慢慢讓這些目標浮上水面，然後再明確目標，盡自己最大的努力去實現這個目標。這樣的情感與目標可以透過文學或是詩歌的形式來清晰且忠誠地表現出來。當時，我的身體能量、情感能量、道德能量、智慧能量以及審美個性都在進行著權衡，對當時的那個時代以及美國的現狀進行

090　巴克博士（Richard Maurice Bucke, 1837 ～ 1902），加拿大著名精神病學家。因愛好詩歌，並被《草葉集》吸引，後來與惠特曼成為朋友。除了專業著作外，他還出版了三部非專業代表作：《人的道德本質》（*Man's Moral Nature*）、《華特‧惠特曼》（*Walt Whitman*）、《宇宙意識：論人類思維的進化》（*Cosmic Consciousness: A Study in the Evolution of the Human Mind*）等。

第三章 《草葉集》

思考──我想要探尋人性，以一種比現有的詩歌形式或是任何書籍更為真誠且全面的方式去展現出人的人性[091]。」

上面的這段話會讓讀者們想到盧梭的《懺悔錄》（*Confessions*）裡那段著名的開場白。事實上，惠特曼並不喜歡盧梭的這本書，雖然他對盧梭本人有著深厚的敬意。但是，我們根本沒有理由去猜測惠特曼會有意識地選擇模仿某位文學作家的寫作風格。至少在美國的文學領域裡，這是一片從來沒有人開拓過的領域，他懷著要成為先驅者的精神勇敢地開拓這片土地。

「寫一本講述全新內容的書。」這是這個時期的惠特曼在日記本裡所寫的一句話。除此之外，惠特曼還在日記裡這樣寫道：「在書中不要引述任何人的話，不要提及任何其他作家的名字。」、「不，我絕對不會選擇描述女士們喜歡的麻雀，不會模仿卡圖盧斯[092]，也絕對不會模仿奧維德[093]的寫作風格──我更不會像阿那克里翁[094]那樣去創作愛情詩歌。我更不會像荷馬那樣去創作史詩，也不會像塔索[095]那樣描述有關耶路撒冷被圍困的故事──我不會模仿……不會模仿……莎士比亞的寫作風格！那些著名作家所描述的文學主題與美國當代社會有什麼關係呢？或者說，那些作家的作品除了給我們帶來一種充滿美感的研究或是念想之外，還能給我們帶來什麼實質性的影響嗎？當然，那些偉大作家的作品都是極為傑出

091　出自《草葉集》。

092　卡圖盧斯（Gaius Valerius Catullus, 約西元前 87～約西元前 54），古羅馬詩人，生於山南高盧的維羅納。現在所有卡圖盧斯的詩歌版本均源自 14 世紀在維羅納發現的抄本。他繼承了薩福的抒情詩傳統，對後世詩人如佩脫拉克、莎士比亞等產生了深遠的影響。

093　奧維德（Ovid, 西元前 43～17），古羅馬詩人，與賀拉斯、卡圖盧斯和維吉爾齊名。代表作：《變形記》（*Metamorphoseon libri*）、《愛的藝術》（*Ars amatoria*）和《愛情三論》（*Amores*）等。

094　阿那克里翁（Anacreon, 西元前 520～西元前 485），希臘著名詩人，以飲酒詩與哀歌聞名。

095　塔索（Torquato Tasso, 1544～1595），義大利詩人，代表作：《里納爾多》（*Rinaldo*）、《阿明塔》（*Aminta*）、《耶路撒冷的解放》（*La Gerusalemme liberata*）等。他的作品對歐洲文學產生了重要的影響。

的，但是他們的作品就是屬於他們的作品 —— 我知道他們的作品都有所不同 —— 我不敢說我會創作出比他們更好的作品 —— 但是，我的目標是要創作出永垂不朽的作品 —— 美國！一種代表著生命活力、更為包容且更加具有男人氣概的品格 —— 描述完美的女性 —— 將男性女性的優秀特點表現出來，並且對此大力謳歌讚美。莎士比亞與華特‧司各特在刻劃形象與記錄方面都是高手 —— 正如在他們之前，荷馬是人類歷史上最偉大的文字記錄者。所有這些偉大的作家都懂得如何去刻劃人物形象與品格，如何記錄事情，他們都是各自領域的大師。我同樣希望自己能夠成為自己所創作的文學作品的大師，創作出充滿情感的詩歌，讚美自由精神的詩歌以及展現出人類真實個性的作品 —— 歌唱民主與新世界的美好。[096]」

　　要是我們將華特‧惠特曼在日記寫的上面這段話視為「誇誇其談」，這就是一種錯誤的解讀。正如華茲華斯，惠特曼對這件事是充滿著嚴肅認真的態度。這樣的想法必然會讓惠特曼偶爾露出微笑，讓他懷著足夠強烈的幽默感去進行創作關於自我主義的危險這篇文章（在1845年3月出版的《格拉漢姆雜誌》上）：「觀看上面的內容，要保持警惕」。但是，惠特曼深刻意識到華茲華斯身為詩人所感受到的那種對自身想法自視甚高的念頭所帶來的危險，但他與華茲華斯一樣，都將精力投入到對詩性風格理論的研究之上。他於1850年代早期所寫的一篇〈創作的法則〉一文裡，就這樣寫道：「要追求一種如同平板玻璃那樣絕對透明的寫作風格，讓讀者看不到任何藝術雕琢的痕跡，不需要人為地進行修飾，或是有試圖修飾的痕跡……不要引述古代或是經典著作的內容……不要引述歐洲皇家或是貴族機構的事例。除了與當代美國國民品格以及利益相關的事情之外，不應該涉及到其他事情。只要認為是合適的，就應該使用美國的成語與句子 —— 展現出

096　巴克博士在日記裡寫道：「這段話應該是在華特‧惠特曼在1850年之前寫的。」

美國氣質，或是使用粗俗話語都沒有關係。」在他日後所寫的一篇文章裡就談到相似的觀點：「絕對不能在作品中使用任何修飾性的明喻 —— 一個都不能使用，必須要展現出完美透明的理智與健康特性 —— 這就是神性的寫作風格 —— 假如這樣的寫作風格是可以實現的話。」

關於創作的原創性與古怪性，惠特曼這樣寫道：

> 「所謂的原創性，必須要將精神與表現形式以一種全新的方式結合起來，表達出全新的意義、偉大性以及和諧性，而且這樣的方式在之前都不會被視為偉大的創作。表達的方式必須要避免使用任何誇大其詞、炫目或是修飾性的東西 —— 作者必須要懷著嚴謹之心將所有那些古怪的聯想都清除掉。」在談到他閱讀奧西安的詩集時，惠特曼這樣告誡自己：「絕對不能陷入奧西安式的寫作風格。」當他從對單純的外在寫作風格進行的討論轉移到了對心理層面基礎的分析之後，他就不再是一個看上去很有趣的人，而是一個非常嚴肅的人。在談到自己之後的創作時，他說：「最好的詩歌都有一個最為簡單的特點，就是表現出最為完美的美感 —— 這會讓我們的耳朵聆聽到美感，讓我們的大腦感受到美感，讓我們的心靈感受到美感，讓我們感受到某個時間與地方的美感。」

最後，在惠特曼為《草葉集》所寫的一些準備筆記時，我們可以看到愛默生於 1837 年在《美國學者》發表的一篇著名文章裡的影子。這篇文章的開場白是這樣的：

> 「你必須要明白，在你進行寫作的時候，必須要捫心自問，你所寫下的任何內容都是讓你感興趣的。你必須要明白，你無法避免你的作品展現出任何邪惡或是膚淺的傾向。如果你在吃晚餐的時候，喜歡有僕人在身邊伺候你，那麼這樣的想法就必然會出現在你的作品裡。

如果你對女性有著一種邪惡的念頭，或是如果你怨恨什麼事情，或是質疑永恆性的存在，那麼這些念頭都會在你的作品中流露出來，雖然你在字面上沒有這樣的寫出來。在你的寫作中，不存在任何欺騙讀者與別人的技巧或是伎倆。你內心有怎樣的念頭，就必然會在作品中有所展現。」

正是出於這種嚴謹的自我審查，對詩人的本性以及創作方法進行了長時間的思考之後，惠特曼才開始動筆創作《草葉集》這本書。作為詩集，這本詩集有點像抒情詩集，但卻又比之前已經出現的那種批判性理論沒有好多少或是壞多少。但是，這本詩集作為文學歷史的一個紀錄，卻又獲得了許多尊嚴和意義。

《草葉集》這本書的封面是非常獨特的，這是一本又長又薄的四開本，封面的背景是深綠色，上面裝飾著一些花朵。在前後封面都出現了這本詩集的名字「草葉集」等字眼。這些字眼上都有著鍍金的顏色。書中的每一頁都顯得很大，足足有 11 英寸乘以 7 英寸。在這本書的第 29 頁，才出現了對作者的介紹「華特·惠特曼，美國人。」在版權聲明上，寫著「華特·惠特曼 著」。當時，這本書的封面並沒有寫上作者的名字，只是寫上「《草葉集》，紐約布魯克林，1855 年出版」等簡單字眼。不過，在這個封面頁之後，則是用鋼凹版寫出作者的名字，這是 G. 哈里森 [097] 在 1854 年用銀版照相法拍攝的。惠特曼著名肖像屈指可數，可這張肖像確是最為著名的一張。肖像中的惠特曼頭戴著黑色的寬邊軟帽，身體的姿態表現的非常鎮定。他的左手插入了褲子口袋，右手則輕輕地放在了腰部左右。他穿的法蘭絨襯衫的頂部鈕扣沒有繫緊，露出了他的喉結。惠特曼的頭部微微向左邊傾斜，表現出一個處於沉思狀態的英俊男人形象。他的目

097　G. 哈里森（Gabriel Harrison, 1818 ～ 1902），美國攝影家、演員、劇作家、畫家和作家。

第三章　《草葉集》

光非常銳利，充滿了情感，他的嘴巴似乎有很多話要說。他臉上的白髮鬍子顯然是經過精心修剪的。如果說他是一個面容粗獷的人，那麼這張肖像畫顯然可以否定這點。這張肖像畫說明惠特曼穿著工人們常穿的衣服，法蘭絨襯衫與寬邊軟帽顯然與喬治‧福克斯[098]的皮革褲子，或是托爾斯泰伯爵的農民服都具有符號意義。

　　在少數一些閱讀第一版《草葉集》的人當中，幾乎沒有誰會認真閱讀前言的內容 —— 這是以雙欄形式出現的十頁文字。不過，要是不去認真閱讀這十頁的內容，就很難明白這本書的真正內涵。在前言裡，惠特曼耗費了很多篇幅來說明他對詩歌本質的看法。我們很難找到比他在這個前言裡以更加強烈的情感去談論這個問題的文字了，雖然他在前言裡的一些觀點顯得不是那麼的連貫。這方面顯然是受到了愛默生一些文章的影響。前言的核心內容是美國這個國家為那些偉大的詩人所提供的靈感。惠特曼表示，美國這個國家不會排斥過去，雖然過去的生活與一切都已經過去了。在世界的民族之林裡，只有美利堅民族能夠展現出人類歷史上前所未有的詩性。美國人的天分透過普通的民眾得到了最為完美的展現，因此美國詩人必須要表現出美國民眾的真實生活。美國詩人必須要熱愛這個世界，熱愛陽光與動物，鄙視為富不仁的人，幫助任何需要幫助的人，勇敢地對抗任何愚蠢且瘋狂之人。他們必須要重新審視他們在學校、教會以及任何書籍裡所學到的知識與教導，拋棄任何侮辱他們靈魂的東西。只有這樣，他們自身的人生才能變成一首偉大的詩歌。他們才能真正與宇宙融為一體，感受到宇宙與人類之間的和諧性。他們才能站在展現個人品格的立場去看待創作。「藝術的藝術」是簡樸的，就是用文學的語言去真實客觀地表現

098　喬治‧福克斯（George Fox，1624～1691），英國重要的反對國教派人士。普遍認為他是貴格會的創始人。他生活在一個社會劇變的時代，為了他不尋常和不妥協的基督教信仰，堅持與宗教和政治的輿論勢力相抗衡。

出動物與樹木。因此，偉大的詩人必然要有一種不受前人局限與勇於開創的精神。他們能夠認識到，自身的靈魂與外界的一切事物都是一樣重要的，認識到科學與詩歌之間絕對不是一種相互衝突的關係，而是一種融洽共生的關係，認識到自然與超自然之間不存在任何衝突 —— 一切事物都是神奇且充滿神性的。他們必須要認識到，一般的自然法則都是讓萬物去追求幸福與快樂的。除此之外，詩人必須要擁護任何追求政治自由的人。他們必須要認識到，美國共和國本身就是超越一切虛構的小說與浪漫故事的存在這一事實。只有真誠的描述以及褪去了一切文學手法的描述才能真實地記錄這個國家。真正的詩人知道，真正偉大的作品，就在於將事物真正的靈魂保存下來。

「除了埋葬自己的棺材錢之外，只剩下一點僅能維持日常生活的錢。居住在一個由護牆板壘砌的簡陋屋子裡，還要每年將一部分錢用於購買普通的衣服與食物上，這就是很多普通美國人的生活。他們年復一年地為了賺錢而奔波勞累，在夏天的時候忍受著炎熱的酷暑，在冬天在忍受著嚴寒刺骨的北風。但是，還有一些人則是透過一些殘忍的欺騙手段或是陰險的伎倆來獲取大量的財富，在一些人忍受著飢餓時，他們依然過著不知廉恥的奢侈生活……卻失去了享受大地、鮮花、空氣、海洋的美好和氣味，錯過了享受青年、中年時期遇到或打過交道的女人、男人的真實味道，而隨之跟來的是在生命結束時喪失了崇高和天真，有的只是跟疾病和絕望的反抗，以及沒有寧靜和莊嚴的死亡那可怕的嘮叨 —— 這是對現代文明和遠見卓識的極大褻瀆，玷汙著文明設計的那無可非議的外表和秩序，用淚水打溼著在靈魂給予的親吻前快速展開的美好面貌……」

因此，惠特曼在這方面的思考是非常謹慎的，他認識到最後的審判日不在遙遠的未來，而在於當前的此時此地。他必須要讓自己的心靈「充分

第三章 《草葉集》

感受著當前的這個時代」。但不管怎麼說，對任何詩歌的最終考驗，都只能是這些詩歌所擁有的永恆性。一切創作出來的詩歌都只代表著一種開端，而絕非終點。創作出這些詩歌的人完成了自己的使命。在這之後每個進行創作的人都只能從他們所處的時代裡從真正的事物中找尋各自的靈感。英語 ── 「這是一種能夠激發起英語系民族驕傲且憂鬱情感的語言」 ── 這可以說是創作的最佳語言了。那些根據其他詩歌濃縮起來的精神來進行創作的詩歌，很可能不用多久就會消失，但是這個國家民眾的靈魂需要往前走一大步，才能真正感受到真正詩人內心的靈魂。惠特曼在最後一句話就談到了他對於自己無法獲得認可這一事實沒有表現出任何哀婉的情感：「對一個詩人真正的考驗，就是他的國民能夠像他那樣對這樣的詩歌感同身受。」

惠特曼在這段語言流暢的序言裡所寫的一些段落，後來被重新塑造成了「在藍色的安大略湖畔」以及其他的詩歌。現在，這些詩歌出現在他的《散文集》裡，卻從來沒有出現在之後幾個版本的《草葉集》裡。即便是上述十分簡短的總結也能表現出，惠特曼本人對這項艱巨任務表現出來的巨大熱情，展現了他希望成為這個國家一個具有代表性的詩人。無論他缺乏哪方面的能力，這都不是因為他缺乏自信所導致的。

惠特曼在《草葉集》這本詩集的開場白就非常有意思：

> 「我要讚美自己，
> 我擁有的一切你也會擁有，
> 因為屬於我的每一個原子，也同樣屬於你。
> 我悠哉遊閒地邀請我的靈魂，
> 彎腰閒看一片夏日草葉的美麗。」

這些充滿個人主義色彩卻又有點讓人摸不清頭腦的句子，接下來足足占據了四十五頁篇幅，或者說足足占據了這本詩集的一半內容，當然這是沒有將前言部分包括在內的。與接下來的十一篇簡短的詩歌一樣，都是沒有標明任何詩歌名字的。事實上，《草葉集》這本詩集的名字就在每六篇詩歌的題目上出現了，剩下的六篇詩歌都是僅僅以一條裝飾性的線條來分割開來。但是，第一首較長的詩歌 ── 在第二個版本裡卻是「華特‧惠特曼的詩歌，他是一個美國詩人」。在〈我歌頌自我〉[099]（*One's-Self I Sing*）的第七個版本以及之後的版本裡，都以那句看上去有點高傲的「我要讚美自己」等字眼開頭。因為這些詩歌的主題都是關於一個名叫華特‧惠特曼的人 ── 關於他的身體與靈魂，關於他腦海裡所記憶到的各種美感，關於他對世間男女充滿激情的憐憫之心，關於他的好奇心以及他對永恆人性的思考。他將自己置身於這樣的人類景象當中，有時會講述自己，有時則會講述別人：這些都變成了他所想像的視角。這些想像視角的主題可以是那些被追捕的奴隸，可以是那些鍋爐工、士兵、水手與牧師等等。無論在任何地方，他都能感受到上帝的存在：在死神面前，他能夠看到生命的輪回。他會在某個時刻裡失去了個人的自我，感覺自己與雲朵或是草地融為一體。他會立即產生一種自我沉醉或是世界沉醉的感覺。他會大聲地叫喊起來，雖然他會因為激動而說出語無倫次的話，有時則會說出充滿

099　〈我歌頌自我〉，此詩共 52 段，1300 餘行，是《草葉集》初版 12 首詩中的第一首。但當初沒有標題，到第二版才標為〈關於一個美國人 ── 華特‧惠特曼〉，第三版改為〈華特‧惠特曼〉，直到 1881 年出第七版時才確定為〈我歌頌自我〉。此詩作為《草葉集》的脊柱和縮影，它的產生背景就是《草葉集》的背景，其主題思想也就是《草葉集》的中心旨意，他要透過一個以自己為代表的「個性」來「最好地表現我自己的特殊的時代、環境、美國和民主」。從歷史和民族的意義來說，那時是以愛默生為首的美國超驗主義者正提倡解放個性，發現自己，作為一個國家則要確立本民族自己的獨立人格，這就使的惠特曼本人的「我自己」與他的民族的「我自己」合而為一了。文學評論家詹姆斯‧密勒認為，這首詩是「指引一切個人去發現他們的神聖自我的標誌」，它「描寫自我的覺醒和第一次意識到有血有肉地活著、看著、聽著和感覺著的真正意義」。

第三章 《草葉集》

祝福或是讚美的話語。讚美上帝，讚美永恆的上帝！與威廉·布萊克[100]一樣，他也認為「在上帝眼中，一切事物都是美好的。」他也絕對不會反駁布萊克得出的這樣推論：「人類的整體其實就代表著上帝。」對惠特曼來說，田野間看上去不起眼的草地就像一種難以用語言描述的神祕所表現出來的象形符號，而這樣的象形符號距離我們是如此之近。這些神祕所展現出來的方式，往往是透過與我們所喜歡事物之間的一種連繫關係處於和諧狀態的。在這種身體沉迷的狀態，你會感到自己正在感受著與空中吹過的風，大地上的草葉以及棕黃色的泥土都融為一體了，而這些事物反過來又會激發起你內心強烈的渴望，撫平你內心的傷痛。正如潮起潮落的海浪一樣，世間的事物往往會以和諧統一的方式呈現出來，同時為你的個性帶來強烈的衝擊：在某個時刻，這些事物似乎都是擬人化的，在下一個時刻，男人與女人似乎都褪去了他們各自的人性，變成了一種缺乏情感依附的肉身。從來沒有比這更加讓人感到奇怪的泛神論了 —— 這是一種可以根據個人意志來進行隨時改變或是更改的念頭。惠特曼的《我歌頌自我》就是一首充滿著許多性愛畫面的詩歌，並且始終使用「我」這個代表第一人稱的稱謂來展現出象徵意義。也就是說，從真實的華特·惠特曼到典型意義上的人類，都是使用「我」這個稱謂來進行指代 —— 因此，這會讓那些描述性愛的意象讓人驚訝。在這首詩歌裡，人的身體其實是一絲不掛的。正是這種狂熱的情感讓世人忘卻了一切常規或是所謂的體面世俗，他將這一切都拋在了腦後。雖然，他的這些詩歌會讓那些喜歡挑剔的評論家的反感。梭羅就曾說「這些詩歌彷彿就是一隻野獸在吼叫一樣」 —— 但是，梭羅的這句評論，無疑是將惠特曼的詩歌所飽含的那種充滿著原始生命活

100　威廉·布萊克（William Blake, 1757～1827），英國詩人、畫家，浪漫主義文學代表人物之一。代表作：《彌爾頓》（*Milton*）等。

力的力量展現出來的一種讚許。對任何一名詩人來說，想要從肉體層面去展現出人類的精神，這都是需要付出巨大的心血與時間的。從一開始，惠特曼就沒有想過這樣的詩歌會取得成功，這不僅是因為這樣的創作需要克服難以克服的困難，更是因為惠特曼是一名哲學家、預言家與詩人。因此，只有那些創作純粹詩歌的詩人才能將精力完全投入其中。

在〈我歌頌自我〉這首詩歌之後，都是一些較為簡短的詩歌，這些各自獨立的詩歌主題與一開始所談到的主題其實沒有什麼區別。它們都展現出了人類經驗的不同層面，表現出之前的詩歌已經刻劃出的人格。從這個意義上來說，這些詩歌都是具有某種結構性的統一。這些篇幅相對較短的詩歌會讓它們更容易為讀者所理解。比方說，〈沉睡者〉這首詩對於普通讀者來說就很容易理解。這首詩歌講述了一位名叫杜伊斯菲爾德洛克教授在塔樓上所感受到的奇怪幻覺，這是借鑑了卡萊爾在二十年前出版的《衣裳哲學》（*Clothes: Their Origin and Influence*）的寫作手法。

事實上，在之前的十多年裡，很多讀者已經對很多種類型的浪漫主義文學或是宣揚先驗主義思想的作品已有所厭倦，因此他們對惠特曼在《草葉集》裡表現出來的全新寫作手法以及思想感到驚訝 —— 撇去《草葉集》裡面一些的裸體描寫之外 —— 詩集裡所採用古怪的寫作手法也讓讀者們覺得耳目一新。1855 年出版的四開本詩集，讓惠特曼的詩句以一種充滿尊嚴與力量感的形式呈現在讀者面前，而這是之後幾個版本的《草葉集》所無法做到的。雖然，惠特曼在《草葉集》裡的很多詩句顯然都是一些散文化的句子，根本沒有包括任何詩歌的形式，但這也無損讀者的閱讀興趣。可以說，惠特曼在《草葉集》裡根本沒有任何韻律或是詩節的方式去做。每一首詩歌裡也根本沒有任何統一的韻律，雖然很多詩句都會有一些固定的韻律節奏。當惠特曼在飽含情感時創作散文或是詩歌，肯定會對

第三章 《草葉集》

韻律有所要求的。但是,《草葉集》裡面的韻律卻以更加巧妙的方式表現出來了,這是很多初讀這本詩集的讀者所沒有意識到的。顯然,對絕大多數讀者來說,這本詩集表現出來的詩歌主題要比詩歌的形式更加明顯。創作詩歌本身所需要的素材經常會被惠特曼以較為自由的方式去運用——將情感、想像或是歌唱式的句子與詞語都糅雜進去。他還會將很多抑揚頓挫的節奏或是悲傷的句子都加進去,有時會使用一些誇大的詞彙,讓用心的讀者能夠立即感受到作者想要表達出來的情感。但是,這些詩歌的基調主要是集中在那些充滿情感的段落裡,而不是在詩歌裡面。有時,惠特曼會使用一些讀者都很熟悉的韻律形式來表達自己的一些想法:

「垂頭喪氣的懷疑者,顯得那麼沉悶與無聊。」

這是一句較為純粹的盎格魯-撒克遜的四重押頭韻的詩句。惠特曼的很多詩句都是用一種似是而非的無韻詩方式來創作的,這與伊莉莎白後期以及詹姆斯一世時期的戲劇作家們一樣。他們都會透過停頓來破壞原先的韻律,透過一些零碎的句子來強調一些韻律與邏輯之間的關係。有時,他們也會任性地使用抑揚格的五重奏形式,來讓整首詩歌充滿著呼應與懷舊的氣息。除此之外,惠特曼還有一句代表著長短格的六步格詩:

「開心與不開心的孩子騎著馬回家,想要吃上一頓美味的感恩節晚餐。」

「我在朦朧中醒來,內心感受到了真正的狂喜。」

有時,這些抑揚格的節奏會以超過正常六個間隔的形式展現出來,正如我們在下面這段詩句裡看到的:

「當我聽到我那位小船長的聲音後，滿心愉悅地笑了起來。

我們沒有打架，他卻哭了起來。因為我們剛剛打了一架。」

在很多時候，我們的耳朵都能夠抓住六個循壞的二輕一重律的循環往復的感覺，丁尼生在他後期的詩歌裡也經常會使用這樣的創作方式 —— 當然，惠特曼有時也會以較為正規的方式去寫：

「我知道，上帝之手要比我的雙手都要更老。」

「直到你觸摸到了我的鬍子，直到你抓住了我的雙腳。」

或是透過替換的方式來進行掩飾，如下面這段話：

「黑暗降臨在淡紅色屋頂的細縫裡。」

顯然，不管惠特曼在創作詩句或是詩歌段落的時候表現的多麼自由，他在大多數詩歌的結尾韻律時都做得非常小心細緻。正如下面這段充滿著特點的結尾詩句：

「微笑吧，因為你的愛人過來了！」

「這要比他們更近，更遠。」

「這是一個如墨水一樣烏黑的日出。」

不過，《草葉集》的韻律結構是很難透過對某個詩句的韻律分析去進行理解的。至少從這方面來看，惠特曼與很多無韻詩方面的大師們有著相似之處 —— 那就是在關於一組詩、一段詩句上要注重總體韻律，而不需要執著於每個單句。如果讀者朋友們大聲地逐頁朗讀，必然能夠感受到一般的韻律結構。這些韻律都展現出了這本書詩集代表著詩人高度的個人特點，同時有與其他廣受讀者歡迎的文學表達方式上的相似之處。

第三章　《草葉集》

　　從某個層面來看，惠特曼的詩歌與卡萊爾、愛默生、德昆西[101]以及愛倫‧坡等人的散文詩是有點類似的——畢竟，這些都是惠特曼較為熟悉的作家，他在早年的一些創作裡甚至還專門模仿過這些作家的寫作風格。卡萊爾的《衣裳哲學》的部分段落以及愛默生的一些文章內容，都是惠特曼經常會引用的，並且他會在創作時對這些句子與段落進行一番重新的排序，並對其中的一些語言進行修改。因此，我們在可以在《草葉集》上看到這兩位作家的一些影子。比方說，大家都知道羅斯金曾將「散文詩」的韻律提升到了一種近乎真實的韻律，就是透過對一些詞語進行移調，然後透過對某個音節的增加或是刪減來完成。這樣做會讓他的散文變成詩歌。威廉‧凱恩斯就曾在倫敦的《編年史報》上指出，羅斯金的《特恩納筆記》一書是如何將原先的散文變成六步格詩的：

　　「『清晨，我起床寫作，窗外是一片科尼斯頓的樹林，樹林間籠罩著一片迷霧，這片迷霧在荒野的上空一動不動地停留著。村莊還處於沉睡狀態，湖邊還有一大片很長的草地。哦，在我年輕的時候，有人曾告訴我，當我的心靈似乎充滿這些顏色與雲層的時候，這些東西就會消失不見。我對它們的愛意將會給我帶來多大的幫助啊！在清晨的露珠下，當草地與樹林的沉默達到最為完美的時刻，當我所有的思想都處於完美狀態時，我想要感受更多的東西；』

　　『清晨，我起床寫作，窗外是一片科尼斯頓的樹林，

　　樹林間籠罩著一片迷霧，

　　迷霧在荒野的上空一動不動地停留著。

　　村莊還處於沉睡狀態，

101　德昆西（Thomas De Quincey, 1785～1859），英國散文家、文學批評家。代表作：《一位英國鴉片吸食者的告白》（*Confessions of an English Opium-Eater*）、《自傳》（*Autobiographic Sketches*）、《來自深處的嘆息》（*Suspiria de Profundis*）、《湖畔詩人回憶》（*Lake Reminiscences*）等。

湖邊還有一大片很長的草地。

哦，在我年輕的時候，有人曾告訴我，

當我的心靈似乎充滿這些顏色與雲層時，

這些東西就會消失不見。

這讓我明白了，美感是多麼容易消逝。

樹林與湖面顯得那麼平靜與神祕，

清晨的露珠讓安靜處於一種完美狀態。

我可能再也感受不到這樣的思想。

在湖邊與樹林裡，我可能再也感受不到這樣的思想了。』」

羅斯金可以非常輕鬆地將原先一首散文轉變成一首普通的詩歌，這也證明了羅斯金擁有著敏銳的耳朵，對韻律效果與韻律節奏有著非常強烈的審美。

除此之外，演講稿裡面有些充滿激昂情感的段落也很容易變成一種帶有常規節奏的句子。惠特曼喜歡聆聽的那些演說家，往往都是那些能夠在演說中說一些充滿類似於散文詩一樣韻律的演說者，或是一些至少在韻律規律方面有所注重的演說者。對於那些追求華麗風格的演說者 —— 正如狄更斯在很多表現出悲哀情感的段落裡 —— 這樣的韻律很容易在無意識重新變成了抑揚格的詩句。惠特曼的朋友羅伯特・G・英格索爾[102]，這位著名的大眾演說家就曾在演說裡講述了一個古老的經典神話故事。按照他印刷出來的演說稿子，可以發現即便不需要任何改變，都可以使之變成一首詩歌：

102　羅伯特・G・英格索爾（Robert G. Ingersoll, 1833～1899），美國律師、美國內戰老兵、政治家、大眾演說家。

第三章 《草葉集》

「他們就像春天的葉子那樣，讓我們的心靈充滿著悸動的興奮。

讓夏天黃褐色的葉子，表達出對家的愛意吧。

讓秋天的懷裡長滿著被陽光親吻過的葡萄與更多收集過來的乾草吧。

想像一下冬天是一位年老多病的國王，

他就像李爾王一樣，有著一張飽經風霜的臉龐，

留下了克迪利亞的淚水。」

惠特曼懂得自由地運用「散文詩」與演說的各自特點，但他想要呈現出來的效果，不僅與散文詩的韻律不同，而且與抒情的詩歌也不一樣。後來，他承認這要歸功於韻律方面的有趣變化。他對芬妮·雷蒙德·利特夫人說，他的很多詩歌其實都是受到音樂的啟發，這些這部分詩歌的數量是他無法去統計的。他經常會將描述性的段落與宗教劇裡面詠嘆的調子相互交織起來，混合著使用。他的感覺似乎對各種動作所表現出來的暗示特別敏感，這點是清晰無誤的。F.N. 司各特教授[103] 就曾這樣寫道：「惠特曼對某種類型的運動或是聲音的次序有著極為細膩的感受」，特別是渡船、火車或是飛過天空的小鳥發出的那種自由且與又「緊迫」的聲音。在眾多的聲音裡，他還特別留意風聲、樹上的蚱蜢以及大海發出的聲音。[104]

為了更好地說明他在詩歌中想要表達出來的韻律，惠特曼選擇以海浪進行類比。在他後來寫的一篇自我評論的文章裡，他這樣寫道：

「他拋棄了之前一切創作詩歌的固有模式，不再模仿過去那些講述男女主角因為愛情而惆悵或是失落的詩歌，想要創作出一種鬆散且自由的韻

103　在一篇沒有出版的文章《關於華特·惠特曼韻律學的研究》裡。

104　關於這方面有趣的補充出自赫拉斯·特勞貝爾所寫的關於他與惠特曼之間的友情筆記裡：「惠特曼喜歡與那些掌舵員、甲板水手、交通運輸人員或是那些經常需要勞作的人一起交談。」保羅·埃爾默·莫爾在一篇關於惠特曼的評論性文章裡，就提到惠特曼最為明顯的性格特點，就是他始終對那些始終處於不明確運行的事物充滿著興趣。

律，以字數不等的詩句去完成。初讀的時候，顯然是毫無秩序可言的。但是，倘若能夠認真加以研讀的話，就能夠感受到一種規律性的節奏，就好像時常都有較大或是較小的海浪沖刷到了海岸邊，整個沖刷的過程是沒有任何停頓的，始終給讀者一種高低起伏的感覺[105]。」

「讓詩歌更加具有韻律感！」這句話是惠特曼在創作《草葉集》一書時寫在日記本裡告誡自己的話。這個句子顯然說明了，惠特曼為了能夠創造出自己那些顯得不規則的長句時，耗費了多大的心力。雖然這些長句的韻律可能不是大眾讀者所熟悉的，但這些韻律必須要首先得到他自己的認可。與此同時，他對英語詩歌的韻律進行了一番認真仔細的研究，知道自己應該排斥那些東西，明白自己怎樣做才能追求更多的自由以及「自然感覺」。事實上，惠特曼對那些所謂的正統藝術所帶來的限制表現得極不耐煩，而希望讓自己的作品能夠「回歸自然」，從而讓自己的作品能夠影響到下一代人。比方說，威廉・布萊克就曾在《預言書》這本既非用散文又非詩歌語言寫成的書的前言裡這樣寫道：「當我第一次明白創作詩歌必須要注重韻律的時候，我認為這是彌爾頓、莎士比亞或是所有創作英文無韻詩作家們都要面對的一個單調的韻律。我們這一代人必須要從這些韻律的束縛中走出來，才能讓韻律重新成為詩歌藝術的一種必要且不可缺少的因素。但是，我很快就發現，在真正的演說家口中，這樣單調的韻律不僅讓人感到尷尬，而且這樣的韻律本身就是一種束縛。因此，我讓每個句子都表現出不同的特別，無論是在韻律還是在詩節上。我認真研究了每個詞語以及每一句話，然後將他們放在合適的位置上：代表著強烈情感的句子應

105　我們可以將惠特曼的這段話與之前引述司各特教授那段獨立的評論。「惠特曼的詩句與普通的散文句子沒有什麼區別，但卻像正在湧來的潮水與正在退去的潮水。他會改變這些潮水沖刷過來的長度，透過改變句子韻律的方式，讓這些韻律與常規的韻律出現重疊或是衝突的情況，然後透過這樣的表現方式來展現自己的情感與內心的想法。可以說，他始終遵循著自己的韻律法則。」

第三章 《草葉集》

該放在表達強烈情感的位置，而代表著溫和情感的句子則應該放在相應的
位置。因此，這些都是相輔相成，必不可少的。我必須要說，那些因為受
到各種束縛而創造出來的詩歌也必然會束縛整個人類[106]。」

　　布萊克的這項信條也是惠特曼內心想要追求的。在十九世紀中期，這
樣的創作理念受到更多人的接受，無論是在英國還是在美國，接受這樣創
作理念的人都要比我們現在所猜測的都要更多。在深受先驗主義思想影響
的新英格蘭地區，嚴格的詩歌規範被視為一種創作的障礙，而不是一種有
助於更好表達創作者情感的方法。在梭羅與愛默生的私人日記裡，就有很
多不講究規範的敘事性詩歌，這些都是他們所要創作詩歌的第一份手稿。
在這些手稿裡，我們根本讀不到任何講究韻律的句子。當然，梭羅與愛默
生所接受的古典教育顯然會讓他們不敢直接出版這樣的詩歌，因為這些
毫不講究詩歌韻律與形式的「詩歌」只是為了更好地表達他們的個人感
受[107]。在 1850 年代左右，有兩本書幾乎在很多美國家庭的書架上都能找
到，但很多美國家庭都沒有一本關於莎士比亞的作品，這似乎也證明了之
前較為正統的詩歌似乎不再是讀者們關注的重要焦點。其中一本書就是惠
特曼年輕時在海邊練習演說時經常使用的麥克弗森[108]英譯的《奧西安的詩
歌》，這本詩集也是惠特曼終生閱讀的一本書。麥克弗森在這本詩集的前
言裡這樣寫道：

　　「他在創作散文詩時所使用的韻律要比他所能選擇其他的詩律都具有
更多的好處。各種不同的韻律最後能夠性成一種和諧的節奏，讓我們的耳
朵聽起來比較悅耳。與此同時，這還能讓我們擺脫在遣詞造句方面所受到

106　出自《威廉・布萊克的詩歌作品》，由約翰・桑普森編輯，1905 年由牛津大學出版社出版。
107　參看《愛默生詩歌》的百年紀念版本。除此之外，西德尼・萊尼爾一些尚未完成的詩歌手稿也
　　　能夠表現出這兩位詩人一樣的情感。
108　麥克弗森（James Macpherson, 1736 ～ 1796），蘇格蘭詩人、作家和政治家。因英譯奧西安詩歌
　　　而聞名。

的限制。這會讓我們將內心最原始的精神表達出來，同時表現的更加公允，更具力量與更簡樸[109]。」這段話也是愛丁堡大學研究純文學方面的教授休·布雷爾[110]所強調的一段內容。

當時，那些缺乏韻律與節奏的詩歌取得輝煌成功的一個更讓人信服的例子——除了很多詩歌本身所固定使用的一些《聖經》詞語之外，就是塔珀[111]所創作的《眾所周知的哲學》[112]。這本書在今天讀起來是讓人沉悶的，其中理念很多枯燥無味的內容當然能夠滿足當時很多認為這就是「詩歌」的讀者，因為這樣的作品能夠滿足他們所處的那個時代的審美需求。就以下面這段內容來闡述惠特曼所喜歡的列舉式創作方法：

「尼尼微（古代亞述的首都）的權貴與巴比倫帶著皇冠的統治者都去哪裡了？

以東的主人與底比斯的王公貴族們都去哪裡了？

穿金戴銀的總督與王侯——那些匈牙利人、德魯伊教派成員以及凱爾特人都去哪裡了？

腓尼基的商業王子，那些時尚的象島人去哪裡了？

嗚呼！詩歌中早已沒有了他們的身影。看吧，他們都變成了被廢棄的回憶！

嗚呼！他們就像枯萎的葉子，毫無生命力，被淹沒在名聲的洪流裡。

伊特拉斯坎，大聲說話吧。你的屍骨仍在，你那昂貴的墳墓仍在。

109　出自波士頓菲利普斯與桑普森聯合出版公司出版的《奧西安的詩歌》。
110　休·布雷爾（Hugh Blair, 1718～1800），蘇格蘭作家、修辭學家。
111　塔珀（Martin Farquhar Tupper, 1810～1889），英國作家、詩人。
112　《眾所周知的哲學》（*Proverbial Philosophy*），塔珀的這部作品是由波士頓菲利普斯與桑普森聯合出版公司在 1854 年出版的。

　　赫庫蘭尼姆（因為維蘇威火山噴發而被淹沒的古城）說話吧，說出你當年的宮殿在什麼位置。

　　利西亞人的贊圖斯，你們的城堡早已經荒廢，你們古代的建築早已經消失。

　　科潘（瑪雅古城）與帕倫克（墨西哥東南部的瑪雅古城遺跡），西邊那些夢幻的廢墟，茂密的森林早已經淹沒了你們的雕像。

　　敘拉古 —— 你們的過去是多麼的沉默！

　　迦太基，你們早已經從人們的記憶中抹去了！

　　古埃及有著美麗的海岸，

　　現在卻被淹沒在一片被遺忘的茫茫沙丘裡！」

　　關於將韻律散文改裝成詩歌的另一個讓人震驚的例子，也是可以找到的。薩繆爾·沃倫，這位《一年一萬》小說的作者，就在大西洋兩岸都受到讀者的熱烈歡迎。他在 1851 年發表了一首《抒情的獨白》，用來紀念水晶宮展覽。他的這首詩歌的名稱是《百合花與蜜蜂》[113]，這首詩歌描述了一個白天，一個黑夜以及在水晶宮度過的一個早晨。但是，作者本人卻說，他在這首詩歌想要表達的真正主題是「人類其實是一個整體！」在他這首詩的韻律結構上，基本上都是以抑揚格為主，在詩歌中穿插介紹了《聖經》的部分內容，包括彌爾頓、莎士比亞與華茲華斯等人作品中的韻律。這首詩歌幾乎使用了每一種與華特·惠特曼之後創作的詩歌的韻律風格 —— 其中包括分類、突然迸發的情感、省略符號、綽號以及較誇張的詞語。當這位作者從一個國家漫遊到另一個國家的時候，他經常會表達這樣的感慨：

113　《百合花與蜜蜂》（*The Lily and the Bee*），這本書很快就有哈帕出版公司在美國出版了，並且在 1851 年 11 月開始在《哈帕雜誌》上連載。之後，這包括了沃倫一些文章的全新版本，書名是《現在與過去》。我們可以在愛丁堡地區出版的版本裡找到《沃倫的精選集》裡找到。

「此時的埃及，是一片黯淡且沒有雨水的地方！

神祕的記憶湧上腦海

從迷霧彌漫的埃及到亞伯拉罕，

亞伯拉罕！約瑟夫！法老的權杖！

牧羊人國王！塞索斯特里斯！

坎比塞斯！薛西斯！亞歷山大！托密勒！安東尼！

克麗奧佩脫拉！凱撒！

伊西斯！歐西里斯！雄偉的宮殿！人面獅身像！亞歷山大港！

金字塔！

尼羅河！

拿破崙！納爾遜！

王母說，看吧，我的兒子，這是一個充滿驚奇的古老國家！見證過許多莊嚴的時刻！見證過世人所沒有感受過的衝突、死亡與戰爭，這是一切勇敢的武士都無法想像的。

即便是現在，這裡仍然是吸引世界民眾眼球的地方。

這個地方有太多難以入睡的政治家們熟悉的目光了 ──

看吧！在我說話的時候，一位英國工程師將紅海與地中海連接起來了，將亞歷山大港與開羅連接起來了

看吧，那裡正在思索著一個宏偉龐大的計畫！

看看他吧！當紅海的海浪退去之後，我們可以看到以色列的孩子在三千年前所跋涉過的土地！

他在摩西的水井裡舀水來喝，雙腳踩在西奈半島的土地上：

他勝利凱旋了。

在夜幕降臨的時候，看看那些英雄吧，他們已經被河水所淹沒，就像古代的法老一樣！」

接著，他還在詩歌中談到了自己遊歷的許多不同國家，包括：

「學識淵博、深思熟慮且具有尚武精神的驕傲普魯士王國！」

當我們讀到這樣的詩句時，就會本能地認為這句詩是惠特曼所寫的，即便我們是在古埃及的墳墓上看到的，也會有這樣的想法。我們還是目光轉移回到沃倫身上吧。當他在走廊上來回踱步的時候，他這樣寫道：

「一個沒有被世人察覺的世界，
我再次陷入了滾滾的潮流當中！
教堂中殿！耳堂！過道與畫廊！
不厭其煩地踱步，難以平息內心的欲望！
品格的基石！個人的能力與知識！
過去的景象在觀察者眼中消失了：接著又出現了觀察景象的人！
富裕！貧窮！柔和！簡樸！睿智！愚蠢！年輕！年老！學識淵博！一無所知！深思熟慮！欠缺考慮！為人傲慢！為人謙卑！執著於瑣事！追求高遠的目標！

每一種智慧的層次！每一種品格的層次！

現在，他要對那些兄弟工程師們 —— 英國人，法國人，德國人與俄國人 —— 展現出液壓機的能量，能夠將兩百噸重量的鋼鐵抬升起來！

現在，我們可以看到法國製造的渦輪，看到離心泵，看到蒸汽鎚 —— 感受到蒸汽所具有的巨大能量！

領略這些能量吧！

追求嚴格的操作，需要靈敏的工人操控龐大的機器：

龐大的機器就像手腳靈活的工人，能夠製作出如薄紗一樣精細的

絲質花邊、亞麻、大麻布、棉花，將花崗岩壓碎！」

在談到了人類歷史的發展只有，他這樣寫道：

> 「光榮的布容城堡就在這裡！
> 代表著勇士名聲的十字架！埃斯卡隆的征服者！
> 耶路撒冷的占領者！歌唱著塔索創作的英雄讚歌！」

我們可以再次看到沃倫的寫詩風格與惠特曼的風格是沒有什麼區別的。正如惠特曼在下面這首講述自己的詩歌裡所說的：

> 「站著的時候，一臉愉悅，露出志得意滿的表情，充滿著激情，顯得懶散。
> 用微微傾斜的好奇目光看著接下來會發生什麼，
> 無論是在這個遊戲之中還是置身其外，都能夠感受到其中的驚奇。」

我們還可以感受到沃倫在這面一首詩歌裡迸發出來的激烈情感：

> 「可憐的蜜蜂！難道你沒有看到我嗎？
> 請記錄下我的猜測。
> 你要懷著好奇的目光，懷著自信的心態
> 觀察著我，了解我的行為！
> 是我自己的行為！請觀察一下！
> 在無形的智慧中進行了一番無意識的沉思！
> 超越了所有凡夫俗子，
> 卻距離最高的上帝仍有很遠的距離！
> 從一個有限進入到無限世界的過程！
> 在這個高尚的時刻認真觀察我

第三章 《草葉集》

在他關注著莊嚴的使命時，請暫停一下，
然後將目光專注在我身上。
我的所有朋友都聚集在一起。
這是我們的蜂巢，
感受著無限的美感！」

　　可以說，我們很難在文學史上找到一本在結構上與《草葉集》相提並論的詩集了。惠特曼對自己的創作格言 ——「絕對不要引述他人的話語或是段落」—— 是非常忠誠的。這讓我們很難從他的詩集裡找到一些段落的「引述出處」。我們也無從知曉惠特曼在 1855 年創作完《草葉集》之前，到底有沒有閱讀過《百合花與蜜蜂》這本書。也許，他的確從這本書中得到了一些啟發。我本人也傾向於認為他從這本書中得到了一些創作的靈感 —— 但是，像惠特曼這樣一個具有天才創作能力的人，他最多也只是獲得了一小部分的靈感而已。

　　綜上所述，惠特曼的核心創作方式，就是按照英文版本的《聖經》的韻律模式去進行的。這也是「迸發的情感」、「柔和的情感」以及「內斂的情感」等部分出現風格變化的原因，這也是威廉·布萊克喜歡的一些創作風格。惠特曼喜歡將那些充滿著美感的抒情句子鑲嵌在一些敘述性或是辯論性的段落裡。這樣的對應就構成了希伯來詩歌中一個特定的結構模式，這也是詹姆士國王時期的英國在詩歌創作方面達到巔峰，卻又絲毫不破壞詩歌到散文之間的自由轉變的原因。在這樣一種充滿強烈音樂感、激烈情感以及用具體語言來表達初始情感與身體情感的詩歌裡，惠特曼發現這些詩歌才是自己想要真正去創作的詩歌。

　　因此，整體來說，《草葉集》不屬於任何一種評論家們所能接受的一種詩歌類型。這是一種混合類型的詩歌，將異國風情與一種躁動不安情緒

所具有的魅力結合起來。之後，惠特曼就將這稱為「國民全新的表達方式」。在他這句話裡所使用的三個形容詞裡，最後一個慷慨激昂的詞語則最具分量。無論從哪個層面去看，《草葉集》都是一本透過慷慨激昂的方式去表達情感的詩集。他在詩集裡反對任何以詩歌之名行迂腐之事，「狂詩」一詞是更加適合的形容詞。要是我們將一首正規的詩歌說成是一首狂想曲一樣的演說，這就是誤解了華特‧惠特曼的本意。惠特曼並不是像雪萊那樣的天生詩人，沒有透過一種全新的載體來表達自己的思想與情感，因此不會意識到自己所正在創造的奇跡。相反，惠特曼是一個背負著許多情感的人，每天都要對語言進行思考，然後選擇出最適合創作的文字，從而表達出自己那顆躁動不安的心靈想要表達出來的情感。無論是雪萊還是惠特曼，他們都希望透過詩歌來「傳遞」情感。但在雪萊的詩歌裡，我們能夠感受到一種純粹的詠嘆調，這就像小提琴或是雲雀所發出的美妙音樂而已。但在惠特曼的詩歌裡，我們就像聆聽一位演說者大聲地談論著「他眼睛裡的淚水，不安的眼神」之類的話。要是我們無法從此人在演說中想要表達出來的情感，那就必然會無法理解惠特曼在《草葉集》裡想要表達出來的情感。

1855 年出版的《草葉集》並沒有標上出版商的名稱。可以說，這本書一開始並不是以一種正式的方式出版的。當時，惠特曼原本計劃出版一千本，但最後只印刷了大約八百本左右。這些出版的《草葉集》就擺放在紐約、布魯克林與波士頓幾間書店的櫃檯上。除此之外，他們還希望在幾個重要的期刊上連載，寫了推薦信給當時一些文學名人。接著，就出現了惠特曼令失望的結果。他的這本書幾乎沒有任何銷量。在晚年的時候，惠特曼經常會以愉悅的口吻談起那位真正購買了 1855 年版本《草葉集》的讀者。事實上，這本書的銷量並不像想像中那麼糟糕，但整體銷量還是足夠

糟糕的。[114] 即便是在惠特曼的家人看來，他們對這本書也是非常冷漠的。華特‧惠特曼的弟弟喬治就說：「我當時看到了這本書，但我根本沒有翻開閱讀過。我認為哥哥的這本書根本不值得閱讀，只是偶爾用手指翻了一下。母親的想法與我一樣，也不知道那本書裡面到底說些什麼內容……我還記得母親曾將海華沙（〈海華沙之歌〉中印第安人的英雄）與華特進行比較，認為他們兩人都陷入了一樣糊塗的境地。母親說，如果〈海華沙之歌〉是一首詩歌的話，那麼華特的這本書也應該算得上是詩集吧。」華特‧惠特曼的父親在六十六歲時去世了，時間是當年的 7 月 11 日。惠特曼的《草葉集》也是在這個月第一次出版的。惠特曼的父親對兒子出版的這本詩集有什麼看法，我們目前找不到任何文字紀錄。在他去世十天之後，惠特曼所創作的《草葉集》就受到了當時一位名人給予的熱烈讚賞：

麻州康科德，1855 年 7 月 21 日

親愛的先生：對於你所創作的《草葉集》具有的文學價值，我無法視若無睹。我認為這是一本充滿著鮮明智慧的詩集，在美國文學歷史上還從來沒有人創作出像你這樣的作品。我在閱讀你的作品時感到非常愉悅，因為你在作品中展現出來的強大力量讓我感到非常愉悅。你在作品中所表達的思想非常符合我的理念，因為我也始終努力將看上去貧瘠或是了無生氣的自然描述的更加具有美感。想要實現這個目標，需要創作者具有非常嫻熟的文學創作能力，還要有非常溫和的性情，這需要我們具有強大的智慧。我為你在書中表現出來自由且勇敢的思想而喝彩，你表達的思想讓我

114　我手頭上所拿的這本《草葉集》，是從詹姆斯‧T‧菲爾德斯（James T. Fields，美國出版商）那裡購買的，這是我在愛默生的推薦下購買的，地點是在波士頓那間老街角書店。他曾將這本書給他的大嫂，也就是奧康納日後的妻子閱讀。也許，狄奧多‧派克（Theodore Parker，美國超驗主義者、社會改革家。）現在所擁有的那本《草葉集》也是在波士頓那間老街角書店購買的。他們兩人都在這本詩集上坐了很多鉛筆標記。

感到強烈的共鳴。我找不到比你這部作品更加優秀的作品了，因為你的確是創作了一本無與倫比的作品。你在書中所表現出來的勇氣與創新精神，讓我感到非常高興。只有那些擁有廣闊視野的人才能夠做到這點。

我必須要祝賀你開創了一段屬於自己的偉大文學生涯，但是你的起點卻是如此之高。有時，當我閱讀你的這本詩集時，會忍不住揉揉雙眼，看看灑在我身上的陽光是否是幻覺，但是當我發現手上正捧著你的這本詩集時，我意識到這不是幻覺，而是一個實實在在的現實。總而言之，你的這本書具有著深厚的文學價值，給人帶來強大的精神動力！

之前，我一直不知道你已經出版了這本書。直到昨天晚上，我看到了報紙上刊登著介紹這本詩集的廣告，於是我就購買了你的這本詩集來閱讀。我相信我的確是讀了你的這本詩集。

我迫切地想要見到你，因為你的作品給我帶來了愉悅的思想感受。你的作品也給我的創作理念帶來了影響。當我前去紐約的時候，我會想辦法前去拜訪你。

摯友

拉爾夫・瓦爾多・愛默生

沒有比愛默生在這封信給予惠特曼的讚美與支持更讓他感到振奮的了。因此，當他的弟弟喬治說惠特曼「為此興奮了許久」，這也絲毫不讓人感到驚訝了。但在很長一段時間裡，惠特曼也只是收到了愛默生這樣一封讚美的來信。據說，惠蒂埃曾將惠特曼的《草葉集》扔進火堆裡。還有一些文人憤怒地將這本詩集寄回給那些送書的人。許多報紙與期刊對惠特曼的這本詩集的評論也是各不相同。多虧了惠特曼不遺餘力地收集了當年許多關於他這本詩集的評論剪報，我們才能在在 1856 年版本的《草葉

集》附錄裡看到這些評論。還有一些惠特曼沒有收集到的剪報則可以從當時的很多期刊裡看到。在惠特曼所收集到的剪報裡，一些評論文章完全是以非難的方式去評論的。紐約的《標準報》就將這本詩集定性為「品質低劣的」、「淫穢的」。《倫敦評論家報》則這樣寫道：「華特・惠特曼對詩歌的理解，就像一頭野豬對數學的理解一樣」，還說「惠特曼的這本詩集的每一頁都應該受到讀者的鞭撻與指責。」。波士頓的《資訊報》則評論說：「惠特曼的這本詩集充斥著誇大的言辭、過度的自我主義、庸俗不堪與胡說八道的內容。」，《波士頓郵報》則評論說：「惠特曼的這本書厚顏無恥地宣揚了生殖器崇拜，推崇了許多淫穢的思想。」

　　波士頓的《基督郵報》（*Christian Register*）則使用了「極不虔誠的欲望」與「厚顏無恥的猥褻精神」來形容惠特曼的這本詩集。這些報紙與期刊所使用的評論詞語，代表著當時這本詩集所獲得的最多的評價。但在一些地方，惠特曼的這本詩集同樣獲得了一些有識之士的中肯與客觀的評價。《北美評論》（*North American Review*）雜誌那個時候在波士頓出版，當時的雜誌主編是安德魯・P・皮博迪[115]，他在 1856 年 1 月刊載了一篇由愛德華・埃弗里特・黑爾[116] 所寫的文章。黑爾在文章裡談到了惠特曼的這本詩集「充滿了新奇感、簡樸感與現實感」、「使用最為簡單、真實或是激發人神經的英文去創作。」、「將惠特曼想像世界裡最為鋒利且明顯的一面展現出來」。有趣的是，黑爾在三十年之後仍然堅持自己當年的判斷[117]。

　　《紐約蠟筆報》（*The Crayon*）在不久之前由才華橫溢的記者與藝術家

115　安德魯・P・皮博迪（Andrew P. Peabody, 1811～1893），美國作家、牧師。

116　愛德華・埃弗里特・黑爾（Edward Everett Hale, 1822～1909），美國作家、歷史學家。代表作：《無國之人》（*The Man Without a Country*）、《克里斯多福・哥倫布傳》（*The Life of Christopher Columbus*）、《孩子們心中的英雄》（*Boy's heroes*）等。

117　參看 W.S. 甘迺迪所著的《華特・惠特曼的回憶錄》，倫敦普萊斯利出版社在 1896 年出版。

W.J. 斯蒂爾曼 [118] 創辦了。他在該報上刊登了一篇名為〈極端的集合〉的文章。這篇文章對丁尼生的《莫德》（*Maud*）一書與惠特曼的《草葉集》進行了綜合對比。評論家們發現，這兩位作家都對詩歌的形式表現出一種漠不關心的態度，然後在談到了惠特曼在作品中表現出來的樂觀主義精神：「對華特 · 惠特曼來說，一切事情看上去都是那麼美好 —— 每一件事情都是那麼的美好，因此也就不存在什麼理想的模式，不需要任何激勵，不需要去努力追求更好的事情。事實上，一切事物都是那麼美好的事實，所有的事物都是一樣美好的事實是不足夠的。在他看來，不存在任何創造的次序問題，沒有更好或是更壞之間的區別 —— 但是，這些都是屬於一個民主層次的問題，要是沒有這樣的對比，就根本任何對稱與平衡可言。當然，這也就不會出現任何的結果。當然，惠特曼在這部作品裡展現出了深刻的思想與強大的洞察力，這不是我們經常能夠看到的。《草葉集》沒有表現出某種理想，沒有集中於某個主題，沒有某些明顯要實現的目標 —— 這是一部狂野且缺乏自律性的作品，就像那些處於半文明狀態下的人類創作出來的詩歌。因此，這樣的詩歌整體來說是缺乏價值的，只能滿足少數那些喜歡處於尚未冶煉狀態下的金屬的人。」無論讀者是否同意這樣的評價，這在惠特曼看來，肯定也是比較中肯的評價了。

　　《派特南月刊》在 1855 年 9 月的期刊裡評論惠特曼這部作品時，這樣寫道「《草葉集》以有趣且無序的方式集合了一些詩歌……這些詩歌既不講究韻律，也不是傳統意義上的無韻詩，而是以一種激發情感的散文詩的形式呈現出來，在絲毫不顧及對稱性或是韻律的前提下形成的詩歌。」這篇文章的評論家接著表示，惠特曼在這些詩歌中展現出來的洞察力，顯然

118　W.J. 斯蒂爾曼（William James Stillman, 1828 ～ 1901），美國記者、外交家、作家、歷史學家和攝影家。代表作：《羅馬往昔》（*The Old Rome and the New*）、《義大利聯邦》（*The Union of Italy*）等。

第三章　《草葉集》

要感謝他的前輩們「整體來說，惠特曼的這部作品是新英格蘭地區的先驗主義思想與紐約的新思潮的一個集合體。即便是對於鍋爐工人或是馬車司機這樣的人來說，他們也能夠去理解這些在十五年前或是十八年前在波士頓地區達到頂峰的思想。當然，惠特曼以自己的表達方式重新表達了這些思想。同時，惠特曼也表現出了足夠的自信，勇於去挑戰文學界一貫的創作方式，創作出了這樣一部既粗野又具有創新精神，既膚淺又有深刻內涵，既荒唐卻又吸引人的作品。」

惠特曼在這部詩集裡表現出來的先驗主義思想以及他對分類的獨特激情，可以透過《倫敦郵報》的這篇文章得到有趣的呈現：「當我們將創作出這部作品的那位來自布魯克林的男孩描述成西部地區的狂野塔珀的時候，必須要感到心安理得……假設塔珀從小就是在拍賣商的家庭環境下長大，之後他被放逐到一個邊遠地區生活，在很長一段時間內做著伐木工人的工作，之後他又對愛默生與卡萊爾的作品產生了濃厚的興趣，認為自己不僅僅是愛默生或是卡萊爾這樣的人物，而是要成為美國文學界的莎士比亞那樣的人物。當他的內心產生了這樣的衝動，就會將這些念頭綜合起來，以讓自己感到滿意的方式去表達出來。他是用自認為滿意的韻律來表達這些思想嗎？倘若有人有著像塔珀那樣的生活閱歷與經驗，那麼他就會創作出與華特·惠特曼的《草葉集》完全一樣的作品。」

另一方面，《倫敦領袖報》則認為，惠特曼的這部作品絕對不是為讀者單純提供笑料的，而是想要表達出某些「震撼人心」的核心原則。

「惠特曼的《草葉集》乍讀起來，似乎都在表達出某種不可一世的自我主義——將華特·惠特曼的個人靈魂所具有的永恆性表達出來。但是，我們必須要知道，倘若這真是惠特曼想要表達出來的主題，那麼他是絕對不可能將一些人類靈魂的共性表達出來的。他就像一個粗野且無所忌

憚的新英格蘭人那樣面對這個世界，他對自我的認同有著強烈的激情，對其他類型的存在，無論是有生命力的存在還是沒有生命力的存在，他都一樣充滿著激情。他對人性懷著深深的憐憫之心。他對自身情感湧現出來的能量與熱情有著一種難以抑制的激情，即便是在感受最後的舒適或是和解時，仍然不願意放棄那些看似邪惡與放蕩不羈的念頭。他喜歡百老匯、紐約這些繁華的地方，他同樣喜歡偏遠荒涼的森林地帶，喜歡一望無際無人居住的大草原，喜歡那些在蘆葦叢中打滾的野獸，喜歡那些樹枝上築巢的小鳥。他能夠感受到自己所處的土地展現出來的不可言說的神祕，感受到他的思想所感受到的一切，然後將這樣的情感都集中於一個獨立的自我。我們認為，這就是惠特曼能夠創作出這樣一本奇怪、獨特且讓人困惑作品的關鍵。當然，我們不是說已經找到了解釋這本書中存在的各種奇怪與怪癖的鑰匙。我們必須要坦誠一點，這部作品中的許多困惑都是我們無法去解釋的，這讓我們感到既有趣，又感到非常的荒謬。對我們這些習慣了平凡視野的人來說，惠特曼的作品給人一種新奇的感覺，但是他的離經叛道卻又是我們所無法容忍的。在惠特曼的作品裡，我們能夠發現很多證明他是一個有著高尚靈魂的人，同時我們也為他表現出來的一些越軌思想感到遺憾。有時，這只會讓那些原本就錯誤的思想變得更加失真。特別地，我們為惠特曼將一些原本不應該說出口的話說出來感到遺憾，因為這些話語還是讓每個人心知肚明就好。我們對展現自身的本性不感到慚愧，這是很正常的，能夠展現出一種包容的仁慈，這是非常好的一件事。不過，有時不透過赤裸裸的方式去表達思想，這也是一件好事。」

不過，當時的這些關於《草葉集》的評論，都沒有惠特曼對自己這部作品的評論顯得更加有趣。關於大衛·加雷克的遺孀，有一個有趣的故事。據說，一位年輕的劇作家向她抱怨自己受到了評論家們的嚴苛對待。

第三章 《草葉集》

這位遺孀反問道:「為什麼你自己不去寫一些有利於自己的評論呢?大衛生前就經常這樣做。」在惠特曼身為詩人的生涯裡,他一直都以匿名的方式去寫讚美自己作品的文章。事實上,史賓賽[119]、利·亨特[120]以及其他詩人透過發表一些自我批評的文章來為自己的作品辯護的做法,很早就吸引了他的注意。顯然,他也不明白自己為什麼不去效仿他們這些行為的理由。當然,惠特曼這篇維護《草葉集》的匿名評論文章肯定會遭到一些惡意的攻擊,但事實上,他為此專門創作的三篇文章在《草葉集》出版之後刊登在報紙上,這說明惠特曼是有意為之的。惠特曼完全相信自己以及他的作品,他對大眾的評論採取一種冷漠淡然的態度。他這樣的做法,與我們目前很多作家習慣性地發表他們自身作品的評論文章是沒有什麼區別的。當然,現在的作家這樣做,更多的是為了推廣他們的作品。

至少,我們應該詳細地引述惠特曼其中的一篇自我剖析的文章。這篇文章刊登在 1855 年 9 月 29 日的《布魯克林時代報》上。他的這篇文章具有非常鮮明的個人風格,因此當時大眾都沒有猜到這篇文章的作者就是惠特曼本人,很令人感到驚訝。

「想要對一首詩歌進行真正的評價,人們首先就必須要了解創作這首詩歌的作者本人。對於《草葉集》這部詩集的作者,一部分認為他是一個具有邪惡思想的人,一部分認為他是一個具有神聖思想的人。大眾都替他貼上了不同的標籤,其中就包括了幼稚的、充滿陽剛之氣的、充滿情感的、沉思的、追求感官刺激的、專橫的等形容詞。要是我們只看到這位詩人的決心或是無知,只看到他所大談的肉體與形式,看到他無視過去詩歌的形式,無視任何詩歌的創作法則,認為他是一個無知且幼稚的人,認為

---

119 史賓賽 (Edmund Spenser, 1552 ~ 1599),英國著名詩人、桂冠詩人。代表作:《仙后》 (*The Faerie Queene*) 等。

120 利·亨特 (Leigh Hunt, 1784 ~ 1859),英國作家、散文家、詩人和文學評論家。

是一個自大驕傲的人，而從不去了解他的出生，不了解他的父母，不了解他的祖輩，那麼這樣的認知與評論肯定會出現誤解。一些人認為這位詩人是缺乏禮貌的，還有人認為他是一個不講究規則的人，認為他是一個野蠻的小孩！但是，他從來不去模仿別人，只是根植於美國的本土，他想要表達的，只是美國本土文化與思想的一種延伸。任何內心不滿或是懶散之人都不會對任何時代感到滿意的。任何一知半解的民主人士，任何只追求眼前利益或是名聲的人，都肯定不會喜歡大街上的民眾，肯定不喜歡碼頭的風景，不喜歡與人們進行的焦躁談話。但是，這位詩人卻是一個喜歡別人直呼其名的人，他就是一個非常普通的人。他能夠與別人一起大笑，就像那些人們認為粗俗的勞工那樣無視他人的看法。他對愛爾蘭人沒有任何的偏見，總是願意他們進行交流。他從來不會鄙視黑人，喜歡與他們進行交流。他從來不會假裝自己是一名彬彬有禮的紳士，或是故意學著去迎合某些人。他總是吃著廉價的食物，喜歡集市上咖啡攤上味道濃烈的咖啡。他喜歡吃新鮮的牡蠣作為晚餐，喜歡在一張擁擠的餐桌上，與那些水手與工人一起用餐。在任何時候，他都寧願選擇與這些說話大聲，喜歡喧囂的人一起用餐，而放棄參加那些優雅之人舉辦的社交晚宴。在這些人當中，他能夠感受到他們的愛意與真誠的歡迎。他喜歡聆聽他們發出的嘈雜聲、大聲的咒罵聲、爽朗的笑聲與機智的回答，還喜歡看到他們那張沾滿煤塵的臉龐 —— 他將這些人的形象都深深地刻在腦海裡，並始終保存著。他在這些詩歌中想要表達出來的效果，絕對不是那些職業藝術家或是藝術品想要產生的效果，而是要表達用最真實的眼睛所觀察到的最為真實的感受，包括對樹木或是對小鳥的感受。你們可能有時也能夠感受到那些看似粗魯之人所表現出來的教養，但是你們永遠都感受不到一位養尊處優的作家或是演說家表現出來的刻意說教。」

第三章　《草葉集》

「其他的詩人喜歡在詩歌中大談重大的事件、重要的人物、浪漫的愛情故事、戰爭、愛情、強烈的情感或是讚美他們的國家所取得的勝利或是展現出來的力量，或是闡述一些真實的事件或是虛構的事情 —— 然後對他們的作品進行打磨與潤色，最後得出相應的結論，滿足讀者的閱讀品味與需求。但是，創作出《草葉集》這部詩集的作者卻只是談論本人的一些自然傾向於習性。可以說，他在整本書裡就是談論著這些事情。他沒有得出任何最終的結論，也從沒有想過要專門取悅某些讀者。他理所當然地將一些評判的權利都交到了讀者的手上，讓他們感受到知識之樹所帶來的好處與弊端，但他從沒有想過要人為地抹去這些痕跡。」

「與自大之人進行爭論又能得到什麼樣的好處呢？我們必須要明白，在華特・惠特曼身上，是絕對不可能同時存在著兩種不同的思想。他在創作這部詩集的時候，顯然就是豁出去了，他知道那些評論家會將他罵的狗血淋頭。但是，每個讀者都應該按照自身的感覺去對這部作品進行評價，而不是單純依賴這些評論家的一些個人說法就對此進行評價。惠特曼的作品、他的人生、行為舉止、友情以及寫作，都有一個明確的目標，那就是要展現出一張全新的品格，也就是他自身的品格。他將自己的這些想法透過文字表達出來，然後加以出版。他這樣做不是為了要成為某些人的榜樣，而只是要進行一番自我的剖析，讓當代與未來的美國作家或是年輕人能夠有所借鑑，讓南方人與北方人，讓太平洋沿岸的民眾與密西西比河流域的民眾，讓威斯康辛州、德克薩斯州、堪薩斯州、加拿大、哈瓦那與尼加拉瓜，以及紐約與波士頓等地的民眾能夠感受得到。無論取得這樣的成就需要付出什麼樣的努力，他都努力地去做，然後耐心地等待著那些指責與非難他的聲音慢慢地消失。」

「任何創作詩歌的人，首先要做到的一點就是展現出真實的自我 ——

我這樣的說法似乎代表著惠特曼在這部詩集裡所要表達出來的想法，同時反駁著寫學院派的詩人。惠特曼對於作品或是作家們從來都不會抱有什麼幻想，這些人的精神似乎根本無法影響到他，他也從來沒有說過任何反駁他們的話語，也沒有反駁他們所提出的理論或是創作方式。他從來不屑於這樣做。他在作品中想要表達的，只是他在布魯克林認識的朋友。他是一個土生土長的美國人，身材魁梧，精力旺盛，今年只有三十六歲（按照 1855 年來計算）—— 從來沒有濫用過藥物，從來不穿黑色的衣服，穿著隨意乾淨 —— 穿著有襯衫領的衣服，英俊的臉龐，黃褐色的鬍鬚，像田野裡收割後晒乾的隨意擺放的乾草 —— 他的體型可以說是較為獨特的，他是一個受到朋友喜歡與欣賞的人 —— 特別是那些年輕人與文盲的歡迎。他是一個不喜歡與文學圈子的人交往之人，他從未在公開場合下發表過演說，從未與牧師、教授、市議員或是眾議員們站在同一個舞臺上 —— 相反，他平時喜歡與那些船長們交流，喜歡與那些開著漁船的漁夫們一起釣魚，喜歡在百老匯大街上搭乘馬車，然後與馬車夫進行一段有趣的對話 —— 或是鄉村開闊的道路上，與一些閒晃之人進行交流。他喜歡紐約與布魯克林，喜歡這些穿梭不停的渡輪所帶來的生命感覺。如果你們遇到他，絕對不會認為他是一個與眾不同的人 —— 你們會發現他身上表現出來的特質沒有任何與眾不同。每個與他交流的人都不會感覺他是一個讓人著迷或是有吸引力的人，他也從來不盼望能夠得到其他人給予的尊重，而是始終表現出一種簡樸與隨和的行為 —— 這是一些讓你感到熟悉的特質，或是一些你彷彿已經等待了許久的存在 —— 只有在這個時候，你才了解了真正的華特·惠特曼，他是一個在文學領域勇於創新的人，對於現在所獲得的冷嘲熱諷根本毫不關心的人。即便現在很多人根本不理解他，或是對他懷著一種不信任的態度，他依然對未來充滿著信心 —— 他

始終都想要親自地表達自己的思想，而不是讓別人來替他發聲！」惠特曼的這篇匿名文章說的實在是太準確了！

　　惠特曼所寫的第二篇文章刊登在《美國骨相學期刊》上，這是紐約的富勒與威爾斯財團下的一份期刊。沒過多久，他們就成為了《草葉集》第二版的出版商，他們將這本書的作者寫成是「一個英國與美國的詩人」，然後將惠特曼的《草葉集》與丁尼生的《莫德》進行比較。他們承認丁尼生「雖然內心對創作感到厭倦以及他的貴族身分，但他是一個真正的詩人。」這位匿名的評論家在文章裡認為，惠特曼是「最為自傲的作家，因為他勇於創作與出版這樣的作品。他的這部作品最後不是被證明是文學歷史上最偉大的作品，就是最失敗的作品。在我們對此進行了一番深刻的思考之後，我們也必須要承認，在目前就對這個問題進行肯定的評論，是非常困難的一件事。」

　　惠特曼在第二篇文章裡表現出了某種謹慎的態度，沒有將自己擺在一個文學預言家的位置，這可以從他的最後一句話裡看出來。但在惠特曼所創作的第三篇匿名文章裡，他索性不再對此進行任何掩藏了。他的這篇文章出現在他十多年前經常投稿的《美國與民主評論》1855 年 9 月的期刊上。這份創辦時間較久的期刊之前曾陷入了一場政治風波，更換了多位編輯，但他們仍然勇敢地發表惠特曼的這篇文章。〈美國最後一位吟遊詩人！〉惠特曼在這篇匿名文章的一開頭就開門見山地寫道，因為惠特曼的這篇文章實在很長，因此不可能在這裡完全引述。「惠特曼就是眾多平凡人中的一個，他是一個身材魁梧、為人驕傲、充滿情感、喜歡吃喝玩樂的人，他的形象始終是充滿男人氣概，卻又非常的隨和，他的臉龐充滿了陽光，留著鬍子，他的姿態是那麼的強大，身材是那麼的筆直，他的聲音能夠給那些年輕或是年老之人帶來希望與預言。我們應該消除內心的一切差

恥感，成為真正的自我。我們應該創造出一種充滿活力且反叛精神的文學。現在，我們應該意識到惠特曼的這部作品就是代表著這種精神的作品，這也是我們的文壇現在最為缺乏的。美國這個共和國的國民始終都應該是自由且獨立自主的。」

惠特曼在這篇匿名文章裡洋洋灑灑地談論了許多，直到他在文章行將結尾的時候，漸漸表達出強烈的情感，然後像這位詩人（也就是他自己）致敬：「華特・惠特曼，你處於一個非常好的時代！無論是你所表達出來的觀點、行為方式、個人形象還是你的作品，雖然與常規的創作方式不相同，但卻沒有遭遇太多惡意的評論。你在書中所傳遞出來要追求絕對的自然、健康、信念、自力更生以及所有透過原始方式表達出來的愛意與友情，都會必然會讓你成為世人關注與爭論的焦點。」

惠特曼第二版的《草葉集》雖然做了許多廣告宣傳，而且還宣稱惠特曼本人是「世人關注與爭論的焦點」，但是 1855 年版本的《草葉集》還是根本賣不出去。儘管惠特曼寫了幾篇讚揚自己的文章，包括他自己所寫的三篇匿名文章，並且將這三篇文章收錄在新版本的附錄裡，但這依然是徒勞的。因為很多讀者根本不想要閱讀他這本詩集。但是，惠特曼身上流淌著荷蘭人倔強的血液，他有著強大的耐心，必須要堅持到底。他決定一定圓滿地實現這個目標。「當這本書在很多地方都喚起了很多讀者的憤怒與譴責時，」惠特曼後來說，「我就前去長島的最東邊與長島海灣散心。之後，當我回到紐約的時候，我的內心有著更加強大堅定的決心。之後，我再也沒有動搖過這樣的決心，我依然希望繼續從事詩歌的創作，並且盡自己最大的能力去實現這個目標。」惠特曼決定徹底放棄木匠的工作，繼續與他的母親住在一起，專心地創作了幾首新詩。

在 1856 年 6 月，惠特曼準備出版他的第二版《草葉集》，這是一本

第三章 《草葉集》

384 頁十六開本的書，一共有三十二首詩歌，包括之前已經出版的十二首詩歌中的十一首詩歌。這些詩歌都是有標記的，都有詩歌的名稱。在他創作的全新詩歌裡，就包括一些名為〈向世界致敬〉、〈闊斧之歌〉、〈藍色的安大略湖邊〉、〈橫過布魯克林渡口〉[121] 與〈鄉村小路之歌〉。即便在惠特曼看來，其中兩三首詩歌的詩歌名稱以及創作方式，都是非常大膽的。至於第一版本裡的一些詩歌，惠特曼幾乎沒有做出任何修改。這個版本的詩集沒有前言，取而代之的一些以詩歌出現的段落。惠特曼的肖像在書中仍然保留下來。這本詩集沒有標明出版商的名稱。雖然紐約的富勒與威爾斯集團願意出版這本書，但他們還是選擇不將自己的出版商名稱寫在書的封面上。這本書裡最讓人震驚的一點，就是節選了愛默生一年前寫給惠特曼一封信的一句話。出版商將這句話用鍍金的文字印刷在新版本的背面上：

　　我祝賀你踏上了一條偉大的創作之路。

　　　　　　　　　　　　　　　　── 拉爾夫・瓦爾多・愛默生

　　在惠特曼一生所做的許多事情中，沒有比他在沒有得到愛默生的授權下使用這封私人信件的內容作為宣傳話語，更讓他遭受其他作家的批評與譴責的了。但是，惠特曼與愛默生的共同朋友查爾斯・A・達納則表示，愛默生事先已經同意了惠特曼使用他這句讚美的話語。若是按照常理來推斷，以惠特曼天生的敏感以及做事的放肆來看，他肯定是已經事先知會了愛默生，才敢將愛默生寫給他的私人信件裡的這樣一句話拿出來，為自己

121　〈橫過布魯克林渡口〉於 1856 年在《草葉集》第二版初次出現時題為〈落日吟〉。它是《草葉集》中最完美的佳作之一，其意境、語言、形象、節奏、結構各方面都很有特色，而且彼此協調，渾然一體，是詩人有意識地致力於藝術琢磨的第一個標誌和可喜的成就。詩人從童年時代開始最喜歡的娛樂之一，便是從弗爾頓渡口乘船到紐約的曼哈頓去。渡口周圍的景色隨季節氣候循環變遷，旅客也不斷地新舊嬗替，而渡船的東西往返永不停息。久而久之，精於觀察和冥想的詩人便彷彿看見人類靈魂從此岸到彼岸，從一個旅程轉入另一個旅程，從生到死到再生，輪迴不已。這個印象，以及從中獲得的啟發，是惠特曼把人生比作旅程的起因之一，而其最初的藝術展現便是這篇《橫渡布魯克林渡口》。

的作品進行宣傳。但是，在康科德居住的愛默生得知這件事之後，卻感到相當惱怒。當時，愛默生的一位朋友（來自波士頓的約西亞・P・昆西[122]）在惠特曼的新版本《草葉集》送到康科德的時候，剛好前去拜訪了愛默生。他也將當時自己的這次拜訪記錄下來了。

「我坐在愛默生在康科德家裡的客廳裡，他從書房裡走了出來，手上拿著一本他剛剛收到的書。這是惠特曼那本《草葉集》的新版本，書上還附有『我祝賀你踏上了一條偉大的創作之路 —— 拉爾夫・瓦爾多・愛默生』的字眼。愛默生看上去一臉不悅，表達了自己對惠特曼竟然從他的私人信件裡找出這幾句話，然後作為廣告宣傳的不滿。之後，他將這本書遞給我，說這本書裡面的內容倒是值得認真閱讀，雖然惠特曼不應該將這句話印在封面上。我之所以記錄這件事，就是因為我之前從未看到愛默生那平靜的臉龐會出現不滿的神色。」

《草葉集》的第二版本一個不明顯但卻更讓人感到遺憾的細節，就是附錄的名稱是「落葉」。這個附錄主要包括了惠特曼在報紙上所寫的匿名文章，同時他還將愛默生在 1855 年 7 月寫給他的信件都附上了，惠特曼在附錄裡將自己寫給愛默生的回覆也印刷出來了：

1856 年 8 月，布魯克林

「親愛的朋友與老師，這是我之前送給你的三十二首詩歌。我認為，只有將這當成一份禮物送給你，才能表達我對你的回信的感激之情。從《草葉集》的第一版出版，你寄給我的信件到現在，我創作了這些詩歌。當時，我印刷了一千本的《草葉集》準備放在書店裡出售。現在這三十二首詩歌是我使用鉛版印刷的，印刷的數量有數千本。我非常喜歡創作詩

122　約西亞・P・昆西（Josiah P. Quincy, 1829～1910），美國詩人、作家。

第三章　《草葉集》

歌。我還會要求自己去做其他的工作，比如在不同的地方與別人進行面對面的交流，與那些從事平凡行業的普通美國人進行交流。但是，我人生的工作就是創作詩歌。我希望自己能夠繼續創作下去，創作出幾百首詩歌，甚至是一千首詩歌。對我來說，這條道路是非常清晰的。幾年之後，我所出版的詩集每年應該能夠賣到數千本乃至上萬本。為什麼我要那麼著急呢？為什麼我要做出妥協呢？無論是創作詩歌還是文章，我都會按照之前的原則去，堅持自己的創作道路，不去遵循別人走過的足跡，希望我的詩歌能夠給男女讀者們帶來一些不一樣的思考。

　　老師，我是一個有著強大信念的人。老師，我們的國家沒有經歷過長達數世紀的封建等級制度、沒有什麼神話故事與寓言故事，但所有這些都無法阻止這片土地上的民眾去不斷創造。」

　　先不說第一版的《草葉集》的銷量是如何的糟糕，就是這段開場白的基調都讓人產生了厭惡的第一印象，這反應了當時的惠特曼處於一種精神緊張的狀態。毫無疑問，他對此展現出了過分興奮的狀態，感覺自己正在玩一把賭注太高的遊戲。惠特曼在信中主要是想表達出希望美國本土文學能夠展現一種陽剛之氣。愛默生在十九年前創作出《美國學者》一書的時候，肯定也感受到了這樣一種思想，因此惠特曼的想法肯定會讓他產生一種有趣的共鳴。當時，霍姆斯[123]博士就將愛默生的這本書稱為「美國在智慧層面上的獨立宣言」。在這封信的結尾處，惠特曼顯然表達了對愛默生發表的演說「一個充滿道德的全新美洲大陸」的感激之情。惠特曼表示，要是沒有愛默生的這篇演說，整個美洲大陸都是不完整的。惠特曼這樣說：

123　霍姆斯（Oliver Wendell Holmes, 1809～1894），美國詩人、作家、醫生。曾任哈佛大學醫學院教授和院長。被譽為美國 19 世紀最佳詩人之一。

「這是你所發現的海岸。我必須要說，正是你讓引領著我們國家的前進方向 —— 正是你引領著我走到今天這一步。我可以勇敢地站出來說，沒有誰比你為這個國家做出了更大的貢獻。其他人可能只是標出了這樣的規畫，他們建造城市，開採煤礦，建造農場。但是，你卻是那位真正勇於乘風破浪的船長，你憑藉著個人的勇氣與無畏精神，勇敢地告訴美國民眾什麼才是他們真正應該去追求的。你就像那位到過世界各地不同港口的水手，讓美國民眾領略到了世界的偉大與廣闊。

我親愛的老師，看在所有年輕人以及我這樣一位虔誠之人的份上，請你接受這樣的讚美。我們對你最大的讚美，就是追隨你的腳步。我們希望珍藏你的名字，我們理解你想要表達的思想，因為我們也有著與你一樣的思想。我們將會堅持這樣的思想，並且在其他州不斷宣揚與拓展這樣的思想。」

華特・惠特曼

假如說 1856 年版本的《草葉集》的封面與附錄說明了惠特曼這位喜歡在道路兩旁長滿報春花的路上行走的志得意滿之人，在社交與道德領悟方面的遲鈍的話，那麼他的新版《草葉集》卻是毫無疑問地展現出了惠特曼傑出的文學才華。惠特曼在這部詩集裡使用了非常生動的詞語，靈活地運用了容易上口的韻律，使用了豐富的想像力。後來，亨利・西季威克[124]就曾將這稱為「宇宙情感」，並且說沒有哪一本美國文學作品能夠與之相比。這部詩集裡使用了很多不落窠臼的形式以及「看似不明智的嘮嘮叨叨」，但這最後證明只是當時很多評論家們都無法逾越的一個障礙而已。不過，當時很多報紙評論對第二版《草葉集》充斥著更多負面的評論。毫無疑問，這部分要歸結為惠特曼在詩集裡坦率地談到了人的動物本能，並

124　亨利・西季威克（Henry Sidgwick, 1838～1900），英國哲學家、經濟學家和教育家，「劍橋使徒」成員。也是英國著名作家、散文家和教育家亞瑟・本森的舅舅。

且這樣的段落給人的印象要超過詩集本身所要表達出來的詩意。富勒與威爾斯都對很多報紙的負面評論感到驚恐，拒絕繼續出售他們已經印刷好的《草葉集》。

面臨重重失望的打擊，惠特曼卻表現的非常淡然，他始終堅持自己的立場。此時，陸陸續續有一些知識界的名人前去拜訪他了，這些人都想要看看創作出《草葉集》這本詩集的作者到底是一個怎樣的人。孟克爾‧D‧康威[125]是一位來自維吉尼亞州的年輕人，他之前來到康科德居住，就是為了能夠近距離地觀察愛默生。不過，愛默生後來建議他前去布魯克林拜訪惠特曼。他在 1855 年 9 月 17 日找到了惠特曼，發現當時的惠特曼正在羅馬大街的印刷辦公室裡修改著樣章，「非常高興地接待了他」。惠特曼對康威說，他是第一個前來因為他的作品而前來拜訪他的人[126]。之後沒過多久，愛默生就與 A‧布朗森‧奧爾柯特[127]這位在先驗主義思想推到巔峰的人物一起前來拜訪惠特曼，他們都與惠特曼都相談甚歡。威廉‧庫倫‧布萊恩特這位簡樸生活的人，此時已經年過六旬了，擔任著《紐約晚報》的編輯。他是搭乘布魯克林渡輪前來布魯克林的，與《草葉集》的作者惠特曼進行了幾個小時的談話，並且一起散步。另一位拜訪者是亨利‧D‧梭羅，他之前就曾與奧爾柯特一起前去拜訪惠特曼。正如梭羅之後對哈里森‧布萊克[128]所說的，他對惠特曼的第一印象是「顯然，他是世界上最偉

125　孟克爾‧D‧康威（Moncure D. Conway, 1832 ～ 1907），美國作家、哲學家和廢奴主義者。代表作：《美好時光》、《每日課》（*Lessons for the Day*）、《湯瑪斯‧潘恩傳》（*The Life of Thomas Paine*）、《愛德蒙‧藍道夫傳》（*Life and Papers of Edmund Randolph*）等。

126　參看孟克爾‧D‧康威的《自傳、回憶錄以及人生經歷》（*Autobiography, Memories and Experiences*）一書，1904 年在波士頓出版。

127　A‧布朗森‧奧爾柯特（Amos Bronson Alcott, 1799 ～ 1888），美國教師、作家、哲學家和改革家。身為一名教育者，奧爾柯特開創了新的和年輕學生交互的方式，即透過一種談話式的方式，而不是傳統的懲罰。他希望完善人的精神，為此提倡盡可能的素食。他同時是一名廢奴主義者和女權擁護者，也是美國超驗主義運動的代表人物之一。

128　出自《梭羅的通訊錄》。

大的民主人士之一……他是一個身材魁梧，有著隨和的個性，深受他朋友們的讚許……他是一個學識淵博和經歷豐富之人，但正如我之前所說，這點未必都具有正面意義。他說我誤解了他的意思。我不肯定自己是不是真的誤解了他的意思。」不過，梭羅在之後寫給布萊克的一封信就可以闡明的更加清楚：

1856 年 12 月 7 日

　　我之前在回信跟你談到的那位華特·惠特曼，我認為他是一個非常有趣的人。我剛剛閱讀了他的第二版《草葉集》（這是他送給我的），可以說這是我很長一段時間裡所讀到最為優秀的作品了。我認為，惠特曼最好的詩歌就是〈一個美國人〉以及〈落日吟〉。他在詩集裡的兩三首詩歌所表達的觀點，是我所不敢苟同的。簡單地說，我不敢苟同的原因就是這些詩歌赤裸裸地表達了追求感官刺激的思想。他沒有在詩歌中大肆地談論愛這個主題，卻彷彿聆聽野獸在吼叫一樣。我認為，一些以閱讀惠特曼這部作品為恥的人也是有他們的道理。毫無疑問，每當有一些打破常規的作品出現的時候，總是需要類似於他這樣厚著臉皮去迎接冷嘲熱諷的人，但若是他為了迎合所有讀者，那麼他的作品就缺乏價值了。從這方面來看，他的作品要比我所知道的任何美國作品或是當代的作品都要做的更好。我從他的詩歌中感受到了一種振奮人心的激勵情感。至於他在詩歌中所宣揚的追求感官刺激 —— 事實上也不像他在字面上表達的意思那麼強烈 —— 我認為，惠特曼也不需要刪除那些段落，因為每一個心靈純潔的男女在閱讀這些詩句的時候，都不會給他們帶來什麼傷害。也就是說，他們不會誤解詩人想要表達出來的意思。一位女性朋友跟我說，她認為任何女人都不應該閱讀惠特曼的這部詩集 —— 她這句話說得好像是只有男人可以閱讀這

部作品，而女人就不能閱讀了一樣。當然，華特・惠特曼並沒有在這部作品裡給我們傳遞出任何人生經驗。如果我們對此感到震驚的話，就應該反思我們應該去找尋怎樣的人生體驗呢？

總而言之，在我看來，惠特曼的這部作品無論做出怎樣的刪減，都是一部非常勇敢的作品，充滿著美國的氣息。我認為，在這片土地上那些所謂的布道演說加起來，都無法比惠特曼的這部作品帶來更大的衝擊力。

我們應該為惠特曼的成功感到高興。他有時會談論一些超越人類的事情。你無法拿布魯克林或是紐約的其他人來混淆他的感覺。當這些人閱讀惠特曼的這部作品，他們肯定會激動得渾身顫抖。因為，惠特曼實在寫得太好了。

不過，我有時也會感覺自己被欺騙了。惠特曼展現出來的善意與寬容的態度，可以讓我處於一種開放自由的心態，從而感受他所創作出來的詩作 —— 讓我彷彿置身於一座山丘或是廣闊的平原中間 —— 這能夠激蕩我的心靈，然後我感覺自己彷彿置身於鋼筋水泥之中。雖然這樣的轉變有些粗暴，甚至說會讓人掃興，但這些都是代表著原始情感的詩歌 —— 就像美國軍營裡的警報聲或是號角聲。這樣的感覺就像東方的神祕主義思想。當我詢問他是否有這樣的感受，他回答說：「沒有，跟我說說你的感受。」

我與他的對話並不是非常深入 —— 只是有過兩次見面聊天的機會，說了一些瑣碎的事情。我還記得有人說他的作品代表著美國，因為我從來都不怎麼關心政治之類的事情，所以我感覺這樣的問題會讓他很掃興。

因為我剛剛見過他，所以他在書中的自吹自擂或是表現出來的自我主義，並不會讓我感到厭惡。他有可能是我們所有人中最不自誇的人，因為他對相信每個人都應該更加自信自己的能力。

他是一個不錯的傢伙。

同一年，愛默生在寫給卡萊爾的一封信裡也談到了惠特曼：

「今年夏天，紐約出版了一本書。這本書就像難以用語言形容的野獸，但這頭野獸卻有著一雙可怕的眼睛與水牛般的力量，並且具有不容置疑的美國氣息 —— 我準備將這本書寄給你看看。但是，當我將這本書拿給其他人看的時候，他們都給出非常差的評價，可能這些都是想要追求更高道德標準的人，但我的看法與他們很不同。現在，我再次相信自己的判斷。這本書是《草葉集》，是紐約布魯克林一位熟練的印刷工人華特·惠特曼創作的。如果你在讀完這本書之後，認為這只是拍賣商展現自己的一些存貨而已，那麼你可以將這本書燒來點菸[129]。」

一個事實似乎會給所有拜訪者留下深刻的印象。這些拜訪者不僅沒有發現惠特曼是一個「有著可怕雙眼以及水牛般力氣」的人，反而發現他是一個性情安靜、行動緩慢的人，說話時聲音洪亮，為人內斂，從來不說粗口，行為端正。總而言之，他的形象與他在《草葉集》裡所表達的思想大相徑庭。惠特曼發自內心地歡迎所有的拜訪者，認真聆聽著他們的話語，從來沒有想過要讓自己占據主導的話語權。他似乎非常享受這樣一種不受限制的休閒感覺。他對物質方面的需求也非常簡單。他每天很晚起床，根據自己的靈感來進行寫作或是閱讀，經常在下午或是晚上的時候乘坐渡輪前往紐約，他會乘坐好幾個小時的公共馬車，與馬車夫聊天，或是在百老匯大街的百福商店上閒逛一下，或是與一些年輕的報人進行聊天。此時，他非常喜歡被別人說成是《草葉集》一書的作者的那種滿足感。他非常友善地對待自己所認識的人，如果他急需錢的話，會向他們借一點錢，但他總會按時還錢。當時，他說服了一位剛剛結婚的文學界朋友，將他的所有零用錢都借給他。之後，惠特曼將這筆錢用於投資生意。他的朋友後來打

129　出自《愛默生與卡萊爾的通信錄》，1883 年出版。

第三章　《草葉集》

官司，希望能夠要回這筆錢，但卻沒有成功。在投資生意方面，詩人做的都是最差的。

在這時，惠特曼曾想過要成為一名到處發表演說的演說家，以此來維持自己的生計。按照他一開始的估計，每張演說門票大約是十五美分左右。之後，他認為有必要將門票的價格降低到十美分，但他的這個計畫最終還是無疾而終。一份美國的初級讀本期刊就曾對惠特曼的這件事進行了一番缺乏深入研究的報導，指出了惠特曼之前曾有這樣的嘗試，但最終都沒有取得成功。惠特曼的確在口頭語言表達以及演說手勢方面進行了練習，並且還對在美國不同地區想要成為一名受歡迎的演說家進行一番研究。惠特曼一直都希望能夠成為像愛默生那樣的優秀演說家，但是他卻始終沒有找到合適的方式去這樣做。他的朋友奧康納與約翰·斯文頓[130]之後曾嘲笑惠特曼想要成為演說家的念頭，因為惠特曼不習慣口頭言辭的表達，而且他的舉止十分僵硬，很難成為一名真正的演說家。直到惠特曼臨死前，他在演講臺上的風采都沒有表現出他具有一名成功演說家的氣質。當時，他的聲音較為尖銳，加上他普通的外部形象，很難給聽眾留下深刻的印象。

對於那些天生的演說家們而言，1850 年代的政治經濟環境是更加適合他們的，而這樣的政治經濟環境對惠特曼來說則是不利的。當時，一場猛烈的商業危機席捲了整個美洲大陸，這讓很多原先對自身經濟狀況感覺良好的家庭都開始擔心自己的財富。當時政壇的鬥爭也非常激烈，整個國家都有慢慢地陷入南北內戰的危險。關於當時美國所出現的一些極為重要的衝突問題，惠特曼是深有同感的，他依然像過去那樣自由地表達自己的觀點。此時，他已經脫離了民主黨，變成了一名支持自由土地的堅定廢

130　約翰·斯文頓（John Swinton, 1829～1901），蘇格蘭裔美籍記者、報人和演說家。

奴主義者。在讓惠特曼內心的激情迫使他創作出了《草葉集》之後的六年裡，他的內心幾乎完全專注於個人的情感，更加專注於人與宇宙之間的龐大的關係。在南北內戰爆發之前，他對政治的關注已經不是那麼強烈了。從 1857 年到 1860 年，他全身心地繼續投入到創作自己的作品，創作出了一百首全新的詩歌，修改之前已經創作出好的一些文章。無論是在當時還是之後，他都非常認真小心地進行著創作，就像年老的排字工人有著頑固的追求，對每一個標點符號或是大寫字母都要進行一番修改。在創作某一首詩歌之前，他通常都會提前準備好一大串同義詞或是意思相近的詞語，好在創作的時候可以派上用場。他會在詩歌的創作中嘗試使用不同的詞語，直到這些詞語在他耳朵裡聽起來比較順耳。他在這個時期兩部比較重要的詩集分別是《亞當的孩子》以及《菖蒲》。在《亞當的孩子》這部詩集裡，他將之前所談到的一切關於男女之間性關係的內容都收錄起來 —— 準備之後再也不談論這個讓他飽受批評的主題。在《菖蒲》這本詩集了，他依然保存了讓讀者十分難懂的一些神祕主義詩歌。他在這部詩集裡宣揚了男人之間的友情。他還為整個詩集寫了一個序言與後記，就像華茲華斯當年為《遠足》以及《隱居》等詩集寫序言與後記一樣。

到了 1860 年，惠特曼再次準備找尋出版商來出版他的這些詩集，他在波士頓找到了一家願意出版他詩集的出版商 —— 塞耶和埃爾德里奇出版公司，創建人是塞耶[131]先生與埃爾德里奇[132]先生。他們將自己的名字放在詩集的封面上，出版的時間大約是在 1860 年到 1861 年左右。之前詩集

131　塞耶（William Wilde Thayer, 1829～1896），美國出版人、報紙編輯、記者和廢奴主義者。曾與埃爾德里奇 1860 年創辦塞耶和埃爾德里奇出版公司，出版過詹姆斯·雷德帕斯、查爾斯·薩姆納和華特·惠特曼的作品等，一年後倒閉。

132　埃爾德里奇（Charles W. Eldridge, 1811～1882），美國出版人。曾與塞耶 1860 年創辦塞耶和埃爾德里奇出版公司，出版過詹姆斯·雷德帕斯、查爾斯·薩姆納和華特·惠特曼的作品等，一年後倒閉。

第三章　《草葉集》

裡惠特曼的肖像這次被放棄使用了，取而代之的是惠特曼的一副全新的肖像，這幅肖像是查爾斯·海恩 [133] 在 1859 年為惠特曼所畫的。雖然這幅肖像上惠特曼的面容看上去不是那麼討好，但是肖像卻沒有之前那幅肖像傳遞出來的不良感官影響，消除了許多讀者的不滿。這部詩集大約有四百五十六頁。遺憾的是，在這部詩集賣出了四千到五千本之後，印刷這部書籍的鉛版卻落到了紐約一位名叫沃辛頓 [134] 的出版商手中，他在沒有支付版稅的情況下印刷了很多詩集。

當這部詩集在出版的時候，惠特曼一直在波士頓，在這裡結交了一些很好的朋友。他是在 1860 年 3 中旬到來這裡的。4 月，在當時的編輯羅威爾的要求下，《大西洋月刊》刊登了惠特曼的詩歌〈吟遊詩人的象徵〉，之後這首詩歌被改名為〈我與生命的大海共起落〉。惠特曼的名字沒有出現在署名上，因為那個時候很多投稿給《大西洋月刊》的作者都是沒有署名的，但是我們還是可以清楚地知道這首詩歌的作者就是惠特曼。惠特曼的出版商埃爾德里奇是一個有著文學品味的人，他後來也成為了惠特曼的崇拜者與一直來往的人。埃爾德里奇的朋友奧康納當時正忙著為塞耶和埃爾德里奇出版公司創作一本名叫《哈靈頓：真愛的故事》（*Harrington: A Story of True Love*）的小說。他就是在出版商的辦公室裡第一次見到了惠特曼，彼此間成為了好朋友。後來，他們在華盛頓再次見面了，奧康納出版了一份非常著名的小冊子，為惠特曼進行辯護，這本小冊子的名稱就是《白髮好詩人》。惠特曼當時所結交的另一位朋友是 J.T. 特羅布里奇，他是一個小說家與詩人，當時正在創作一篇他與惠特曼第一次見面時候的故事。他第一次見到惠特曼的時候，發現一個身材魁梧、頭髮花白的人正在

133　查爾斯·海恩（Charles Hine, 1826～1871），美國肖像畫畫家。惠特曼的朋友。

134　沃辛頓（R. W. Worthington, 1817～1895），美國出版商，沃辛頓出版集團創始人。

一個昏暗的辦公室裡閱讀著樣章。惠特曼一開始與他的對話，讓他感到很失望。但在接下來的週日，在特羅布里奇的家裡，他自在地與特羅布里奇進行交流，特別是談到了他對愛默生的感激之情，說愛默生幫助他更好地「幫助自己」、「得到了愛默生的鼓勵之後，我感覺自己正處於一種即將爆發的狀態。」惠特曼當時說了這個有趣的隱喻。「愛默生讓我處於這樣的狀態。」愛默生本人之前已經在布魯克林拜訪了惠特曼，之後也會經常過來看他。關於愛默生與惠特曼之間的對話，保存於惠特曼在 1881 年 10 月所寫的一篇懷念文章裡：

「二十一年前，我與愛默生先生沿著培根大街走了兩個小時，當時培根大街的兩旁種植著古老的榆樹，當時是二月晴朗的一天。當時的愛默生看上去依然充滿活力，有著健壯的身體，充滿了道德的磁性。他對每個問題的看法都是那麼的中肯。可以說，要是愛默生願意的話，他完全能夠充分發揮自己的影響力，引導著民眾在情感與智慧方面的前進方向。在這兩個小時裡，愛默生是說話的那位，而我則是認真聆聽的那位。這是一場充滿著論證味道的談話。愛默生說話的方式有點像打仗，一開始是偵查，然後是了解敵軍的動向，接著是發動進攻，最後取得勝利。（這就像一支軍隊有大炮、騎兵與步兵一樣）。他談到了我所創作的詩集《亞當的孩子》，他給予了我很多鼓勵。愛默生的鼓勵要比一切黃金都更為重要。這給我帶來了奇怪且難以言喻的滿足感。愛默生為我提出的創作意見都是我無法反駁的。沒有任何一名法官的判決能夠比他更加讓人感覺全面公允且無法反駁的了。在這之後，我從未聽到過第二個人能夠提出比他更加中肯的意見。當時，我感覺自己的靈魂深處出現了一個極為清晰的信念，就是一定要遵循愛默生的教導，勇敢地追求屬於自己的寫作風格。愛默生當時說：『你當時會對那些事情做出什麼樣的評價呢？』愛默生說完停頓了。

第三章 《草葉集》

『我也無法對此進行任何評價,但是我感覺堅持自己的創作理論要更加重要,我所要做的只是找尋合適的方式去加以論證而已。』我做出真誠的回答。在結束了兩個小時的步行談話後,我們在美國飯店吃了一頓豐盛的晚餐。之後,我就再也沒有為內心產生的疑惑而感到動搖了。(我必須要坦誠,在這之前我的內心出現了兩三次的動搖與自我懷疑。)」

愛默生與惠特曼在波士頓的另一位朋友,是惠特曼在這個時候第一次認識的,他就是泰勒神父。當時他是一名水手牧師。惠特曼好幾次都專門前去聆聽泰勒神父發表的布道演說,經常因為泰勒神父所做的祈禱而滿臉淚水,認為他是那個時代「絕對完美的演說家」。之後,惠特曼度過了修改校樣的幾週空閒時間,認識了一些好友,之後就在六月分的時候返回了紐約。

在當年八月某個晚上,豪厄爾斯先生在百福商店舉辦的週六出版人社交圈裡見到了惠特曼,他後來用文字記錄了,「惠特曼靠在椅子上,向我伸出他那雙有力的手,他似乎要給予我一切的真誠情感。他有著英俊的面容,頭髮有點類似於朱比特神,蓄著鬍子,一雙柔和的眼睛盯著我看,似乎在向我表達著我所追求的美好理想。雖然我們之前沒有什麼交流,但是我們之間的認識過程完全可以透過眼神的交流以及彼此的握手來結束。」

在接下來的一年裡,惠特曼似乎沒有做出什麼事情。在 1861 年春天,南北內戰爆發了。塞耶和埃爾德里奇出版公司無法收回他們的貨款,因此《草葉集》第三次成為了一本沒有出版商願意出版的書。在過去六年的時間裡,惠特曼一直將最大的努力與心血都傾注在這本書上,但是他唯一的收穫就是少數的崇拜者,還有幾百人知道他正是創作出這本奇怪且不得體書籍的作者。但是,惠特曼總是淡然地面對這些事情,就像一個他所欣賞的馬車夫一樣「無論生意好還是生意差,都應該照樣好好工作。」至少從

表面上來看，惠特曼似乎不再關心自己在文學界裡的名聲了。

如果說在 1860 年到 1861 年間惠特曼有什麼固定工作的話，可以說他是一個志願照顧傷患與殘疾的馬車司機的護士。聖約翰・羅莎[135] 醫生在 1860 年擔任紐約百老匯地區一間醫院的醫生，他在 1896 年就對惠特曼當時的工作進行了有趣的描述。當時的惠特曼總是穿著一件藍色法蘭絨外套與背心，穿著帶狀褲子，裹著一件露出喉結的毛料襯衫，可以自由地出入醫院。惠特曼經常為看到他那些受傷的朋友所遭受的痛苦而動容，但是他還是盡自己最大的能力去安撫他們。因此，醫院裡很多年輕的醫生在看到他的身影之後，內心都會產生一種安慰的感覺。他經常談論書籍與詩歌，但從不談論自己。當醫生不在的時候，他經常會與這些病人一起前往百福商店去喝一杯啤酒。他一直都不抽菸，但他有時會與那些習慣抽菸的年輕醫生一起坐上好幾個小時，聆聽他們的對話，然後慢悠悠地回到醫院工作，之後在回到他在布魯克林母親居住的家裡。此時的惠特曼無論在外在形象還是內心世界都出現了巨大的變化，他不再是當年那位衣冠楚楚的年輕編輯了，不再帶著高頂帽、拄著手杖或是別著襟花了，不再像二十年前那個年輕人在百老匯大街上邁著輕盈的腳步前進了。

135　聖約翰・羅莎（Daniel Bennett St. John Roosa, 1838 ～ 1908），美國著名醫生。

第四章　內戰時期

第四章　內戰時期

「那些加入軍隊，為保護聯邦共和國浴血沙場的年輕人是好的！但是，當世人開始慢慢知道，有這樣一個人完全是出於內心的仁慈與善意，不分日夜地照顧那些身負重傷的士兵，全身心地投入到拯救他們的健康，從來沒有想過要獲得任何別人的讚美與歡呼的時候，我們必須要說，他做的更好。」

—— R.M. 巴克

1861 年 4 月 12 日，隨著南方盟軍對薩姆特城堡的炮轟，南北內戰爆發了。這條爆炸性的新聞在當天晚些時候傳到了紐約。惠特曼當時正在第十四大街的戲院裡看戲，在晚上十二點的時候正沿著百老匯大街走著。此時，他聽到了報童大聲吆喝著「號外！號外！」的聲音。他買了一份報紙，接著馬上走進大都市飯店燈光明亮的地方閱讀。此時，一群人已經聚集起來了，他們都靜靜地聽著一些人大聲地叫著「號外」的聲音。當這陣聲音消失後，大家爭論的時候已經過去了。

在接下來的十八個月裡，我們幾乎找不到有關華特·惠特曼的任何消息。他的弟弟喬治比惠特曼年輕十歲，在得知了戰爭爆發的消息之後，馬上加入了紐約第五十一志願兵團，這是一個主要由布魯克林年輕人組成的軍團。7 月第一次牛奔河之役[136]爆發，雙方傷亡慘重，而華特·惠特曼當時正在家裡。在這段時間裡，他一直在家裡呆著，直到喬治在 1862 年 12 月維吉尼亞州的菲德里克斯堡之役[137]裡身負重傷。此時，惠特曼內心的

---

[136] 第一次牛奔河之役（Battle of Bull Run），1861 年 7 月 21 日發生在美國維吉尼亞州的馬納薩斯和布爾河附近，是第一場南北戰爭中的重要戰役。南軍在石牆傑克森將軍的率領下，打破了北軍進攻里奇蒙的計畫，也稱「馬納沙斯之役」。

[137] 菲德里克斯堡之役（Battle of Fredericksburg），美國南北戰爭中期（1862 年末）的一場重要戰役，場面浩大，參與將士達十八萬人，為期 5 日（12 月 11 日至 12 月 15 日）。此戰役中，聯邦的波多馬克軍團承受了慘重的傷亡，而邦聯的北維吉尼亞軍團則以打敗敵軍換取聖誕節的平安。

掙扎與痛苦，可以從他的《擂鼓集》裡看的出來 —— 這是惠特曼主要在1862 年底創作的詩集 —— 後來又加入了一些散文式的回憶錄 [138]。至於惠特曼一開始是否產生要加入志願兵團的念頭，我們無從得知。1864 年 4 月10 日，當時的惠特曼身為志願護士已經照顧傷兵有好幾年的時間了。他在一封寫給母親的信件裡這樣說：「這場戰爭必須要繼續下去，如果我認為自己在戰場上可以實現比現在更大的用處，那麼我肯定會參軍。我不知道自己當時會有怎樣的想法，但我肯定會這樣做的。」任何針對惠特曼不去從軍的批評都是短視的，因為這樣的批評就好比批評惠特曼不親自扛著滑膛槍上戰場與敵軍作戰。惠特曼是一個有力量、勇氣與愛國情懷的人，這點是我們無法去質疑的。惠特曼在另一個比真實戰場更加可怕的「戰場」裡履行著自己對這個國家的職責。只是，惠特曼「缺乏一種好戰的本性」 —— 正如歌德在談到許多人指責他不去從軍一樣，他也是說「自己缺乏一種好戰的本性」。我們也很難想像，要是惠特曼真的前往戰場，他會成為一名勇敢作戰的士兵。身為真正的士兵，必須要有無條件服從的天性、靈活的行動以及泯滅個人的任何其他想法，顯然這些都不是惠特曼所具備的。正如惠特曼那些教友派朋友們所說的，他的「使命」是要拯救生命，而不是奪去生命。因此，在這段「讓人渾身顫抖且步履維艱的歲月裡」，惠特曼幾乎都沒有怎麼回去探望他的母親，每天都是待在戰地醫院裡照顧著那些受傷的士兵，為那些受傷的士兵閱讀一些描述聯軍正穿越曼哈頓，準備前往南方作戰以保衛古老的聯邦共和國激動人心的消息。

在戰爭爆發第二年的晚些時候，住在布魯克林波特蘭大街的惠特曼一

138　在 H.B. 賓斯所創作的《華特·惠特曼的一生》一書裡，就談到了惠特曼在 1861 年 4 月 16 日所寫的一篇手稿：「從這一天的這刻開始，我下定決心一定要讓自己成為一個更加純粹、完美與友好的人，我只喝純淨水與牛奶，再也不喝任何酒精類的飲品，再也不吃肥肉了 —— 我一定要想辦法擁有一個健壯健康的身體。」

第四章　內戰時期

家人在得知了喬治在 12 月 13 日戰鬥負傷的消息之後，都大為驚駭。惠特曼立即離開家，前往前線。他口袋裡的錢在來到費城之後被人扒走了，因此當他來到華盛頓時，已是身無分文。他在華盛頓度過了無比焦急的兩天時間，每天都在搜尋著有關弟弟的消息。幸運的是，他偶爾碰到了他在波士頓的朋友奧康納，此時奧康卡在燈塔管理局擔任一名職員。奧康納當時愉悅地對惠特曼說，扒手的盜竊行為絕對不能讓惠特曼為自己身無分文而感到恥辱，反而給他帶來了意想不到的幫助。在 19 日，惠特曼抵達了維吉尼亞州法爾茅斯地區的紐約第五十一志願兵團的營地，這裡距離菲德里克斯堡很近，距離華盛頓大約只有二十五公里左右。此時的喬治是一名沉默且堅強的步兵上尉，剛剛擺脫了生命危險。華特在見到喬治還活著的時候，馬上用電報發給家裡這個好消息。在接下來的八九天裡，惠特曼留在軍營裡照看那些思念家鄉與身負重傷的士兵。這些士兵所遭受的痛苦給他的心靈帶來了強烈的衝擊。當他與一些身無分文的受傷士兵一起回到華盛頓的時候，他下定決心絕對不能丟掉他們。

奧康納夫婦非常熱情地為惠特曼清出了一個房間。哈普古德少校當時是一名軍需官，他手下的一名臨時職員是埃爾德里奇，他就是 1860 年因為出版《草葉集》而破產的出版商 ── 當埃爾德里奇見到了惠特曼之後，立即為惠特曼提供了他辦公室裡的一張桌子，惠特曼的工作就是每天空出兩三個小時用來抄寫檔。在這幾天的時間裡，惠特曼就開始感覺自己要無限地留在這個地方，他開始創作一些長詩，講述他在戰地醫院裡看到的那些「可憐的人」。與此同時，他也與布魯克林及紐約的一些報紙進行通信，為這些當地的報紙做一些苦工。在二月分的時候，他給西沃德、查斯、薩姆納以及其他政治領袖寫信，希望能夠獲得一份讓他勉強糊口的工作。但他的內心感到猶豫了，因為他沒有任何的背景，也沒有人撐腰。但

是，他最後還是給西沃德與查斯寄去了信件，雖然薩姆納「無論是說話還是行動，似乎都充滿了生命力」。但他寄出去的信件在兩年之內都是石沉大海。在三月分的時候，他的內心突然想到了他放在布魯克林家裡的手稿。他在給母親的一封信裡這樣寫道：「母親，當你與傑夫再次給我寫信的時候，請記得告訴我的文章與手稿都已經保存好了。要是我的那些手稿散落不見了或是被糟蹋了，我會感到非常難過的。特別是藍色封面的那本《草葉集》以及那本《擂鼓集》的手稿。那些手稿都用繩子系成了一個長方形，上面用書套套著的。我希望你幫我好好地保管這些手稿。」

但是，對於那時的惠特曼來說，創作已經不是一件迫切的事情了。在 1863 年最初的幾個月裡，華盛頓已經變成了一個龐大的醫院，有超過五萬名受傷的士兵正在忍受著痛苦。諸如專利局甚至是國會大廈這樣的公共建築都被設置為臨時的醫院。在華盛頓這座城市裡，還有十幾個規模龐大的醫院營房，其中最大的一個醫院營房就是兵工廠廣場的營房，位置靠近賓夕法尼亞火車站。簡陋的醫院營房散落在城市郊區貧瘠的斜坡上。軍醫與護士門都盡自己最大的努力去拯救手上士兵的生病，但他們所擁有的資源實在是太過有限了。因此，當時的整個救治形勢非常嚴峻。此時，惠特曼展現出了他最高尚的品格。身為一個從小在布魯克林長大的男孩，他就知道自己有責任去照顧那些受傷的士兵。可以說，惠特曼是一位天生的護士，這可能與他過去經常前往紐約醫院看望那些病人的經歷有關。看到了醫院的人手遠遠不夠，他知道這是自己可以派上用場，做出貢獻的時候了。因為很多專業護士根本沒有時間，給予每一位受傷的士兵足夠的關愛與護理。他從來不去計較哪些受傷的士兵是屬於政府軍或是叛軍。他為那些臨死士兵寫最後的家書，為他們寫寄給妻子或是女友的最後信件。對於那些還可以自己寫信的士兵，他也會為他們購買信紙與郵票。無論是白天

第四章　內戰時期

還是夜晚，他都會背著一個乾糧袋在醫院裡巡視，一看到有士兵說自己很餓，他就會拿出乾糧袋分一些食物給他們吃。有時，他會帶上一些柳丁、蘋果、檸檬、菸草或是一些有趣的讀物，然後分發給那些需要的受傷士兵。當然，很多來自布魯克林、波士頓、塞勒姆與普羅維登斯的人 —— 其中就包括了詹姆斯·雷德帕斯、愛默生與溫德爾·菲利普斯 —— 都紛紛寄一點錢給惠特曼，讓他將這些錢轉交給那些身無分文的士兵。惠特曼沒有什麼可以給予這些負傷的士兵，但他會給予他們無微不至的關懷，說些充滿愛意的話語。有時，他會在受傷士兵的床邊大聲地閱讀一些書籍的內容，或是與他們玩「二十個問題」之類的遊戲。在面對那些負傷嚴重的士兵，他會進行長達數小時的護理，用他那充滿善意與溫和的笑容去撫慰他們痛苦的身軀，讓他們的靈魂充滿著柔和的憐憫心。在惠特曼寫給母親的一封信裡，他用非常樸實的語言描述了一個典型的事例。這個事例是很多惠特曼的傳記作者經常引用的：

「7 月 22 日這天下午，我與紐約第 154G 連隊的奧斯卡·F·威爾伯一起度過了很長時間。當時的威爾伯患上了慢性腹瀉，而且身負重傷。他要求我給他閱讀《聖經新約》一個章節的內容。我答應了。我問他要我讀哪一個章節的內容。他說：『隨便你。』於是，我打開了《聖經新約》福音書部分的內容，閱讀了耶穌基督人生最後時刻的遭遇，並且讀到了耶穌基督被釘死在十字架上的場景。這位可憐且奄奄一息的年輕人要求我繼續讀下一章的內容，說想要聽聽耶穌基督是如何重生的。我非常緩慢地閱讀著，因為此時奧斯卡的身體已經極為虛弱了。我的閱讀讓他感到非常滿意，但是，他的眼睛卻充滿了淚水。他問我是否信仰宗教。我說：『我親愛的，我也許不像你那樣信仰宗教。或許，這都是同一回事。』威爾伯回答說：『信仰上帝是我人生極為重要的精神支柱。』接著，威爾伯談到了

死亡，他說自己不懼怕死亡。我問：『奧斯卡，難道你不認為自己會好起來嗎？』他回答說：『我也許能夠好起來，但看起來不可能了。』他用非常平靜的口吻談論著自己的身體狀況。因為他所受的傷太嚴重了，這消耗了他太多的身體能量。之後他所患的慢性腹瀉讓他奄奄一息。我感覺那個時候的他已經是奄奄一息了。但是，他依然表現出了足夠強大的男人氣概與情感。當我看到他痛苦地輾轉反側的時候，我親吻了一下他的額頭。他將他母親的通信地址告訴了我，他的母親是薩利·D·威爾伯，地址是紐約卡塔勞格斯亞利加尼郵局。之後，我與威爾伯進行了幾次的對話。幾天之後，他就去世了。」

　　按照惠特曼的說法，他照顧受傷士兵的方式是「給予每個傷患個人的關懷，全身心地投入進去，同時展現出無限的人性關懷與愛意。」他認為，當受傷士兵們看到一個有著憐憫之心的男女去照顧他們，不斷給他們帶來愛意與情感，這是要比任何藥物都更奏效。很多接受過正規醫學訓練的軍醫經常看著這些頭髮花白的仁慈詩人在醫院裡走來走去安慰病人，也認為惠特曼的做法是正確的。

　　幾個月後，他感覺自己慢慢失去了以往的活力。在他寫給母親的一封信裡，他談到了「在面對死亡與可怕的手術時，他依然能夠保持淡然的心態。但是，當我在戰地醫院忙完幾個小時之後，獨自走在回家的路上，回想起發生在戰地醫院的可怕情景，我會感覺到噁心，渾身都會情不自禁地顫抖起來。」到了五月分的時候，錢斯勒斯維爾戰役[139]所造成的大量傷患都被送到了華盛頓的戰地醫院，有時一天就會送來一千名受傷的士兵。醫生們都警告惠特曼不要長期呆在戰地醫院裡，因為醫院裡的空氣充滿了細

139　錢斯勒斯維爾戰役（Battle of Chancellorsville），美國南北戰爭期間主要戰役之一，發生於 1863
　　年 4 月 30 日─ 5 月 6 日。

第四章　內戰時期

菌，是非常不乾淨的。但是，惠特曼下定決心要與那些身負重傷的士兵們在一起，好好地照顧他們。在七月分的時候，爆發了傷亡極其慘重的蓋茨堡之役 [140]。此時，他那位熱心的朋友奧康納已經搬到了另一棟房子居住，但是惠特曼在之後的一段時間裡，依然住在他那間狹小的房間裡，每天做一頓簡單的早餐，然後在飯店裡買好這一天另外一餐的飯菜。他將自己所能節省下來的每一分錢都用到了照顧傷患上面。此時，他的腦海裡重新泛起了要靠演說來賺錢的念頭，但是他認為在當時那個環境下這麼做是非常不適合的。

隨著夏天的到來，溫度越來越高，戰地醫院的狀況變得越發糟糕。有一次，惠特曼親眼看到了林肯總統，當時的林肯總統在戰地醫院裡視察。「他的面容看上去要比以往更加的憂傷。」惠特曼在日記裡這樣寫道，「他的臉上像是被刀子一刀一刀劃出了很多深深的皺紋，然後被縫合線連接起來。他看上去一臉黝黑，臉上沒有一絲的光芒 —— 他是一個充滿著魅力的人，但給人一種非常悲傷的感覺。」在八月分的時候，惠特曼在寫給母親的信件裡，就談到了自己內心感受到異乎尋常的壓抑感：「我認為這個世界充斥著太多的痛苦了。如果某些人從來沒有產生過這樣的痛苦感覺，這是因為他們從未想過要去了解別人。有時，感受別人的痛苦要比親自感受自己的痛苦更加糟糕。」他的弟弟安德魯此時身患重病。「傑夫」現在已經是一個男孩的父親了，還在想辦法照顧他年邁的母親，但他有可能會被徵召入伍。家庭所面臨的重重壓力落在了惠特曼的身上，他柔軟的心靈每天都對戰爭所帶來的可怕後果感到無比反感。「母親，每個人的內心都

140　蓋茨堡之役（Battle of Gettysburg），1863 年 7 月 1 日至 7 月 3 日於賓夕法尼亞州蓋茨堡及其附近地區爆發，是美國南北戰爭中最血腥的一場戰鬥，經常被引以為美國南北戰爭的轉捩點。聯邦軍喬治·米德少將所率的波托馬克軍團抵擋由聯盟國軍的羅伯特·李將軍所部北維吉尼亞軍團的進攻，獲得決定性勝利，終結了李將軍第二次，也是最後一次入侵美國北方各州。

會對戰爭深惡痛絕。當你真正看到戰爭的可怕一面，就會深刻感受到戰爭的無比殘酷性。我在戰地醫院裡工作的時候，經常會感到恐怖，對那些可怕的場景感到無比的噁心 —— 在我看來，戰爭就是一個可怕的屠宰場，人與人相互進行著相互屠殺的遊戲 —— 我感覺自己無法從這樣可怕的戰爭中抽離出來，除非我們能夠取得戰爭最後的勝利（讓普通的民眾因為戰爭而過著顛沛流離或是痛苦的生活，這的確是一件極為殘忍的事情。）」

　　時間慢慢地來到了十月分。此時，惠特曼搬到了一處新地方居住，這是第六大街 456 號的一間簡陋房屋的一個閣樓房間。居住在這裡的惠特曼開始想念他的母親，希望能夠見上母親一面。但是，他已經身無分文了，沒有錢購買車票前去看望母親。此時，海約翰[141] —— 當時只有二十五歲，是林肯總統的私人祕書，他也是惠特曼的《草葉集》的崇拜者 —— 他非常低調地為惠特曼提供了車費。正如下面這張電報所示：

華盛頓行政大廈，1863 年 10 月 9 日

　　我親愛的奧康納 —— 如果你能夠過來找我，我能夠為你安排好這件事。

尊敬你的朋友
海約翰

　　惠特曼在布魯克林大約呆了一個月左右。他發現母親身心狀態非常好，但是城市的生活已經不像過去那麼美好了。因為戰爭的緣故，很多物資都出現了緊缺的情況。此時，惠特曼的內心產生了一股全新的創新衝動，他能夠再次感覺到自己要成為一名真正詩人的衝動。惠特曼在下面這封寫給查爾斯·W·埃爾德里奇的信件（從未被發表），就說明了這點：

141　海約翰（John Hay, 1838～1905），美國作家、記者、外交家、政治家，曾任林肯總統私人祕書，後於威廉·麥金萊和狄奧多·羅斯福等總統時期任國務卿。

第四章　內戰時期

布魯克林，1863 年 11 月 17 日

　　我親愛的朋友：我認為內利已經收到了我的來信，他肯定會告訴你我現在所做的一些事情。要是你有什麼信件想要寄給我的話，請在週六之前寄到這個地址吧。在那之後，請你不要再將信件寄到布魯克林了，因為我在下週一或是週二就要回來了。過去三天，這裡的天氣非常的糟糕，每天都下著雨。昨晚，我前去戲院看戲 —— 威爾第的歌劇作品《吟遊詩人》[142]，歌者的歌唱與演員的表演都非常賞心悅目。

　　我感覺自己必須要將更多的人生精力專注於創作之上，也就是創作出更多的詩歌。我必須要完成《播鼓集》的創作。我必須要繼續創作出更多傑出的詩歌 —— 現在，我感覺正處於創作的巔峰期 —— 我應該繼續在人生的這段高峰期上行走，更好地利用接下來幾年的創作高峰期。當我度過了這段創作高峰期之後，我會淡然地從這個階段走下來。當我這次從布魯克林回到華盛頓之後，我感覺到無論是城市的生活還是其他的事物，似乎都變得更加輕浮與膚淺了……我在紐約那邊的朋友們都非常的友善，也許他們對我實在是太友善了 —— 要是我在那裡繼續待上一個月的話，那麼我肯定會被他們的善意所扼殺掉的。我這趟旅程最大的收穫，就是看到我的母親依然健康。母親就像一艘老而彌堅的船隻，給予我度過目前困難與沮喪的動力。我的弟弟安德魯因為疾病的緣故，即將要前去天國了 —— 他的大部分時間都是在布魯克林度過的。有時，我認為查理更像一個女人，而不是一個男人。我希望他能夠成為一個追求真正偉大的人，而不是追求那些徒有其表的東西。親愛的朋友，請將我的愛意傳遞給威廉、內利以及少校。

142　《吟遊詩人》（*Trovatore*），是一部四幕的著名歌劇，由朱塞佩·威爾第作曲，義大利文劇本是由巴達爾及卡馬拉諾編寫，《吟遊詩人人》於 1853 年 1 月 19 日在羅馬阿波羅歌劇院首次演出。

挚友

華特・惠特曼

　　十二月初，惠特曼回到了在華盛頓所租的閣樓房間裡。在他從布魯克林回到華盛頓沒多久，安德魯就去世了。此時的惠特曼非常想家，但他還是強忍悲傷，馬上投入到在戰地醫院志願護士的工作。J.T. 特羅布里奇在過去長達一個月的時間裡經常與查斯部長會面，此時的他在惠特曼所在營房的斜對面。他對查斯部長生動地講述了惠特曼這個人，以及惠特曼想要在他手下工作的想法。當特羅布里奇發現惠特曼依然還帶著愛默生推薦惠特曼給薩姆納與查斯的信件之後 —— 此時，愛默生寫這封信已經過去一年時間了 —— 特羅布里奇就懇求查斯部長能夠考慮任命惠特曼一個職位。但是，查斯認為絕對不能任命一個寫出那本「臭名昭著」作品的人，因此這件事就暫時落下帷幕了。查斯將愛默生寫給惠特曼的推薦信收下了，就是為了保存愛默生的簽名。有時，惠特曼會對著特羅布里奇大聲朗讀他所創作的《擂鼓集》手稿。當特羅布里奇回到波士頓之後，想要幫惠特曼找一些願意出版這本書籍的出版商，但卻沒有什麼結果。

　　惠特曼受到了一股強烈好奇心的驅動，想要到戰爭前線看看，認為自己在前線所做出的貢獻也許要比在華盛頓的戰地醫院更大一些。1864 年 2 月，惠特曼在維吉尼亞州的卡爾佩珀呆了幾天。惠特曼在寫給特羅布里奇的一封信裡就談到了他當時的感受：

維吉尼亞州卡爾佩珀，1864 年 2 月 8 日

　　我親愛的朋友：我應該早點給你寫信的，告訴你我已經收到了透過快遞寄過來的一捆書籍，我已經開始認真地閱讀起來了。有時，我還會將一些書拿給那些想要讀書的受傷士兵們看 ——（我發現了一個專門救治馬

第四章 內戰時期

車夫傷患的小規模戰地醫院，這些傷患沒有一本書可以閱讀。我前去那裡之後，將你寄給我的多數書籍都拿給他們去看）── 我已經來到了軍隊的最前線了，目前一切安好。這裡距離南面的總部大約還有四到五公里左右（也就是白蘭地站）── 我們前天與叛軍在那裡爆發了戰鬥（此時，那個地方已經有了警戒線）。我們擔心那些叛軍可能會趁著我們損失慘重的有利條件，對我們突然發動進攻。我們特別擔心他們會透過側翼的行軍，對我方的右側發動進攻。昨晚，我們所有人都準備倉皇撤退了，因為我們都認為叛軍會這樣做。我們已經將所有馬匹都準備好，將所有能夠轉移的物資都打包好。（之前，我們反覆爭奪卡爾佩珀這個地方三四次了）── 但是，我感到睏意十足，躺在床上的時候，睡了非常舒服的一覺 ── 但是，半夜依然會響起軍號聲，讓人不得不要保持警覺。現在，這裡暫時沒有什麼危險 ── 半夜，我聽到有人在尖叫著，我馬上起床，走出軍營去看究竟發生了什麼事情，結果發現是我方的一些士兵從前線回來了 ── 前天，一群龐大的軍隊，大約是三個軍團的士兵從這裡出發，向敵人發動進攻 ── 現在，他們中只有一部分人平安地回來了 ── 在凌晨兩三點的黑暗環境下，看到這一群士兵以方陣的形式返回來，這真是非常有趣的一幕 ── 我與從前線返回來的一些士兵們聊天，他們是多麼的愉悅開心。他們展現出了男人的陽剛之氣與隨和的品格，這些都是我們美國年輕人都必備的一些素養 ── 昨晚，我與阿什比夫人待在一起 ── 她的丈夫（已經戰死）是著名的叛軍將領阿什比的親戚 ── 她為我做了一頓可口的晚餐，為我提供了舒適的床鋪 ── 我們的一些軍官也睡在這裡 ── 她與她的妹妹們就會總是與我進行交談，而且她們表現出非常友善的態度。阿什比夫人穿著一件非常陳舊的衣服，但舉止非常優雅，能夠看得出一個見過世面且接受過良好教育的女性 ── 她的臉上顯得非常

憂鬱 —— 說她已經擔心自己的孩子的生命狀況。她是一個漂亮的中年女性 —— 也是一位過著貧苦生活的女性。我非常同情她的遭遇。我只能希望她那高尚的情感能夠戰勝一切憂鬱的情感。

我親愛的朋友，我要隨著這些戰地醫院而轉移地方了 ——（唉，有多少可憐的年輕女士遭受著戰爭帶來的痛苦啊！）—— 我想要更多地了解軍營的生活以及目睹戰爭的情景，體驗一下前線軍隊在冬天時候的狀況。我親愛的朋友，我還有很多話要跟你說，但我現在必須要停筆了。

永遠忠誠與你的朋友
華特·惠特曼

你給我回信的地址照樣可以寫我之前在華盛頓的那個地址 —— 要是加勒·巴比特從梅森醫院回來的話，他肯定會轉交給我的。我將你的那本書放在查斯先生家裡了。

忠誠於你的朋友
J.T. 特羅布里奇，麻州薩默維爾

在接下來的一個月裡，林肯總統任命格蘭特為聯軍總司令，此時南北戰爭已經進入了最為關鍵的決戰階段了。「格蘭特將軍已經來到了這裡，我們每個人都認為不久就會有一場大戰。」惠特曼在寫給母親的一封信裡這樣說。波托馬克方面的軍隊已經撤離了營地，「荒原之戰」馬上就要開始了。「不管其他人怎麼說，」惠特曼在四月分的日記裡寫道，「我相信格蘭特將軍與林肯總統。」當時，華盛頓方面的戰地醫院要比以往任何時候都要更加擁擠，惠特曼一家人都非常擔心喬治的生死。因為喬治所在的軍團正在執行著格蘭特將軍部署的戰鬥。在 5 月 20 日，惠特曼已經住所搬到了賓夕法尼亞大道 502 號一間位於三樓的閣樓裡。在寫給特羅布里奇

第四章　內戰時期

的一封信裡，惠特曼說「這是一個非常糟糕的地方。」

華盛頓，1864 年 5 月 20 日

　　我親愛的朋友：你捐獻給那些負傷士兵的錢（五美元）已經安全寄到了，這實在是及時雨啊！今天，大多數被送到這裡的傷兵都是身無分文的 —— （有時，我也感覺自己與他們一樣身無分文。我能做的是，就是對他們每個人都傾注個人關愛的情感，了解他們需要一些什麼東西） —— 現在，每個戰地醫院都是人滿為患 —— 兵工廠廣場收治的傷患要比很多新英格蘭地區很多大村落的人口都還要多 —— 我經常會從一個戰地醫院前往另一個戰地醫院，有時根本不分白天還是黑夜。我親愛的朋友，能夠收到你的來信，總讓我感到極為高興。要是你能夠找到其他有能力並且願意幫助這些傷患的人，希望他們能夠多給這些受傷的士兵捐些錢，因為這是目前最急需的。

摯友
華特・惠特曼

我要感謝美國陸軍少校哈普古德的幫忙，才有郵費給你回信。
收信人：J.T. 特羅布里奇。地址：麻州薩默維爾

　　在之後不到一個月的時間裡，惠特曼健康的身體慢慢出現問題，之後也無法恢復。惠特曼在寫給母親的下面幾封信裡，就說明了這件事：

　　「母親，如果這場戰爭還沒有什麼進展的話，我可能也無法繼續待在這裡了。因為我感覺自己正在慢慢地失去健康。我每天都面對著太多受傷嚴重的士兵，面對著太多傷口發炎流膿的士兵，還要面對很多可怕的流血場面。我感覺自己再也無法承受了。」

「我越來越想家了。我想要去追尋一些全新的事物 —— 我已經看夠了受傷士兵們的可怕的面容，我感覺內心已經慢慢地麻木起來了⋯⋯」

「母親，過去一週裡，我感覺身體非常不舒服。我有時甚至出現死一般的昏眩情況，我也會感覺到大腦劇烈的疼痛。」

「戰地醫院的醫生跟我說，我已經在戰地醫院裡待了太長時間了，特別是在受傷嚴重的兵工廠廣場的戰地醫院照顧傷患太長時間了，因此可能感染了一些細菌。」

「我感覺自己目前所患的疾病要比我想像的更加嚴重。」

「在過去兩週裡，醫生們都告誡我，我必須要離開這裡。我需要一個全新的環境，呼吸新鮮的空氣。我認為自己很快會回家待上一段時間。」

回到布魯克林之後，惠特曼安心靜養了半年時間，慢慢地恢復了身體的活力。隨著天氣逐漸變冷，他又準備前去紐約附近的軍事醫院那裡參加志願護士的工作。12 月 11 日出版的《時代雜誌》刊登了惠特曼很早之前的投稿文章，講述他在華盛頓戰地醫院的見聞。在這段時間裡，他經常寫信給奧康納與埃爾德里奇，告訴他們自己的康復狀況，並且經常提到自己正在創作的《擂鼓集》：「只要我還活著，即便是要付出再大的代價，我也要出版《擂鼓集》這本詩集。」在惠特曼的這些信件裡，最為有趣的一封信是在 1865 年 1 月 6 日[143] 寫的。這封信的開頭就談到了他想要申請的一個職位，很快就成功得到了這個職位。

143　我要感謝艾倫・M・卡德爾女士，她之前是奧康納的妻子。她非常大度地將奧康納先生保存下來的信件轉交給我。

第四章　內戰時期

布魯克林，1865 年 1 月 6 日

我親愛的朋友：你在去年 12 月 30 日的來信已經收到了。我之前已經給奧托[144]先生寫信，寄去了自己的申請書，同時還將一份複印信件寄給了阿什頓[145]先生。我在那封信表達了自己希望能夠獲得任命的強烈渴望，我還按照你的要求，談到了自己在戰地醫院照顧士兵以及創作詩歌等事情。

在這個寒冷的冬天，我的《擂鼓集》可能就要出版了（我在過去的許多信件裡都曾提到過這件事）。現在，我也正在加緊修改這本詩集，準備將最為完美的詩集拿給出版商去進行印刷。最後，我終於對這本詩集的內容沒有任何不滿了，我終於感到滿意——我對詩集中的每個用詞以及標點符號都感到滿意。在我看來，《擂鼓集》要比《草葉集》更好一些——當然，要是從藝術的角度去看，《擂鼓集》當然要比《草葉集》更勝一籌，因為這本更加注重情感的表達，能夠讓普通的讀者可以放飛最狂野的想像，同時真正的藝術家也會發現作者對詩歌的情感進行了恰當的控制。但是，我之所以對《擂鼓集》這本詩集感到滿意，就是因為這本詩集將我長久以來困擾我心靈的想法，透過詩歌的形式表達出來（並且是以我喜歡的方式表達出來，而不是以直接的方式表達出來）這本詩集貼合了我們目前所處的這個時代，討論了各種讓人感到絕望與充滿希望之間的強烈衝突。我在詩集裡談到了很多改變、人群、喧囂聲以及震耳欲聾的吵鬧聲（但是，這些東西都被一隻無形的雙手，一個明確的意圖或是思想所控制），然後讓讀者感受到一種前所未有的傷痛，感受著那些英俊的年輕人在美好年華的時候面臨著痛苦與死亡，讓一切事物似乎都染上了血腥的顏

144　奧托（William Tod Otto, 1816～1905），美國內政部副部長、大法官。
145　阿什頓（Joseph Hubley Ashton, 1836～1907），美國律師、最高法院大法官、喬治城大學教授。也是惠特曼的朋友和崇拜者。

色，讓萬物似乎都在滴血。因此，這本書傳遞出來的悲傷情感是前所未有的（難道我們現在所處的這個時代不是一個前所未有的悲傷時代嗎？）但是，這本詩集同時也吹響了嘹亮的號角與雄壯的鼓聲，讓讀者感受到人類最為美好的愛意即便在最為混亂的戰爭時期，依然是貫穿始終的，讓他們能夠在每個片刻的寧靜都能夠感受得到。可以說，這是一本代表著信仰與勝利意志的詩集。

《擂鼓集》不會有《草葉集》所帶來的任何躁動。我對《草葉集》感到滿意（至少目前仍然對其中大部分的詩歌感到滿意），因為那本詩集表達了我內心想要表達的想法，也就是說表達除了我鮮明的個人宣言，表達了自我，或者說，讓美國民眾慢慢地感受到每個獨立個體的個性所具有的強大力量。這是適合西方世界的，適合我們這片土地的。但是，在下一個版本的《草葉集》裡，我肯定會認真地刪除一些細節，或改變一些內容。

正如我在上文所說的，我認為《擂鼓集》要比《草葉集》更加優秀。也許，我只是從藝術作品或是更加簡單的個人品格去看待這個問題，可能還因為我在《擂鼓集》裡刪除了一切額外的語言 —— 我的意思是一切的口頭化語言。我很高興能夠創作出我認為每個詞語都能最好表達我個人想法的詩歌。

不管怎麼說，《草葉集》都是我喜歡的作品，就像我的第一個孩子那樣的親切。《草葉集》也是我人生第一個希望與疑惑的結晶，是我過去某個階段努力與個人願望的一種展現。要是我現在才動筆創作《草葉集》的話，那麼我肯定無法創作出其中的一些詩歌。可見，要是我創作《草葉集》的階段過去了，那麼我就再也創作不了了……

一個月後，他在華盛頓寫了下面這封信給特羅布里奇：

第四章　內戰時期

華盛頓，1865 年 2 月 6 日，星期一

我親愛的朋友：你可能已經看到了我寫這封信的日期了，我已經再次回到華盛頓。現在，我仍然會定期前往戰地醫院照顧傷患，但不再像過去那樣以犧牲自己的身體去做了……我現在的健康狀況非常良好，但自從我去年 7 月臥床不起之後，我已經感覺自己不再像之前擁有那麼健康的身體了。醫生說我的身體已經存在了瘧疾的病菌 —— 這是一種難以消除的疾病，而且還有一些潛伏期 —— 醫生告訴我，瘧疾的病菌遲早會爆發的。這是我第一次感覺到自己失去了健康的身體……

對惠特曼來說，這是充滿幸福的一個月。他的弟弟喬治之前曾被叛軍俘虜了，現在因為戰俘交換，終於回來了。這時候，惠特曼終於獲得了他長久以來渴望得到的任命 —— 在內政部印第安人事務局擔任一名職員 —— 終於落實了。他在 3 月 3 日寫給特羅布里奇的一封信裡這樣寫道：

「我認為，我之前已經跟你說過我在印第安人事務局一天工作幾個小時，就能獲得不錯的薪水 —— 這樣的話，我可以空出幾個小時前去戰地醫院照顧那些受傷的士兵。」

在第二天，林肯總統宣誓就職，開始了第二任的總統任期。惠特曼看見林肯乘坐馬車從國會山出發。「他當時乘坐著一輛非常簡樸的四輪四座大馬車，看上去要比之前更加憔悴與疲倦了。他臉上的皺紋似乎預示著他肩上承擔著無比巨大的重任，他所解決的都是那些關乎許多人生死的重大問題。這些沉重複雜的事務就像一把鋒利的刀子，在他那張深棕色的臉龐刻下了一刀刀深深的皺紋。但在他的那些皺紋下面，卻是包含著一如既往的善意、溫柔與悲傷。」

顯然，這是惠特曼最後一次見到林肯總統的臉龐了。他們兩人從來都沒有進行過言語上的交流。之後，惠特曼回去布魯克林幾個星期，為自費

印刷《擂鼓集》做最後的準備。4 月 15 日，當林肯總統在前一晚遭到槍殺去世的消息傳來時，惠特曼正與母親待在家裡。

「母親準備好了早餐 —— 還是像往常那樣同時準備好了午餐，但是我們倆整天都沒有吃下一口飯。我們都只是喝了半杯咖啡，這就是我們一整天所吃的東西。我們彼此都沒有說話。我們買了那天的早報與晚報來閱讀，還有那幾天的號外新聞，然後沉默不語地交換著報紙來看。」

此時，布魯克林大街兩旁正是盛開的丁香花。丁香花的盛開與彌漫的芳香，讓惠特曼的腦海裡都聯想起了遭到槍殺的林肯總統的悲劇。此時，第一版的《擂鼓集》已經印刷好了，但惠特曼立即開始準備創作讚美林肯總統的輓歌〈當庭園中殘餘的紫丁香花開的時候〉[146]（*When Lilacs Last in the Dooryard Bloom's*），還有一首讚美林肯總統更為簡短的輓歌〈哦，船長，我的船長！〉[147]（*O Captain! My Captain!*）。這兩首詩歌加上其他幾

146　〈當庭園中殘餘的紫丁香花開的時候〉，是 1865 年 4 月林肯總統去世後惠特曼接連寫的三首輓詩中最長也是最成功的一首，它被歷來的批評家們推崇為詩人創作生涯中的第三個高峰。林肯之死給詩人心靈的震撼是那麼深遠，最初兩天他出於茫然無措的狀態，來不及深入理解這一事件的意義，但為了讓正在印刷的《擂鼓集》也披上黑紗，便匆匆趕寫了〈今天讓兵營不要做聲〉這一即興短詩。後來覺得這樣太草率，可能構成歷史性的遺憾，決計將詩集推遲出版，並寫出〈哦，船長，我的船長！〉最後，隨著詩人的震驚、悲慟和激情漸趨平靜、深化，經過較長時間的醞釀和琢磨，〈當庭園中殘餘的紫丁香花開的時候〉才卓然出現。這首詩融匯著作者深邃的沉思、親切的回憶和廣泛的聯想，以史詩般的視野，哲理的概括和夢幻般的色調，達到了意向瑰奇、情思綿邈和氣氛靜穆的境界。它通篇採用象徵手法，透過紫丁香、金星和畫眉鳥三者來寫詩人和人民對林肯的敬愛和悼念。紫丁香首先是時令的象徵，由於悲劇發生時正當它到處盛開的季節，便成了詩人和人民對死者的愛和懷念的見證。金星，它在惠特曼眼中帶有若干神祕色彩，本是希望和幸福寄託的所在，這裡便代表死者，成為詩人哀悼歌頌的對象。畫眉鳥原是惠特曼幼年在故鄉山野認識和熟悉的，是詩人所喜愛的歌者。其次，據說就在詩人醞釀這首詩的時候，他的朋友 —— 博物學家約翰・巴勒斯從林區度假回來，很興奮地同他談起一種灰褐色的畫眉鳥，說牠特別有趣，牠那如長笛般清亮而婉轉的歌喉是「自然界最美妙不過的聲音」，叫起來「更像一首傍晚而非清晨的讚歌，那樣靜穆、優美而莊嚴」。這一動人的描述突然喚醒了詩人童年時的印象，也突然與他對這首輓歌的構思連結起來。因此，可以認為：詩中的畫眉鳥雖然也代表詩人童年心靈和智慧的意義，但主要的是牠那預言家的身分。牠是詩人在困惑和哀傷中尋求啟示的對象，也是生死矛盾之謎的解答者。

147　〈哦，船長，我的船長！〉，林肯逝世後，惠特曼接連寫了三首輓詩，〈哦，船長，我的船長！〉為第二首，與〈當庭園中殘餘的紫丁香花開的時候〉齊名。對於惠特曼來說，林肯是「我的時代和國家的最可愛、最睿智的靈魂」，他衷心地愛戴他。在整個南北戰爭時期，詩人是緊跟林肯前進的，他注意總統的一言一行。在戰爭罪艱苦的時期，他覺得林肯「是以一種超

第四章　內戰時期

首詩歌一起，就構成了《擂鼓集》的續篇，後來分別都印刷出版了。但在很多時候，這個續篇都是與第一版的《擂鼓集》一起銷售的。

《擂鼓集》這本詩集非常恰當地總結了惠特曼在這段漫長痛苦時間裡的內心感受。正如我們所看到的，在戰爭爆發了一年半之後，惠特曼才前去華盛頓。在這個時期裡，他曾在前線待過一段時間，雖然他從沒有目睹真正的戰爭場景。1865 年 4 月之前，他已經在戰地醫院裡呆了二十個月的時間，每天負責照顧受傷的士兵，然後利用自己僅能騰出的一些時間去做一些苦工來養活自己。根據惠特曼那個時候的日記，他在那個時候一共前去了六百趟醫院，照顧了大約八萬到十萬受傷的士兵。但是，所有這些數字都無法充分展現他近距離目睹的希望、恐懼與悲傷所產生的可怕場景，這些場景都是他難以向外人訴說的。正如他本人所說的：「真正的戰爭是永遠都無法從書本上感受到的。」但是，華特·惠特曼的《擂鼓集》卻展現出了南北戰爭時期整個國家的民族精神，以極為深刻的現實主義筆調勾勒出了戰爭的恐怖，同時表現出了人性的光輝與美感。這些都只有最為傑出的文學大師才能夠做到。

在閱讀《擂鼓集》這本詩集的時候，現在的讀者可能依然能夠感受到第一聲警報、隆隆的鼓聲與軍號聲所帶來的那種電流般感覺，感受到當時的士兵對美國旗幟的理想激情，感受到志願軍團們那充滿力量的鬥志，感

凡的技術在駕駛著（美國）這艘巨輪，使之仍然浮起，昂首前進。它不僅不會下沉，而且驕傲和堅決地在全世界面前將旗幟高高舉起，令人望而生畏。」惠特曼喜歡把人生比喻成航程，在這裡是把內戰中的美國比作在海上航行的船隻，而林肯是它的舵手，所以「船長」這一形象在他心目中早已存在。加之，林肯死後那幾天，有一篇新聞報導在廣泛流傳著，說林肯在被刺前夕曾夢見一艘滿帆的船駛入海港，於是一個歷史航程與船長的藝術象徵便豁然出現了。這首詩與後來的〈當庭園中殘餘的紫丁香花開的時候〉不同，它是詩人的喪亡之慟與憂國之情交響融會如波濤浪湧時寫的，有著呼天搶地的情狀和氣韻。然而，它又以傳統格律的形式，全詩整整齊齊 3 節，每節 4 長行 4 短行，最末一行重複，有近於抑揚格的音步，有反覆詠嘆的旋律，讀起來令人想起噠噠的戰鼓聲，與哀悼者緊促的脈搏相應和。這樣講究藝術形式的篇章在《草葉集》中很罕見。

受著他們為民主事業乃至人類的自由做出的犧牲。這些都是惠特曼從死氣沉沉的戰爭中凝結出來的文學結晶。惠特曼在詩集裡描述了行軍與戰鬥的場景：騎兵們迅速穿越淺灘，大炮發出的猛烈爆炸聲以及升騰起來的黑煙，晚上的露營地與戰地醫院，夜間守衛巡邏的士兵，犧牲的士兵的臉龐是那麼的憔悴。惠特曼在詩集裡沒有宣揚南北之間的憤怒與仇恨，而是在這場大屠殺正在進行的時候，以一種預言的口吻去談論著最終的和解與彼此的友愛。與此同時，這場戰爭悲劇所帶來的懲罰最後必須要償還，而最終償還的人只會是那些無辜的平民百姓。〈爸啊，快從田地回來〉（*Come up froom the Fields, Father*）的詩歌是每個對這場戰爭有記憶的美國人讀起來都會潸然淚下。《擂鼓集》裡絕大多數的詩歌在篇幅上是簡短的，在情感上是克制的，並具有一定的韻律 —— 有時甚至是整首詩歌只有一個韻律 —— 在惠特曼的詩歌裡，講究韻律是很不尋常的。〈艾瑟爾比亞人向旗幟致敬〉與〈哦，船長，我的船長！〉這兩首詩歌在結構上是較為普通的，而〈哦，船長，我的船長！〉這首詩歌在很多原先不喜歡惠特曼詩歌的讀者中也廣受歡迎。若是從莊嚴性與情感表達的強烈性而言，《擂鼓集》沒有哪一首詩歌能夠與〈當庭園中殘餘的紫丁香花開的時候〉這首詩歌相比。斯溫伯恩[148]就深受這首詩歌的感動，他說：「這是世界每個教堂所能歌唱的最震撼人心的夜曲了。」四月的丁香花，西邊天空的金星已經下垂，北美畫眉鳥在雪松間歌唱，這些意象都是這首輓歌的三個突出的主題：

「丁香花、金星與畫眉鳥這三個意象交織起來，將我靈魂最深處的想法都表達出來了。」

148　斯溫伯恩（Algernon Charles Swinburne, 1837～1909），英國詩人、劇作家、小說家和文學評論家。

第四章　內戰時期

　　在羅威爾所著的《紀念頌歌》裡，他將這首詩歌稱為內戰期間最具有想像力的一首詩歌。按照他的說法，這是一首可以反覆吟詠的詩歌，只有惠特曼才能反覆使用如此充滿情感的吟誦式詞語，用如此充滿純潔美感的事物來不斷穿插。羅威爾說，在惠特曼這首寄託著對已故總統林肯的讚歌裡，表達了對他無盡的悼念與哀傷：

> 來吧，可愛的，予人以慰藉的死喲，
> 像波浪般環繞著世界，寧靜地到來，到來，
> 在白天的時候，在黑夜的時候，
> 或遲或早地走向一切人，走向每個人的，微妙的死喲！
> 讚美這無邊的宇宙，
> 為了生命和快樂，為了一切新奇的知識和事物，
> 為了愛，最甜美的愛 —— 讚美，讚美，加倍地讚美，
> 那涼氣襲人的死的纏繞不放的雙臂。（節選於〈當庭園中殘餘的紫丁香花開的時候〉）

第五章
職員期間與他的朋友們

第五章　職員期間與他的朋友們

「我閱讀了你的詩歌以及你對他的讚美，我在一些從未聽說
過他名字的地方提起他的名字，我與別人進行過一番爭論，反駁
別人對他的誹謗並且慷慨激昂地發表為他辯護的演說 —— 即便
我不是完全改變自己的想法，我至少也會敞開心扉去思考這些問
題。我饒有興致地觀察著英國所進行的這場爭論。」

—— 喬治・威廉・科蒂斯在 1867 年 10 月 3 日給奧康納的

回信

　　美國南北戰爭的結束並沒有立即改變華特・惠特曼的生活。在內戰結
束接下來的幾個月裡，他仍感覺有必要在戰地醫院裡護理傷患，他每天照
樣抽出時間去照顧他們。但不管怎麼說，他所面臨的壓力的確是漸漸地減
輕了，直到他最後只需要去護理少數正在康復的士兵，只需要在每個週日
下午去戰地醫院就可以。在週日晚上的時候，他經常會前去奧康納家裡
做客，然後一起喝茶。自從惠特曼在 1862 年 12 月身無分文回到華盛頓之
後，奧康納始終熱情地幫助他，讓他度過了這段無比焦慮的時期。當時，
奧康納才只有三十歲 ——「一個內心勇敢、面容英俊、性格隨和、聲音
洪亮且有著一雙閃爍眼睛的年輕人，腳步非常輕盈，給人一種充滿健康活
力且磁性的吸引力，受到每一個認識他的人的喜歡[149]。」他創作了一本優
秀的小說《哈靈頓：真愛的故事》，塞耶和埃爾德里奇出版社於 1860 年將
其出版，但這本小說在面世之後卻沒有取得什麼銷量，這讓奧康納感到心
灰意冷。最後，他只能繼續安心地做著單調的職員工作，將自己卓越的文
學才華掩藏了起來。他一開始在燈塔管理局擔任職員，之後又在救援部門
工作。當他在 1889 年去世的時候，擔任了這個部門的助理總管[150]。奧康

149　出自華特・惠特曼所著的《散文集》，第 511 頁。
150　埃爾德里奇在 1904 年從奧康納德一份年度報告中接選出一些關於救援方面的故事，彙編成了一
　　　本書，在波士頓出版了這本書，書名是《暴風雨中的英雄》。

納是一個博覽群書的人，有著愛爾蘭人特有的演說天賦 [151]。他那位具有魅力的妻子 [152] 經常會縫補惠特曼的襪子，並在惠特曼居住於他們家裡的時候經常照顧他的日常起居，正如一位母親照顧著她那位依然懷抱著夢幻理想且做事粗心的孩子。奧康納在 1888 年曾說她是一個「真正的女性，沒有任何虛榮心，從來不會自吹自擂，只是做著一位賢妻良母應該做的事情。艾倫從來不會費心去寫作，這也讓她有更多時間去感受人生真正重要的東西。」

在奧康納家裡，惠特曼經常會見到查爾斯・埃爾德里奇，這位不走運的出版商在結束了軍需官哈普古德手下擔任職員的工作之後，在稅務局獲得了一份工作。惠特曼曾這樣評價埃爾德里奇：「他是一個真正充滿善意與真誠的人 —— 他有著自己的想法與觀點，但是他對原則的堅持就像高聳的山丘那樣無法動搖。[153]」在奧康納的家裡，惠特曼還會見到 E.C. 斯特德曼，此時的斯特德曼已經是一位編輯以及戰時的記者，之後他成為了一名銀行家、詩人與作家，也是惠特曼作品的一位最為理智且有深度的評論家之一。

約翰・巴勒斯是另一位與惠特曼交好的人，他當時也在政府部門擔任職員。他出生在一個普通的農民家庭，在他二十三歲的時候就在《大西洋月刊》上發表了沒有署名的文章〈表達方式〉。當時，多數人都以為這篇文章的作者是愛默生，因為巴勒斯在那篇文章的寫作風格與愛默生的風格較相似。1863 年，巴勒斯只有二十六歲，之前就已經在學校裡做過老師，想要在新聞機構裡任職，最後來到了華盛頓，在財政部擔任一名職員。此

151　奧康納的一位摯友曾這樣寫信告訴我：「他是一個卓有成就的人，是一個天才！ —— 他在很多時候只是故意限制了自身的表達能力。他為了惠特曼放棄了應有的事業 —— 事實上，他是在人性、個人理想以及自我克制方面都是做的最好的。」

152　現在，她是艾倫・M.・卡德爾夫人。

153　出自惠特曼所著的《菖蒲》詩集裡。

第五章　職員期間與他的朋友們

時，他已經閱讀了惠特曼的《草葉集》，這本書給他帶來了其他任何書籍都無法帶來的深刻印象。一個週日的下午，當他在華盛頓附近的樹林裡散步時，偶然遇到了惠特曼，當時的惠特曼肩膀上背著一個乾糧袋，邁著沉重的腳步前往偏遠的戰地醫院。巴勒斯與惠特曼一起前往，開啟了他與惠特曼的友誼。在戰爭結束後的和平歲月裡，惠特曼經常會在週日早上前往巴勒斯家裡與巴勒斯夫婦一起共進早餐。每次吃早餐的時候，惠特曼總是會遲到，這讓巴勒斯的夫人感到有些不滿。但是，當惠特曼到來之後，他的臉上洋溢著笑容，因此巴勒斯夫婦也總是會原諒他的遲到。

與惠特曼同這些喜歡閱讀書籍的人結交成為朋友一個具有強烈反差的例子，就是惠特曼與皮特·多伊爾之間的友情。直到現在，多伊爾依然還活著，他是一個身材魁梧，有著善良心靈的愛爾蘭人，當時在從華盛頓前往波士頓的聯邦快遞公司擔任行李管理員。他是亞歷山大地區一名鐵匠的兒子。1865 年，皮特才年僅十八歲。戰爭結束時，他成為了南方叛軍的俘虜，後來在華盛頓獲得了假釋。出來之後，他擔任馬車夫，每天的日薪只有兩美元。當在某個天空下著暴雨的晚上，當惠特曼從約翰·巴勒斯家裡回家的路上，他坐上了多伊爾的馬車。一陣奇怪的衝動讓這位年輕的馬車夫坐在他這位孤獨的乘客旁邊。當時，他們都倍感孤獨，每個人都在心照不宣地渴望與對方成為朋友。在接下來的六年時間裡，他們幾乎每天都會在一起度過休閒的時光。在晚上的時候，他們會一起悠閒地走在鄉間的道路，惠特曼會一邊走，一邊談論著天上的星星或是高談著與莎士比亞相關的事情。他們不會在乎什麼搶劫的人，也不擔心會感到飢餓。「當我們遇到趕著進城的農民，就會跟他買一個西瓜，然後坐在賓夕法尼亞大道的一間醃肉店門口，將這個西瓜劈成兩半，然後一人一半地吃了。有時，一些路過的人看到我們這樣做之後會哈哈大笑起來，但是惠特曼只是微笑著

說：『他們可以盡情地笑啊，我們也可以盡情地吃著西瓜。』」多伊爾對這個時期的惠特曼的生活習慣進行了全面的評論：「我從未見過惠特曼會因為一個女人而感到心煩意亂。從某種意義上來說，惠特曼似乎根本就不在乎任何女人。惠特曼是一個非常注重精神純潔的人，他討厭任何不純潔的東西。在我看來，惠特曼是一個沒有任何不良生活習慣的人。在那些年裡，我應該還是比較了解他的 —— 在那些年裡，我們之間的關係是極為緊密的⋯⋯他對宗教有著強烈的觀點⋯⋯但是他卻從來都不會去教堂 —— 他不喜歡教堂裡所進行的那些宗教儀式或是繁文縟節 —— 他似乎根本不喜歡那些發表布道演說的牧師。我曾就這個問題詢問過他的想法，他回答說：『火車頭能夠不斷地轉動，肯定是某些力量在推動著它的轉動。』我曾聽他說，怎樣去判斷一個人是正派的人 —— 我個人認為，他肯定是認為所有人都是正派的人 —— 即便是在另一個世界裡，也沒有什麼想法能夠摧毀他這樣的念頭。」

惠特曼寫給這位忠誠且充滿善意的愛爾蘭朋友的信件，基本上都收錄在《菖蒲》這本書裡。在這本書裡，惠特曼沒有進行任何牽強附會的說教，而只是用樸實的方式闡述了他對真正友情的看法，這可以透過《菖蒲》一書裡的詩歌裡看出來。除了惠特曼寫給母親的信件，惠特曼所寫的其他信件幾乎都能展現出他的一種簡單樸實情感，這似乎是他這種簡樸品格的一個基礎。對他來說，與一位幾乎目不識丁的年輕人長時間地一起交流，這是非常自然的事情。可以說，這代表著他的一種本能 —— 而沒有任何矯揉造作或是自作多情的成分。在一些信件裡，惠特曼將皮特·多伊爾稱為「親愛的孩子」、「最親愛的孩子」或是「我親愛的兒子」等稱謂。與多伊爾在賓夕法尼亞大道的陰涼處敲開一個西瓜，然後微笑地看著路人，這是惠特曼真情流露的一種方式：

第五章　職員期間與他的朋友們

「在樹下放在一本詩集，

一壺酒，幾塊麵包，還有你

坐在我身旁歌唱著荒原的美麗。

哦，荒原此時都會變成一個天堂。」

對惠特曼來說，這樣的情景就好比天堂，我們不知道奧馬爾是否能夠想像出比這更好的天堂景象。

倘若讀者認為一位詩人都應該與「文學界的人士」或是與圈子內的其他文學愛好者成為朋友，這其實顯示了一些人一種想當然的無知。在惠特曼擔任職員的這段時間裡，他平常的許多朋友無論是在那個時候，還是至今一些依然活著的朋友──都從來沒有把惠特曼當成是一個詩人。此時，惠特曼所居住的地方在第二十大街，經常會有很多追求文學理想的年輕人前來拜訪他。他們經常會向惠特曼請教一些文學創作方面的問題。其中，一位至今仍然在世的人這樣寫道：「當時，我們對惠特曼的作品並沒有給予非常高的評價，只是認為他的作品比較有趣，從來不會考慮到他的作品所具有的思想性。但是，我們都非常喜歡他這個人……他很少會主動提起某個話題，基本上從來都不會對話題進行任何引導，也從來不會顯得唐突……他不會對我們提出的一些觀點感到不滿或是表現出惱怒……他不抽菸不喝酒……他不會說一些髒話，他是一個在身體與道德層面上都是純潔的人，這是他當時給我們每個人的深刻印象……我從未見過他閱讀什麼書籍，或是擁有什麼文學書籍，他的家裡甚至連一份報紙都沒有……他似乎對一切事物都保持著一種休閒的心態，這是他一個較為突出的特點。我們之中有些人認為他是一個在身體與心靈上都很懶惰的人。」需要指出的是，寫下這段回憶的作者在 1868 年收到了惠特曼送給他的簽名版《擂鼓集》，但是他在接下來的三十年裡都沒有打開過這本詩集閱讀一下。

不過，惠特曼在員工職位度過的第一個愉悅的夏天，卻被粗魯地打斷了。他在印第安人事務局裡的工作一直不是很繁忙，他有時會在辦工作上修改 1860 年版本的《草葉集》。惠特曼的一些同事告訴部門主管，說惠特曼就是《草葉集》這本宣揚不道德思想書籍的作者。之後，惠特曼修改的這本《草葉集》被人從他的辦公室裡拿走了，送到了部長的手裡。下面這封信就是最後的結果：

華盛頓特區內政部，1865 年 6 月 30 日

來自紐約的華特・惠特曼在印第安人事務局的職員職位從即日起被免除。

內政部部長 詹姆斯・哈倫[154]

在擔任內政部長之前，哈倫是一名能幹的律師，之後還擔任過美國聯邦參議員，還曾擔任過兩年愛荷華衛斯理公會大學的校長。可以說，哈倫完全可以找到任何技術層面上[155]的理由去解除惠特曼的職位，因為惠特曼所擔任的職位是很容易找到補缺的。但是，哈倫的做法顯然是短視且不公正的。惠特曼當時的一名朋友，時任助理司法部長 J.H. 阿什頓就提出了抗議。哈倫用憤怒的口吻回答說，在他找到頂替惠特曼的人選之前，惠特曼必須要被解職。在這之後，阿什頓為惠特曼在司法部長辦公室謀得了一份職員工作，這件事似乎就要就此告一段落。在惠特曼所認識的朋友中，有十多人是在報社工作。惠特曼在華盛頓的一些朋友也聽說了惠特曼與上司之間的矛盾。但是，在充滿騎士風範的威廉・奧康納看來，惠特曼被哈倫

154　詹姆斯・哈倫（James Harlan, 1820～1899），美國政治家、參議院議員，曾任美國內務部部長。
155　哈倫在 1894 年所寫的一封信裡，就談到了惠特曼當年遭到解僱的原因「就是因為印第安人事務局不再需要惠特曼這樣的職員，並且談到了他本人並沒有直接干預這樣的解職任命。」詳情可以參看里昂・文森特所著的《美國文學大師》一書。

第五章　職員期間與他的朋友們

無故解職的做法，這不僅是對他朋友的一種侮辱，而且是對文人進行自由創作的一種暴行。在接下來的九個星期裡，奧康納一直被這樣的憤怒情感所困擾著，最後他創作了一本名叫《白髮好詩人》[156]的小冊子。可以說，這本小冊子充分展現出了奧康納的文學天分，他在小冊子裡直接點名批評了內政部長哈倫的做法。在美國的文學爭議事件的歷史上，可以說沒有比奧康納這本小冊子更加傑出的了。在這本小冊子裡，奧康納首先描述了惠特曼在華盛頓大街上展現出來的個人形象，接著虛構了林肯在第一次見到他的時候，用柔和的聲音說：「他看上去才像一個真正的人！」接著，奧康納對惠特曼的個人品格進行了一番描述，詳細說明了惠特曼被解除職務的原因 —— 就是因為惠特曼在《草葉集》裡宣揚了一些所謂讓哈倫反感的「邪惡的美德」。之後，奧康納談到了世界文學史上那些最著名作家之間惺惺相惜的做法，並且得出了歷史上每個名留青史的作家都曾遭遇過這樣指控的結論。奧康納在小冊子裡還說，十九世紀那些低劣的閱讀品味將會因為惠特曼的作品而被徹底「洗滌乾淨」。

事實上，奧康納在這本小冊子裡談論的很多內容都是無法找到任何真實證據去佐證的，但是二十世紀的讀者可能仍然會對奧康納所說的，除了惠特曼的《草葉集》之外，其他所有的美國文學作品都代表著一種殖民主義的說法感興趣。

「除了華特·惠特曼之外，美國其他的作家所創作的文學作品，無論就其形式還是實質內容而言，我雖然不會說這些作品都是歐洲化的，但至少是英國化的。歐洲的『聖殿關』以及『亞瑟王座』所殘留的陰影依然影響著我國的作家。從智慧層面上來看，我們依然是大英帝國的附屬

156　奧康納是在 1865 年 9 月 2 日創作出這本小冊子的，但在出版的時候出現了「紐約：邦斯與亨廷頓，1866 年」的字眼。後來，這本小冊子在重印的時候，做出了一些修改。詳情可以參看 R.M. 布克所著的《華特·惠特曼傳》一書。

國。一個關鍵的詞語——殖民主義——幾乎是貫穿了我國文學作品的核心思想。除了我們的新聞報紙之外，沒有哪一種文學作品是真正具有鮮明的美國特色與烙印的。我注意到我國最為優秀的作品——包括傑弗遜的作品、布羅克登·布朗[157]的浪漫傳奇故事，韋伯斯特的演說，艾瑞特[158]的修辭學作品、錢寧[159]的神性作品、庫珀的小說作品，狄奧多·派克[160]的作品、布萊恩特的詩歌，還有萊桑德·斯波納[161]充滿法律精神的作品，瑪格麗特·富勒女士的《論文集》，希爾德雷思[162]、班克羅夫特[163]與莫特利[164]的歷史題材作品，提克諾爾[165]所寫的《西班牙文學史》（*Syllabus of a Course of Lectures on the History and Criticism of Spanish Literature*）、約翰·考宏[166]所寫的政治著作、朗費羅所創作的內容豐富、充滿仁慈精神的詩歌，惠蒂埃所創作的敘事民謠，菲利普·彭德爾頓·庫克[167]所創作的精妙詩歌，愛倫·坡所創作的詭異的詩歌，霍桑所創作充滿巫術精神的傳奇

157　布羅克登·布朗（Charles Brockden Brown, 1771～1810），美國小說家、歷史學家、編輯。美國本土文學代表人物之一。

158　艾瑞特（Edward Everett, 1794～1865），美國政治家、教育家、外交家、演說家、牧師。曾任哈佛大學校長。

159　錢寧（William Ellery Channing, 1780～1842），美國詩人、神學家。

160　狄奧多·派克（Theodore Parker, 1810～1860），美國作家、社會改革家、廢奴主義者、超驗主義者。他作品中的一個寫箴言常被後來的林肯和馬丁·路德·金演講中引用。

161　萊桑德·斯波納（Lysander Spooner, 1808～1887），美國政治哲學家、散文家、廢奴主義者、法學家。個人主義和無政府主義的代表。代表作：《奴隸制度的違憲》（*The Unconstitutionality of Slavery*）等。

162　希爾德雷思（Richard Hildreth, 1807～1865），美國作家、歷史學家、記者。

163　班克羅夫特（George Bancroft, 1800～1891），美國歷史學家、教育家、國會議員。代表作：《美國史》（*History of the United States*）等。

164　莫特利（John Lothrop Motley, 1814～1877），美國歷史學家、作家。代表作：《荷蘭》（*History of the United Netherlands*）、《荷蘭的崛起》（*The Rise of the Dutch Republic*）等。

165　提克諾爾（George Ticknor, 1791～1871），美國學者、西班牙語言研究專家。代表作：《西班牙文學史》等。

166　約翰·考宏（John Caldwell Calhoun, 1782～1850），美國政治家、第七任美國副總統。

167　菲利普·彭德爾頓·庫克（Philip Pendleton Cooke, 1816～1850），美國律師、詩人。

第五章　職員期間與他的朋友們

故事，歐文所創作的《荷蘭移民後代》，黛莉亞·培根[168]創作的關於莎士比亞的優秀預言故事，還有卡里[169]所寫的政治經濟方面的書籍，約翰·布朗[170]在監獄裡所寫的信件以及後來發表的不朽演說，溫德爾·菲利普斯所發表的著名愛國演說，還有愛默生所創作的偉大文章以及優秀的詩歌。這些文學作品都具有其自身的文學價值，其中很多作品都是我非常欣賞的。但若是從這些作品的民族性品格來看的話，這些文學作品或多或少都具有一些美國的民族性。但是，國外文學的模式、外國文學的標準以及外國文學所宣揚的理想卻在這些作品中占據了主導地位。」

接著，奧康納用很長的篇幅來講述惠特曼在戰地醫院裡無私的服務，並且以下面這段話作為結語：

「也許，我們這一代人無法認可與欣賞到惠特曼作品所具有的價值。但是，惠特曼的一生以及他所做出的服務，雖然被所處的當代人輕視，卻必然被後世所銘記。聚特芬這次戰役是偉大的，但真正偉大的是英國那些年輕的新教徒出於要保衛荷蘭屬地，與掠奪的西班牙殖民者進行著慘烈戰鬥。真的偉大是菲利普·西德尼在自己感到無比飢渴的時候，依然將水瓶遞給了那位奄奄一息的受傷士兵，這才是真正展現出高尚與武士精神的行為。無論我們當代評判偉大的標準是什麼，我敢肯定後人會認為這些才是偉大的真正評判標準。當第一次牛奔河之役、夏羅之役與哈德遜戰役爆發的時候，當維克斯堡戰役、石河戰役與多納爾森戰役爆發的時候，當豌豆嶺戰役、錢斯勒斯維爾戰役、蓋茨堡之役以及荒原戰役爆發的時候，當聯

168　黛莉亞·培根（Delia Bacon, 1811～1859），美國女作家、劇作家、短篇小說家、莎士比亞劇作研究者。最喜歡斯托夫人、霍桑和愛默生三位作家的作品。

169　卡里（Henry Charles Carey, 1793～1879），美國經濟學家、林肯政府首席經濟顧問。

170　約翰·布朗（John Brown, 1800～1859），美國廢奴主義者、起義者。1859 年他領導美國人民在哈伯斯費里舉行武裝起義，要求廢除奴隸制，後被羅伯特·李將軍鎮壓，並被處以絞刑。當布朗被絞死後，教堂鐘聲及致哀禮炮響起，北方豎起他的紀念碑。著名作家愛默生及梭羅均稱讚約翰·布朗。歷史學家達成共識，認為約翰·布朗對南北戰爭的發起有著重要作用。

軍從亞特蘭大往薩凡納進軍的時候，當里奇蒙滿城都是燃燒的大火時，當所有關乎聯邦共和國存亡的戰役爆發之時，我們會發現，這些都是我國歷史上一場場極為慘痛的記憶。當最終流血的士兵透過付出流血犧牲的代價換來和平的時候，當美國的男人與女人都看到那位白髮好詩人彎著堅強的身軀，去照看那些受傷的士兵與臨死的士兵時，他們就會想像到那位同樣為了共和國而犧牲的偉大殉道者所說的話：『他看上去才像一個真正的人！』」

奧康納的這個小冊子以下面這些話作為結語：

「我認為，單純因為惠特曼發表了一本沒有任何人說是不道德的書籍，就解除了他的公職，並且讓他忍受民眾的侮辱，這是對自由思想的一種懲罰與定罪，這是對自由言論的一種公然違背……我認為，任何人都會有著不同的觀點，這是非常正常且可以接受的，但是因為別人表達了一種自己不認同的觀點而選擇報復或是打壓，這就是讓所有人都無法去容忍的。當我再次提出這個問題的時候，我希望每一名學者，每一名從事文學創作的人，每一名編輯或是全國各地每一名準備提筆寫作的人，都能夠勇敢地站出來反抗這樣的暴行。我還記得丁尼生當年懷著激烈的情感去捍衛摩爾[171]的墳墓不被別人褻瀆。我還記得司各特一一反駁了所有針對拜倫的誹謗。我還記得艾迪生[172]駁斥了任何抹黑斯威夫特的做法。我還記得南安普頓當年在莎士比亞遭到諷刺時，勇敢地站出來支持他。我還記得杜‧貝萊[173]保護著拉伯雷。我還知道胡滕[174]當年捍衛著路德免受他人的傷害。我

171　摩爾（Thomas Moore, 1779～1852），愛爾蘭詩人、歌唱家、作詞家。
172　艾迪生（Joseph Addison, 1672～1719），英國散文家、詩人、劇作家、政治家。英國著名雜誌《閒談者》（*Tatler*）和《旁觀者》（*The Spectator*）的創辦人之一。
173　杜‧貝萊（Joachim du Bellay, 1522～1560），法國詩人、文學評論家。
174　胡滕（Ulrich von Hutten, 1488～1523），文藝復興時期歐洲德意志人文主義者。他用拉丁語著有若干對話形式的諷刺作品，並將其譯成德語。這些作品有助於對話形式作為一種文藝復興文學體裁的普及。

第五章　職員期間與他的朋友們

還記得薄伽丘讓但丁看到了黑暗中的曙光，讓他避免遭到佛羅倫斯地區敵人的傷害。我還記得班波[175]捍衛著彼得羅·蓬波納齊[176]的尊嚴。我還記得格羅斯特德保護著羅傑·培根[177]，讓他免受教會僧侶的傷害。除此之外，歷史上還有阿里斯托芬[178]捍衛著艾斯奇勒斯[179]的尊嚴。上述這些例子說明，即便這些作家所處的那個時代沒有人替他們發聲，後世也會不斷有人站出來聲援他們。我之所以站出來呼籲，完全是出於公民的尊嚴與職責，每個公民都應該站出來捍衛任何一個從事文學創作的人免受這樣的結果，因為針對任何個人如此不公的暴行，其實都是踐踏著每個公民的權益。容忍這樣的行徑，也是對那些懷著巨大勇氣創作出超越任何邪惡之人以及思維受限之人作品的作家的一種侮辱與傷害。我將這本小冊子寄給了法國的維克多·雨果，讓他在歐洲傳播這本小冊子。我將這本小冊子寄給約翰·史都華·彌爾[180]，寄給了英國的紐曼與馬修·阿諾德[181]。我將這本小冊子寄給愛默生與溫德爾·菲利普斯，寄給了查爾斯·薩姆納，寄給了國會的每一名參議員與眾議員，寄給了所有的新聞記者，寄到美國的每個家庭，讓每個人都去捍衛創作的自由，捍衛文明世界裡的思想自由。上帝必然會

175　班波（Pietro Bembo, 1470～1547），文藝復興時期義大利作家，從事詩歌創作和文論寫作。

176　彼得羅·蓬波納齊（Petrus Pomponatius, 1462～1525），義大利哲學家。

177　羅傑·培根（Roger Bacon, 1214～1294），英國方濟各會修士、哲學家、煉金術士。他學識淵博，著作涉及當時所知的各門類知識，並對阿拉伯世界的科學進展十分熟悉。提倡經驗主義，主張透過實驗獲得知識。

178　阿里斯托芬（Aristophanes, 約西元前448～西元前380），古希臘早期喜劇代表人物，作家與詩人。有「喜劇之父」之稱。代表作：《阿哈奈人》（*The Acharnians*）、《騎士》（*The Knights*）、《和平》（*Peace*）、《蛙》（*The Frogs*）等。

179　艾斯奇勒斯（Aeschylus, 西元前525～西元前456），古希臘悲劇詩人，與索福克里斯和尤里比底斯一起被稱為是古希臘最偉大的悲劇作家，有「悲劇之父」的美譽。

180　約翰·史都華·彌爾（John Stuart Mill, 1806～1873），英國著名哲學家和經濟學家，19世紀影響力很大的古典自由主義思想家。邊沁後功利主義的最重要代表人物之一。

181　馬修·阿諾德（Matthew Arnold, 1822～1888），英國近代詩人、評論家、教育家。代表作：《多佛海灘》（*Dover Beach*）、《文化與無序》（*Culture and Anarchy*）、《文學和教條》（*Literature and Dogma*）等。

捍衛這樣的自由，絕對不會容忍這樣一種侵犯文學創作自由的行為。每個誠實之人的內心也必然會對這樣的粗暴行為感到憤怒！」

—— 威廉·道格拉斯·奧康納

奧康納在這本小冊子裡的寫作風格就像殺紅了眼的凱爾特人。雖然他在這本《白髮好詩人》裡貶低了歷史上一些著名文學人士，因為他使用了很多誇張的修辭，就像演說家在發表演說時使用的一些煽動性詞語一樣。但是，當「文明世界」一些國家的人士收到他寄去的這本小冊子時，卻與美國國會一些議員在面對埃德蒙德·布林克發表的充滿激情的演說時一樣，表現出了同樣的冷漠。直到幾個月之後，奧康納才找到了願意出版這本小冊子的出版商。與此同時，他給當時一些具有影響力的人物寫了幾封充滿激情的信件，希望他們能夠站在支持惠特曼這邊。從這些具有影響力的人物的回信裡，鑑於他們看到惠特曼在美國讀者心中的地位，可以從幾封回覆的信件裡接選出部分內容。喬治·威廉·科蒂斯是一個有著與奧康納一樣騎士精神的人，同時他還有著奧康納缺乏的機智、圓滑以及幽默的精神。在這年夏天，他在阿什菲爾德的家裡給奧康納進行了回覆：

麻州阿什菲爾德，1865 年 9 月 30 日

我親愛的奧康納：在這個秋天時節的山丘裡，我收到了你在 2 號寄來的有趣來信。你可以肯定一點，我將會想盡一切辦法來解決你在信中談到的問題。

你的目標是不容易達成的，這點你很清楚。民眾的同情心會站在內務部長一邊，因為他解除的是一位他們認為創作出了淫穢書籍且一個宣揚自由性愛思想的人。但是，你對自由創作這一思想的大力宣揚，肯定會受到

第五章　職員期間與他的朋友們

每一個從事創作之人的衷心擁護。

　　就我個人來說，我不認識惠特曼。與其他著名作家的作品相比，他的《草葉集》還是給我留下了深刻印象。但是，我從未見過他本人，我不相信任何說他是下流之人的說法，也不相信任何說他是一個高尚之人的說法。但是，我知道，要是一個人僅僅因為他發自內心地創作了一本任何誠實之人都認為不會對民眾道德造成傷害的書籍，就被解除了公職，還要遭受大眾的侮辱，這是對自由創作原則的極大冒犯，理應受到揭露以及強烈的譴責。

　　我就寫到這裡了。請盡快給我回信。你知道我總是願意給你一些幫助的。

摯友

喬治·威廉·科蒂斯

　　在之後的一個月裡，科蒂斯收到了奧康納創作的那本洋溢著激情的《白髮好詩人》的小冊子。他在回信裡這樣寫道：

北灣，1865 年 10 月 29 日，週日

　　我親愛的奧康納：昨晚，我收到了你從切爾西寄來的信件以及手稿影本。如果任何出版商（讀過你的手稿），肯定都會爭著要出版的。在我上床睡覺之前，我認真閱讀了你寄來的小冊子。你的文筆是極為流暢的，你對惠特曼這位吟遊詩人的評價，顯然超過了當代讀者的評價。現在，對惠特曼來說，最為重要的是大眾的評價，而不是像你這樣個人的評價，因為你本人無法構成一個閱讀群體。

　　就我而言，我讀到了你對惠特曼的熱情讚美，我也為自己之前對惠特曼的文學成就視而不見而感到羞愧。接下來，我肯定會懷著更加強烈的情

緒去閱讀他的《擂鼓集》。

我已經閱讀了你的來信，我認為你的做法不會影響到你目前的工作——不管你是否在乎這份工作。即便是傻瓜都能看出，你是完全站在對事不對人的角度去批評哈倫部長的。

至於惠特曼的作品實質內容，你用排比的方式列舉了很多過往的名人，並勇敢地指責很多偉大的作家都是「不夠純粹的。」不過，當我閱讀你的來信時，我反問自己兩個問題：首先，惠特曼對於那些性關係與性器官的描述，難道就不可以做到一筆帶過的寫作方式嗎？第二個問題是，歷史上那些最為偉大的作家是否都會透過使用這樣的隱喻或是其他方式來表達他們想要表達的思想呢？這是一種假正經的行為還是一種將核心思想隱藏起來的本能做法呢？

如果任何出版商因為出版惠特曼這部作品之後而遭到大眾指責，選擇出面反對這部作品，那麼我也不會感到驚訝。不過，我應該坦率地告訴你，惠特曼應該採取更加合適的方式來表達他想要表達的思想。不過，你也絕對不要因為我的看法而改變你自己的看法。

我認為任何人都無法獲得像你讚美惠特曼那樣的極高評價。不過，當你認為我的看法是錯誤的時候，這肯定會給你帶來愉悅的感覺。

我就寫到這裡了。一旦我有什麼新的看法，會立即給你寫信的。

摯友

喬治‧威廉‧科蒂斯

最後，紐約的邦斯與亨廷頓出版社[182] 同意出版了這本小冊子。科蒂斯在收到這本小冊子之後，寫了下面這封回信：

182　邦斯與亨廷頓出版社（Bunce and Huntington），美國邦斯家族下面的出版社。

第五章　職員期間與他的朋友們

斯塔頓島北岸，1866 年 2 月 12 日

我親愛的奧康納：我為自己之前沒有及時認識到《白髮好詩人》這本小冊子的價值而感到無比慚愧。事實上，我這段時間一直到全國各地旅行，想要在一些週報上表達自己的看法。但是，我發現這樣做是很不現實的。我對此感到遺憾，因為雖然我不是很同意你的一些觀點，但我卻堅定地擁護你為捍衛自由寫作與自由思想所做出的努力。

我看到了你出版的小冊子引起了一些人的注意 —— 當然，這本小冊子引起的關注度沒有我所希望那麼大，但你也知道有時要完全引爆大眾的關注點是一件多麼講究運氣的事情。我認為你也已經看到了《國民報》、《圓桌報》以及《共和國報》都對你的小冊子進行了評論，我也很希望能夠在最近一期的《哈帕》期刊上發表自己的看法。

我聽說你的小冊子在波士頓的文學圈子裡引起了諸多的討論，但是他們都不認可你對惠特曼的評價。羅威爾告訴我，他一開始對惠特曼的印象是在過去的《民主評論》上。這是我之前所不知道的，因為我認為《草葉集》是惠特曼的處女作。

我就寫到這裡吧。我很想知道你對這本小冊子所引起的關注是否感到滿意。

摯友
喬治·威廉·科蒂斯

溫德爾·菲利普斯本人也是一位擅長辯論與演說的高手。1866 年 6 月，在重讀了奧康納的那本小冊子之後，他給奧康納在回信裡這樣寫道：
「我依然認為，在我所認識的關於爭議文學的領域，你這本小冊子是

寫的最為優秀且最具激情……正是你這樣的文章才能在緊要關頭給我們帶來力量，這必然會在當代文學中占有一席之地……你之前肯定是一名非常出色的演說家。要是你能夠以這樣的說話風格加上你那洪亮的聲音，那麼我們每個人都會成為你忠實的聽眾。」

在這個節骨眼上，那些具有深刻洞察力的記者的態度，也可以透過紐約《時代雜誌》的一名著名編輯的一封回信裡看的出來。奧康納之前已經將他那本《白髮好詩人》的小冊子寄給他了，並且正在準備為新版的《草葉集》寫一篇文章。

紐約《時代雜誌》辦公室，1866 年 10 月 16 日

我親愛的奧康納先生：關於你對《草葉集》這部詩集所提出的看法，我是感到有些迷惑的。大家都知道，《草葉集》不是一本剛剛出版的書，並在之前幾年裡一直飽受很多偏見。當然，我不會無視這本詩集所具有的價值，雖然我對這本詩集的評價是遠遠沒有你那麼高。但是，這本詩集裡面充斥著很多淫穢的詞語，這顯然是無法讓這本詩集出現在公共圖書館或是普通家庭的客廳裡；當然，在我讚美這本書本身存在的價值時，也必然要對這本書進行一番批評。我知道你一直孜孜不倦地為這本書進行辯護，但我認為你的辯護在大眾面前是無法站得住腳的。莎士比亞、蒙田或是其他作家在他們所處的那個時代，也許還能對這樣的情況進行一番辯護。但是在我們這個時代，將那麼多淫穢詞語寫入一本詩集裡，這顯然不是無心之失。當然，詩集裡關於一些本能行為的描述是每個人的天性，倒也無可厚非，但這樣的描述不應該出現在大眾面前。

我的看法就是這麼多了。如果你能夠包容我的見解，我也很高興閱讀你寄來的評論，看看是否能夠刊登出來。你的評論文章千萬不要寫的太

第五章　職員期間與他的朋友們

長，因為報紙的版面有限。你在那本小冊子裡談論惠特曼的內容，是我讀過最有激情與力量的文章了。要是讓我選擇，我寧願選擇成為創作出那本小冊子的人，也不願意成為帝王。

摯友
H.J. 雷蒙德 [183]

關於奧康納這本《白髮好詩人》的小冊子，也收到了很多來自國外文人寄來的信件。馬修·阿諾德的來信就是其中典型的：

波爾廣場雅典娜俱樂部，1866 年 9 月 16 日

我親愛的先生：在過去幾個月裡，我一直都沒有住在倫敦。當我返回倫敦之後，我發現了你在 6 月 4 日的來信以及你寄來的小冊子，這讓我感到非常開心。但是關於你在這封來信裡所提到的其他信件，我始終沒有找到。

哈倫先生現在已經離職了。若哈倫先生目前仍然擔任內政部長的話，我能夠想像到他肯定會對解除你朋友的職務再三考慮，絕對不會像之前那樣輕率的。我饒有興致地閱讀了你的小冊子。我一直都以為，關於華特·惠特曼的文學才華與創作能力，是不存在任何爭議的。不過，無論是在法國還是德國，任何公職人員要是像你的朋友惠特曼那樣勇於表達自己的看法，都不會得到像他那樣的懲罰。關於華特·惠特曼在詩歌層面上的成就，你認為美國之前其他詩人的作品都具有衰老的歐洲氣息。我必須要指出一點，當你認為惠特曼的詩作是最具文學價值的時候，說他是一個不去模仿任何詩人的人，我認為這似乎是他的一個缺陷。在文學領域裡，任何人都不可能完全依賴自己的文學才華去進行所有創作的，不可能不去了解

183　H.J. 雷蒙德（Henry Jarvis Raymond, 1820 ～ 1869），美國著名記者、政治家，《紐約時報》聯合創辦人之一。

過去某個時代或是其他國家已有的文學成就。美國真正的原創文學是絕不可能透過這樣的方式去創立起來的，美國的文學必須要在某種程度上接觸歐洲文學的發展潮流，只有這樣才能更好地推動本土化的發展，而不是你在信中所說的歐洲文化在智慧層面上對美國進行著殖民。關於這點，我從來都不懷疑。我認為，每一個睿智的美國人都會明白，不能完全放棄借鑑其他優秀的文化作品，而應該以包容的態度去面對，從中汲取好的經驗，慢慢地創作出帶有本土色彩的文學作品。

　　最後，我必須要感謝你在來信裡對我表達出來的善意。

永遠忠誠與你的朋友
馬修‧阿諾德

　　關於馬修‧阿諾德寄來的這封簡短的來信，奧康納在 1866 年 10 月 14 日回覆了一封較長的信件。不過，他在回信裡始終用溫和的口吻進行談論。我從這封信裡節選出下面這段話：

　　「我不認為美國本土文學的發展必須要跟著歐洲國家的潮流去走。當然，我對很多英國人對這樣的事實熟視無睹感到遺憾。美國這個龐大的國家完全可以創造出屬於自己的潮流，探尋他們本土的生命，追尋自身力量的祕密。如果你能夠原諒我的冒昧，我想說歐洲的文學潮流應該更多地接觸美國本土的文學潮流，而不是按照相反的順序去進行。民主的精神，無論是真實還是謬誤，這些都是我們這個國家的立國之本。我們國家的文學運動或是發展都必須要根植於此，而不是源於任何外在因素的驅動。這就好比我們認為本土的植物或動物都是來自其他地方的一樣，因此我們的生活方式或是文學創作，同樣也應該完全按照努力尋找外來影響背後的內部力量來進行。」

第五章　職員期間與他的朋友們

　　孟克爾・D・康威在 1855 年就拜訪過惠特曼，他現在居住在倫敦。奧康納同樣給他寄去了《白髮好詩人》的小冊子。他很高興得知康威之前已經寫了一篇關於惠特曼的文章 —— 雖然這篇文章尚未出版 —— 即將發表在《雙週評論》上，這份雜誌的編輯是 G.H. 路易士[184]。康威的這篇文章刊登在 10 月 15 日出版的《雙週評論》上。康威在文章裡對惠特曼的文學成就進行了一番讚美，但使用了一些新聞渲染式的誇張詞語。奧康納就此事寫給特羅布里奇的信件裡說：「康威發表在《雙週評論》上的那篇文章實在充斥著太多錯誤的內容與虛構的事實了，雖然康威這樣做是出於對惠特曼的一種維護。」在這個時候，斯特蘭福德爵士在《帕摩爾公報》（*Pall Mall Gazette*）上發表了一篇沒有署名的讚美惠特曼作品的文章。

　　惠特曼在華盛頓那邊忠實於他的職員朋友們，將惠特曼被解除職務的這件事看的很重。不知疲倦的奧康納之後成功地聯絡上了紐約《時代雜誌》，刊登了他對新版《草葉集》的評論文章。《銀河雜誌》（12 月 1 日）也刊登了一篇由約翰・巴勒斯所寫的讚美惠特曼的評論文章。此時，他寫的一本小書《關於身為詩人和人物的華特・惠特曼》已經完成了手稿的創作，正等待著願意出版的出版商。惠特曼在 12 月 10 日寫給母親的信件裡這樣說：「看來，關於《草葉集》這本書的未來變得一片光明了。」

　　事實上，華特・惠特曼是這些人當中最為平靜的。他非常淡然地接受了這些朋友為他出頭。現在，他又當上了一名政府職員，年薪是一千六百美元。這是他人生中第一次能夠節省下來一些錢。他居住的地方是非常舒適的，他在財政部大樓三樓的辦公室裡，有一扇朝南的大窗戶，能夠看到波光閃閃的波托馬克河的流水。財政部的保全們都允許他在晚上自由地進

184　G.H. 路易士（George Henry Lewes, 1817 ～ 1878），英國哲學家、文學評論家、戲劇評論家。學界認為路易士是喬治・艾略特的精神伴侶。

入自己的辦公室。此時，惠特曼在童年時期養成的閱讀習慣再次出現了。他在寫給母親的這封信裡，就使用了較為樸實的語言。顯然，他知道母親更喜歡閱讀這樣的文字：

「最近每個晚上，我都會前往辦公室。辦公室裡有充足的光線，我可以點燃煤氣燈，繼續做自己喜歡做的事情（這些費用都是算在辦公室的）——我可以在辦公室裡坐著閱讀，可以按照自己的想法去做想做的事情。除此之外，我還可以在我們的辦公室圖書館裡閱讀很多書，這些都是我長久以來想要去閱讀的書。因此，你可以看到，我在這裡工作還是有很多好處的。」

若是從華特·惠特曼展現出來的外在形象來看，他絕對不是一個具有反叛精神的人，更不是一位為了藝術而殉道的人，而是一個身材魁梧、面容溫和且為人隨和，年近五旬的人，他知道如何讓這個重新統一起來的國家為他支付煤氣燈與書籍的費用。關於這些，他的追隨者們都非常了解，但他們仍然堅定地認為惠特曼是一個無與倫比的天才。在奧康納閱讀了約翰·巴勒斯寄給他的《關於身為詩人和人物的華特·惠特曼》的手稿之後，巴勒斯在 1867 年 1 月 4 日給奧康納的一封信裡這樣寫道：

「在我看來，惠特曼不是一個與其他詩人完全不一樣的偉大詩人，就是一個極其荒誕的人。我始終深信一點，惠特曼是屬於那種橫空出世的天才，像他這一類型的天才堪稱前無古人。世人應該以一種全新的眼光去看待他的作品。很多時候，像惠特曼這樣偉大詩人只有在去世之後，世人才能明白他們的價值。我們必須要透過全新的方式或是文學創作去展現惠特曼的與眾不同，否則我們就只能承認惠特曼是一個巨大的笑話……除此之外，我認為你與我其實都不是惠特曼個人名聲的守護者，我們無法創造出惠特曼的名聲或是毀掉他的名聲。」

第五章 職員期間與他的朋友們

　　當巴勒斯與奧康納為此爭論的時候，惠特曼在他的辦公室裡借著煤氣燈安靜地閱讀，或是與皮特·多伊爾在大街上閒逛。一些年輕的英國評論家認為，惠特曼的《草葉集》代表著一種全新的詩歌世界。費德里克·W·H·梅耶斯[185]，當時是三一學院的學生，就曾與牛津大學的優秀畢業生約翰·艾登·賽門斯[186]一起談論這本詩集，他們認為「惠特曼的這本詩集給人帶來的興奮感簡直滲入了骨髓裡。」愛德華·道頓、蒂勒爾以及其他年輕的愛爾蘭學者在都柏林也在閱讀著惠特曼的詩集。藝術家威廉·貝爾·司各特[187]從羅斯金的朋友湯瑪斯·狄克松那裡獲得了惠特曼的一本詩集，之後將這本詩集介紹給了斯溫伯恩與 W.M. 羅塞蒂[188]。我們在前文已經提到過，愛默生在十年前就已經將惠特曼的《草葉集》這本詩集寄給了卡萊爾。梭羅也將一本《草葉集》寄給了他在英國的朋友喬姆利。除此之外，惠特曼的《草葉集》還有其他的方式流入了英國。雖然當時閱讀惠特曼詩集的人不多，但是一大群聰明的大學生、學者以及新一代的詩人，他們都深信華特·惠特曼是一位代表著民主精神的詩人。

　　有時，我們有必要對這些年輕人表現出來的熱情進行一番解釋。這些英國人從一個推理演繹的立場出發，認為典型的美國詩人肯定都是穿著法蘭絨襯衫，將褲子捲入在靴子裡。因此，當惠特曼以這樣的方式呈現在他們面前的時候，他們就會認為惠特曼是他們在美國這個龐大國家等待已久的吟遊詩人。這樣的推理是比較簡單有趣的。在 1870 年代居住在倫敦的一些美國人依然還記得，當一位來自洛磯山脈的詩人在英國人的餐桌上，

185　費德里克·W·H·梅耶斯（Frederic W. H. Myers, 1843～1901），英國詩人、語文學家、古典學者。英國心理研究學會創始人。

186　約翰·艾登·賽門斯（John Addington Symonds, 1840～1893），英國詩人、文學評論家。

187　威廉·貝爾·司各特（William Bell Scott, 1811～1890），英國藝術家、詩人、教師。擅長油畫和水彩畫。

188　W.M. 羅塞蒂（William Michael Rossetti, 1829～1919），英國作家、文學評論家。

還是習慣在吃到一半的時候，同時將兩根雪茄放在嘴巴裡，然後驕傲地對主人說：「我們在美國就是這樣做的」的時候，他們所感受到的震驚與羞愧。在英國與歐洲大陸一些崇拜惠特曼的人，顯然是因為發現了惠特曼是這樣一位行為不大講究且無視禮節的人，從而認為他是代表民主的精神。不過，要是對惠特曼這些新閱讀者的信件進行一番評論，就會發現他們不單純了解表面上的喧囂，而是真正能夠感受到惠特曼所要表達的深層次精神。赫拉斯‧E‧斯卡德 [189]，這位來自波士頓的評論家，就在 1866 年將惠特曼的《播鼓集》寄給了羅塞蒂，並且表示沒有哪一位詩人能夠像惠特曼這樣「將美國文明那種獨特微妙的因素都呈現出來」。在羅塞蒂之後與奧康納及惠特曼本人的書信往來裡，比如在《羅塞蒂文集》或是其他的文稿裡，我們可以看到羅塞蒂對惠特曼提前預見到了民主精神所能帶來的變革非常敬佩。

關於惠特曼作品中的某些方面，羅塞蒂與惠特曼持著不同的意見，但他還是盡最大的努力去宣揚這位美國詩人，讓惠特曼的名聲在歐洲大陸傳播的更遠一些。康威在 1867 年 4 月 30 日寫給奧康納的一封信裡，就談到了他與斯溫伯恩、羅塞蒂以及當時在場的出版商 J.C.霍登 [190] 會面的情況，他們都一致同意對《草葉集》重新進行出版，並且要對任何內容進行修改。「這可能會給任何出版商都帶來法律層面上的風險」。康威在信中表示「惠特曼一位熱情的崇拜者約翰‧艾登‧賽門斯正準備寫一篇投給《愛丁堡日報》的文章。」在接下來的半年時間裡，他們就是否要刪除《草葉集》裡面的部分內容交換了很多意見。羅塞蒂在 1867 年 9 月 30 日的日記

189　赫拉斯‧E‧斯卡德（Horace Elisha Scudder, 1838～1902），美國作家、編輯。代表作：《七個小矮人和他們的朋友》（*Seven Little People and Their Friends*）、《夢想男孩》（*Dream Children*）、《諾亞‧韋伯斯特傳》（*Noah Webster*）等。

190　J.C. 霍登（John Camden Hotten, 1832～1873），英國藏書家、出版家。

第五章　職員期間與他的朋友們

裡這樣寫道：「我的挑選原則就是不要遺漏任何一首詩歌，雖然一些詩歌可能是讓某些讀者反感，包含著宣揚某些本能精神的表達方式，但是我不會刪除這些詩歌，而只是將他們排除在外。」最終，他們選擇的方式也是按照羅塞蒂的想法去做。惠特曼的作品由羅塞蒂負責印刷，這說明惠特曼放心讓羅塞蒂去進行任何言語上的修改或是必要的刪減，最後的目的就是要出版他的精選集。但是，惠特曼不同意出一個「乾淨版本」的《草葉集》。我們應該還記得，這時的《草葉集》已經出版到了第四個版本，這是惠特曼幾個月前在華盛頓自費出版的。他已經特意刪除了一些他認為可能會冒犯某些讀者的內容。事實上，惠特曼在 1860 年之後所創作的任何作品，其實都不需要進行任何審查。

與此同時，羅塞蒂在 1867 年 7 月 6 日在《倫敦編年史報》這份以自由寬容精神稱著的評論雜誌上發表了一篇評論文章。奧康納也為《派特南雜誌》創作了一篇名為《木匠》（*The Carpenter*）的優秀故事。在這篇故事裡，耶穌基督以普通工人的身分出現，但這位虛構出來的耶穌基督無論在外形還是內在品格上都與惠特曼極為相似。這是奧康納在進行多次嘗試之後，終於找到了耶穌基督這一最著名的宗教人物去闡述惠特曼的個性對某些人的心靈所產生的影響。有趣的是，這篇文章竟然是惠特曼身旁的好友，這樣一位每天都看到惠特曼其實沒有做過什麼像耶穌基督那樣英勇行為的人所寫的。奧康納的《木匠》在 1868 年 1 月出版了。一個月之後，斯溫伯恩對威廉·布萊克的評論性專著也傳到了美國。在這部專著一篇文章的結尾處，斯溫伯恩第一次指出了威廉·布萊克與華特·惠特曼在精神層面上的相似性。按照斯溫伯恩的說法，布萊克與惠特曼身上都擁有著，用他的話來說就是「一種此時像星星的光彩，一種彼時像暴風雨的感覺。他們彷彿能夠展翅翱翔在廣闊的天地，穿越無邊無際的大海，勇敢地追求

著自由……即便他們兩人的缺陷與錯誤都是相似的。他們的詩歌……就像大海那樣廣闊無垠……經常會出現暴烈的海嘯或是潮起潮落的洗刷，會讓讀者感受到一種觸礁的感覺，讓那些游泳者或是水手都不知所措。他們的作品都表達出了一種基本永恆事物所具有的力量與缺陷。有時，閱讀他們的作品，會給讀者一種喧鬧、貧瘠、沒有著落或是沒有任何所得的感覺。[191]」

在斯溫伯恩這本書出版後，羅塞蒂隨即出版了《惠特曼精選集》。事實證明，羅塞蒂的編輯工作做得非常好。《精選集》裡面包括了 1855 年版本《草葉集》的序言，還有惠特曼的一百零三首詩歌。羅薩蒂在序言裡直截了當地闡述道：「在道德與恰當性方面」，他「絕對不會支持或是認同一些被讀者所謾罵的段落。」不過，羅塞蒂也表達了自己的看法，即惠特曼是「我們這個時代詩歌領域最大的收穫。」，「他所要表達出來的聲音與思想在日後將會在每個說英語的地方都會落地生根。」

羅塞蒂編輯的《惠特曼精選集》出版之後，讓惠特曼獲得了安妮·吉爾克里斯特夫人的友情。吉爾克里斯特夫人的丈夫是亞歷山大·吉爾克里斯特[192]先生，他是羅塞蒂的一位朋友，也是卡萊爾在切恩大街的隔壁鄰居。在他臨死之前，也曾參與了《威廉·布萊克的一生》的編輯工作。他的遺孀吉爾克裡斯特夫人與她的四個孩子，下定決心要完成這本書的工作，最後她在 1863 年出版了這本書。可以說，吉爾克里斯特夫人是一名具有個人魅力的人，有著強大的品格精神，並與當時藝術與文學領域的人士都非常熟悉。馬多克斯·布朗[193]就是她的一位研究前拉斐爾派的朋友，他之前偶爾將羅塞蒂在 1869 年 6 月拿給他的《惠特曼精選集》借給了吉

191　A.C. 斯溫伯恩所著的《威廉·布萊克》（*William Blake: A Critical Essay*），1868 年倫敦出版。
192　亞歷山大·吉爾克里斯特（Alexander Gilchrist, 1828～1861），英國傳記作家、詩人。代表作：《威廉·布萊克的一生》（*Life of William Blake*）等。
193　馬多克斯·布朗（Ford Madox Brown, 1821～1893），英國著名畫家。

第五章　職員期間與他的朋友們

爾克里斯特夫人看。吉爾克里斯特夫人閱讀了這本書之後，懇求羅塞蒂讓她看看完整版的《草葉集》。羅塞蒂答應了她的要求。羅塞蒂在 1869 年 7 月 13 日的日記裡，就談到了吉爾克里斯特夫人對這封信的評論「是極為熱情的。」在那一天，羅塞蒂在猶豫一番之後，給奧康納寄去了吉爾克里斯特夫人給他來信的部分內容，但沒有提及吉爾克里斯特夫人的名字。

6 月 23 日。「我將會懷著無所畏懼的心態接受你借給我閱讀完整版本《草葉集》的美意。我認為，惠特曼在這本詩集裡絕對是要向每位讀者傳遞出偉大的神性美感，而不是要為我們倒一杯毒酒。至於你特別所提到的，我是否能夠忍受一些不良的閱讀感受。我要說，若是以睿智的方式去進行評論的話，我是一位快樂的妻子與母親，已經知道如何去接受柔和的情感，如何在自然面前感受神聖。也許，華特·惠特曼已經忘記了 ——或是因為他大腦裡的一些理論 —— 已經忘記了正是我們對自然美好事物追求的本能，包括對自身本能的追求，才讓我們能夠對一些事物保持沉默的本能。」

7 月 11 日。「你將華特·惠特曼的全部詩集都送到我的手上，這實在是太好了。我的其他朋友都沒有像你這樣對惠特曼的作品，以及我本人的看法做出如此睿智大度的看法……關於惠特曼的這些詩集所引起的一些爭議，我將會鼓起勇氣，坦率地表達，我認為惠特曼的這些詩歌是充滿美感的。我還認為，即便是你有時也誤解了惠特曼的詩歌。也許，惠特曼的這些詩歌主要是面向那些家庭主婦的。能夠讀到惠特曼的這些詩歌，讓我感到非常高興。如果我或是其他真誠的女性有這樣的感受，那麼肯定一些男性也會有同樣的看法。你將會理解當我認為這代表著惠特曼表現出來的一種安靜的本能，這其實是代表著他創作出了一種正確且美好的東西。我認為，也許只有情人或是詩人（也許只有情人或是這位詩人）才能真切地表

達出他們內心的真正想法 —— 他可能有著自己所喜歡的東西，但他卻將這樣的情感傳遞給了所有讀者 —— 因為從某種意義上來說，他的詩集就代表著他的人生觀。羞恥的感覺就像一張可以隨時移動的帷幕，始終都會忠實地展現出帷幕背後的事物 —— 當帷幕落下之後，呈現出來的便是美好的事物，那麼我們就會認為這是美好的。而當帷幕落下之後，呈現出來的是醜陋的事物，那麼我們就會認為這是醜陋的。我們根本不需要擔心懷著自由精神去寫出這些充滿激情的話語會破壞如此美好的羞恥感。這樣一種快樂的安靜，在很多時候就是一個女人在內心深處對愛情祕密思考的結果。」

奧康納在讀到這些回信之後，感到非常高興。這位不知名的英國女性寫出來只有女性才能寫出來的感受，到目前為止其他女性都沒有足夠勇氣去表達出來的。惠特曼本人也對這樣的回信甚為感動。羅塞蒂認為其中一部分的書信內容應該在美國出版。在經過一些修改之後，這些書信最後以《一位女人對華特‧惠特曼的評價》的題目刊登在 1870 年 5 月出版的《波士頓激進報》[194] 上。羅塞蒂在序言裡將這些信件說是「這是到目前為止，關於惠特曼作品最為全面且最為深刻的評價。」最後，惠特曼知道了寫出這些信件的人，並且與吉爾克里斯特夫人開始通信。在接下來的三年時間裡（也就是 1876 年到 1879 年間），吉爾克里斯特夫人居住在美國，在很多時候都居住在距離惠特曼不遠的地方。他們之間的友情一直持續到了吉爾克里斯特夫人在 1885 年去世的時候，當時的吉爾克里斯特夫人只有五十四歲。她是惠特曼「最為高尚的女性朋友」。她寫給惠特曼的很多信件從來都沒有公開出版。

194　這些書信的內容之前已經透過赫伯特‧吉爾克里斯特的《安妮‧吉爾克里斯特》出版了。我節選了奧康納所收藏的這些信件，這可能與刊登出來的版本有些出入。

第五章　職員期間與他的朋友們

　　當惠特曼的新老朋友們都在積極地為惠特曼出頭的時候,用馬喬里‧弗萊明的話來說,惠特曼依然保持著「異乎尋常的平靜」。特倫斯‧瑪律瓦尼在這個過程中,扮演著呆在轎子裡的克里希那神的角色,表現得異常興奮。此時的惠特曼已經成了一個名人,走在大街上都會有人認出他,而他也懷著天真質樸的心情享受著這一切,感覺自己終於成了一位名人。年輕的女性在馬車上會為他讓座,雖然他在那個時候仍未到五十歲。1868年,他的照片就在華盛頓進行公開銷售,他當時在這些照片上簽名,希望有人能夠購買。惠特曼平凡普通的個性讓一些敏感的觀察者們感到無趣,他也深知這一點。「一些人不喜歡我。」惠特曼曾對奧康納這樣說。但是,他卻贏得了華盛頓大街上那些充滿好奇心、心地善良的大多數散步者的好感。他們將他稱呼為「華特」,這些人也可能隱約地知道他是一個「詩人」,但是,在這些浮華與虛榮背後,真正的惠特曼是一個過著孤獨生活的人,喜歡沉思,渴望得到別人真摯的友情。在羅塞蒂寫文章稱讚惠特曼是「一個原始且超然的天才」的幾天前,惠特曼在寫給母親的一封信裡這樣說:「我懷著非常平靜的心情度過每一天 —— 一些晚上,我會在閣樓上度過。我會躺在木床上,然後在需要的時候,生起一堆火。我希望你也在這裡陪著我。」惠特曼告訴母親,他正在利用休閒時間創作一本「散文作品」,這部作品就是後來的《民主展望》。有時,惠特曼的一些老朋友也會前去拜訪他,比如藝術家與戰地記者 W.J. 斯特德曼就曾前來拜訪過惠特曼。斯特德曼在寫給羅塞蒂的一封信裡說惠特曼「現在要比我上一次見到他的時候過的更好了。」「他的頭髮就像獾皮那樣灰白。」惠特曼每年都會離開華盛頓,他一般將這段時間都用於陪伴在布魯克林居住的母親,有時也會遠足。比方說,1868 年秋天,惠特曼就拜訪在普羅維斯登的一些朋友,在回來之後寫給埃爾德里奇的一封信裡,他這樣說:「普羅維

斯登這個地方給我留下了深刻的印象，這不僅是因為河谷地有著美麗的自然景色，而是因為我在這裡有著很多好朋友。作為一座城市，這裡的居民都過著舒適愉悅的生活，每個人家庭都是那麼的和諧，每個人都是那麼的獨立與節儉。這裡始終是一座代表著新英格蘭精神的城市[195]！」

在布魯克林居住的這段時間裡，惠特曼定期會給皮特·多伊爾寫信。有時，他會在信中給多伊爾一個「長長的吻別」，似乎多伊爾就是他親愛的孩子一樣。當多伊爾生病或是失業的時候，惠特曼會給予他許多精神層面上的鼓勵。「只要上帝能夠確保你有著健康的身體、充沛的活力以及問心無愧的良知，你就不要懼怕會發生最糟糕的事情——讓賴克去見鬼吧！（賴克是當時多伊爾的老闆）。」在惠特曼所寫的這些充滿自然情感的信件裡，從來都不會涉及到文學方面的話題。有時，惠特曼會在信件裡稍微談到當時的政治狀況。在 1870 年 9 月 15 日，惠特曼就在信件裡談到了普法戰爭以及義大利的內部戰爭：「按照目前的情況來看，我更傾向於站在法國這一邊，而不是像之前那樣站在普魯士那邊……當我回來的時候，我希望能夠與你喝上一杯，慶祝教皇、他的紅衣主教以及那些牧師的勢力得到了完美的限制——當維多·伊曼紐二世[196]進入羅馬的時候，會讓義大利變成一個偉大獨立的國家。」因為多伊爾是一名天主教徒，我們才想到他們倆是不可能喝上這杯酒的。

對惠特曼來說，接下來的這個夏天是值得銘記，因為他收到了來自丁尼生的一封來信，這是他們倆之間的第一次通信，在這之後也斷斷續續進行了書信的往來。丁尼生在 1871 年 7 月 12 日的來信裡祝賀惠特曼創作出了一部偉大的作品：「我之前已經閱讀了你的一些作品，並饒有興致地進

195　這是惠特曼寫給埃爾德里奇的一封信，後來約翰·巴勒斯將這封信交給我來閱讀與使用。
196　維多·伊曼紐二世（Victor Emmanuel, 1820 ～ 1878），義大利統一後的第一個國王。

行了欣賞。最後我認為，你是一個有著寬廣心胸與隨和天性的人……我相信，如果你前來英國旅行的話，我肯定會熱情地接待你，與你在我的家裡好好地詳聊一番 [197]。」斯溫伯恩的詩集《日出之前的歌謠》（*Songs Before Sunrise*）也在這一年出版了。這本詩集裡就有一首名為〈致美國的華特·惠特曼〉的詩歌。為了在 9 月 7 日於紐約舉辦的年度美國展覽會，惠特曼寫了一首〈展覽會之歌〉，裡面就包含了對過去封建社會的有趣描述：

> 「翻開莎士比亞作品那紫色的頁面，
>
> 感受著丁尼生那甜美而悲傷的韻律輓歌。」

在這一年，惠特曼在文學活動方面是較為突出的。在這一年，他自費出版了第五版《草葉集》，在這個版本裡，惠特曼對詩歌的安排仍舊按照 1867 年版本，只是在局部上做了一些修改。在這個新版本裡，惠特曼加入了二十三首全新創作的詩歌，還有之前已經出版過的一些詩歌。在這一年裡，他還以小冊子的方式出版了一本名為《印度之行》的作品。在 1871 年版本裡《草葉集》，就包括了這本小冊子。《印度之行》是惠特曼後期詩歌所具有的神祕主義與深刻的幻想思想的典型展現。蘇伊士運河開鑿工程的圓滿結束以及太平洋鐵路的完工，都讓過去連接遙遠無比的東方的古老夢想變得真實起來。在這個小冊子裡，惠特曼所使用的象徵不僅僅代表著這個夢出現的統一性，而且還說明人們在靈魂的世界裡追尋著上帝。在他的人生晚年，談到《印度之行》這本小冊子是，他說：「我在這本小冊子裡表現了更多的我，可以說是將最本質、最終極的我都融入其中，這是其他的詩歌都沒有的……我在那本小冊子裡所表現出來的想法也是慢慢形成的，一些想法總是在逃避著其他想法 —— 最後不斷呈現出一種宇宙的思想。」

197　出自唐納森的《華特·惠特曼的人生》。

惠特曼的《民主展望》一書雖然標明是 1871 年完成的，事實上卻是在 1870 年完成的。這本專著是惠特曼在之前七年裡利用閒暇時間完成的。這是惠特曼對他在 1855 年《草葉集》序言裡提到的主題的重新深刻反思。他想要探討在民主的美國下，文學所具有的功能。惠特曼的想法並不是透過散文的形式，去進行持續且深入的理論推理。相反，這是一個他長久以來進行深入思考的主題，雖然在這個過程中，他的很多思路都受到了打斷，但他沒有放棄過這樣的思考。因此，當一些讀者初讀這本書的時候，會感到有些難懂。若是撇去這本書在正式行文結構上存在的缺陷，那麼這本書可以說是惠特曼對美國文學最有建議性與啟發性的貢獻了。惠特曼在這本書的開篇，就談論了給予所有人普選權可能帶來的巨大危險，他認識到了人類真正的危險，並不是單純政治層面上的危險，而是社會與宗教層面上的危險。按照他的說法，想要解決社會與宗教層面上的危險，就只能透過文學去完成。雖然民主制度能給人一種大眾都具有智慧的表面看法，但這卻無法滿足大眾在靈魂層面上深層次的需求。但是，很多宗教文明都只是為物質文明正名而已。在過去很長的時間裡，文學作品都沒有真正接觸到普通民眾最為真實的一面。我們的文學作品只有這樣做，才能有出路。我們的文學作品不僅要宣揚個人主義，還要宣揚互助精神，而這兩種精神必須要透過宗教來使之充滿活力。偉大的文學作品、藝術家以及過去的歷史教訓，都是人類所能獲得的最好經驗。

　　在這本書裡，惠特曼用非常形象化的語言描述了過去的歷史人物：「對我們來說，歷史就像燈塔那樣，照亮了所有的黑夜。不為我們所了解的古埃及人，雕刻的象形文字；印度人創造出來的讚歌以及箴言，還有許多史詩；希伯來人的先知與精神主義，直到現在仍然像閃電那樣發出極為耀眼的光芒，還有那些追求真理的良知以及在面對暴政與奴役時發出反抗聲音

的勇敢之人。耶穌低著頭，沉思著愛意與和平，就像一隻和平鴿。古希臘人創造出了人類在物質與審美方面的完美比例；古羅馬人則是諷刺文學方面的大師，除此之外他們還有寶劍與法典 —— 其中的一些歷史人物是那麼的遙不可及，就像躲在帷幕背後，一些人感覺距離我們卻是那麼的近。但丁，這位體型瘦弱之人高視闊步地走在大街上，他看上去只剩下滿身堅韌的意志了，身上沒有多餘的贅肉。米開朗基羅與其他偉大的畫家、建築師、音樂家以及戲劇天才莎士比亞就像陽光那麼輝煌燦爛。封建時期的藝術家與歌手就像即將要下山的夕陽，雖然依然閃耀出萬千的色彩，但仍然逃不過要沉沒的下場。至於德國的康德與黑格爾，雖然他們距離我們這麼近，卻給我們一種非常遙遠的感覺，彷彿他們就像古埃及那些不動神色且樂觀的眾神。」在說完了這些補充內容之後，惠特曼說美國這個國家需要自己的詩人與預言家，按照現代科學的精神去對目前這個時代進行詳細的分析與解讀。可以說，這就是對惠特曼的《民主展望》一書最為簡略的概括了。

　　這個時候，惠特曼在歐洲大陸的名聲開始越來越響亮了。愛德華·道頓在 1871 年 7 月的《威斯敏斯特評論》上發表了一篇關於惠特曼的著名文章〈民主的詩歌〉。他將這篇文章寄到了華盛頓，並附上了一封寫給惠特曼的友善信件。這開啟了他們之間頻繁且親密的信件往來。歐洲大陸上一些具有先見之明的評論家們開始意識到，現代文學已經興起了一股全新的力量。費迪南德·弗雷里格拉斯 [198] 在一篇熱情洋溢的文章裡附帶了《草葉集》的德文版本，發表在 1868 年 5 月 10 日奧格斯堡的《法蘭克福匯報》上。在這篇文章裡，弗萊利格拉茨稱讚惠特曼的詩歌代表著未來的詩歌創作方向。他給惠特曼與奧康納各自寫了一封熱情洋溢的信件。魯道夫·施

---

[198]　費迪南德·弗雷里格拉斯（Ferdinand Freiligrath, 1810～1876），德國詩人、翻譯家、自由運動宣導者。《草葉集》的德文版譯者。

密特，這位來自丹麥的評論家，將惠特曼的《民主展望》翻譯成了丹麥語，1872 年 2 月在《哥本哈根日報》上發表了一篇評論惠特曼的文章。施密特在 4 月分寫給惠特曼的一封信裡，就引述了比昂松[199]的一段話：「華特・惠特曼讓我感受到這麼多年來都沒有感受到的全新快樂。從某個方面來看，他可以說是我見過最偉大的詩人了！」在 1872 年 6 月 1 日，本特松[200]（也就是布蘭克夫人）在《兩個世界月刊》上發表了一篇關於惠特曼的文章。從這些種種的跡象來看，之前充斥著反對惠特曼的潮流終於被扭轉過來。在惠特曼寫給愛德華・道頓的第 一封信裡，就談到了這是他感到人生快樂的一年。在得到道頓先生的允許之後，我將惠特曼的這封回信引述如下：

華盛頓，1872 年 1 月 18 日

親愛的道頓先生：我再也不能延遲回覆你在 9 月 5 日與 10 月 15 日的來信了。在這之前（8 月 22 日），我已經給你寫了一封簡短的回信，作為回覆你在 7 月 23 日的來信。那是你第一次給我寫信，你在信中還將那篇文章的複印稿也寄過來了[201]。你寄過來的信件與文章，我都是一讀再讀。我對你所給予的讚美表示衷心的感謝。可以說，我感覺你距離我並不是那麼遙遠，而是那麼的近嗎？約翰・巴勒斯寄來的信件，更是證實了這點。我對你的朋友在信件裡所提到的內容非常感興趣，我一直以來認為他們也是我的朋友……請將我對他們的善意傳遞給他們。特別是你，還有道頓夫人以及你們的家人，我非常感謝你們的善意，我感覺距離你們是如此的

199　比昂松（Bjørnstjerne Martinus Bjørnson, 1832 ～ 1910），挪威作家，1903 年諾貝爾文學獎獲得者。比恩松與亨里克・易卜生、約納斯・李和亞歷山大・謝朗並稱挪威「四大作家」。比昂松還是挪威國歌的詞作者。
200　本特松（Thérèse Bentzon, 1840 ～ 1907），法國記者、散文家、小說家。
201　也就是上文提到的《威斯敏斯特評論》上的文章。

近。我希望你們每個人都能夠感受到我的祝福（如果方便的話，可以將我的這封信拿給他們看）。

我非常喜歡你在《威斯敏斯特評論》上那篇文章文章所持的立場與表達的思想 —— 你似乎抓住了我想要表達的核心思想，否則你不會取〈民主的詩歌〉的標題。想要寫出像你那樣的文章，需要作者進行全盤細緻的考量，才能以更加全面、流暢且信服的方式完成這篇文章。我完全接受你在那篇文章裡所提到的觀點。我同樣意識到，這可能是你身為我的忠實讀者，認真閱讀與思考的結果。除此之外，我認為你在那篇文章裡所提到的中心思想，其實是最為重要的 —— 除了中心思想之外，其他方面的問題都是可以透過各種方式去進行討論。

我想說，我那本書的核心原則（當然，你肯定也能明白），就是創立一個模型或是理想化的形象（這是適用於新世界的，或者說可以慢慢融入新世界的），從而讓現代人變成更加健康、勇敢與務實的人 —— 無論是在情感上、道德上、精神上與愛國主義情感上 —— 都能成為一個更好的兒子、兄弟、丈夫、父親、朋友或是公民 —— 這一切都是需要與當代科學的發展相一致的，與美國的民主制度以及我們目前的工業與專業發展所提出的要求相吻合 —— 當然，這同樣是對女性提出了要求 —— 讓她們成為更好的女兒、妻子、母親與公民。我希望能將一種充滿活力的人類個性精神表現出來。在男性方面，這表現在一種充滿力量的動物本能、激情、愛意以及黏合性。在女性方面，這表現在一種巨大的母性。總而言之，無論對男女來說，這都需要他們具有強烈的道德良知，讓他們意識到神性的法則會透過間接或是直接的方式控制著世間的一切。

在《民主展望》一書裡，我想要填補我們這個時代在想像文學與藝術方面的巨大真空，讓更多有信仰且心智健康之人能夠感受這樣的文學作

品。我希望透過此書說明一點，只有創造出這樣的文學，才是維繫我們整個民族長久生命活力的唯一途徑。至少，我想要勾勒出這種文學作品的輪廓——這需要一些具有全新思想的作家、詩人、真正的美國人，需要他們具有黑格爾派的哲學思想，具有民主精神與宗教思想——同時還擁有著更為寬闊的人生視野以及創新的寫作方法。

你在《威斯敏斯特評論》上提到的一點讓我很感動，如果以後有機會的話，我會詳細討論這點的——那就是你在那篇文章裡對美國那些雜誌、編輯、出版商或是所謂「評論家們」對《草葉集》的冷嘲熱諷表現出不屑的態度。至於我的《民主展望》，可以說沒有幾個美國讀者願意去閱讀。如果你能夠寫文章宣傳我的這本書的出版，或是有機會在其他文章宣傳這本書的話，我認為你在這些文章裡，一定要將這本書無法被那些正統的文學家或是文學界的權威所理解的事實寫出來——多數人都對這本書持強烈的反對態度，而這本書的作者其實就是政府的一名小職員，他之前曾因為所創作的詩歌而遭到內務部長的解職。

事實上，我對這些事情都看得非常淡然。我知道自己是以一種愉悅且心滿意足的心態去進行創作的——因此，我保持著這樣的精神與態度（我也希望，當我的朋友們宣傳我的作品時，也能夠將我創作這些作品時愉悅的心情表達出來。）

我現在的健康狀況很好，我依然在華盛頓的一個政府部門擔任普通職員。

我最近經常看到約翰·巴勒斯，他也一切安好。他前不久剛剛給我看了你寄給他的一封信。

（因為我現在認識了你，所以我們不再是素昧平生的人了。）我也越來越希望能夠有機會橫渡大西洋，去到歐洲那邊的英國以及你的國家看一看。

第五章　職員期間與他的朋友們

　　丁尼生已經給我寫了兩封非常真誠且友善的來信。他邀請我在恰當的時候前去拜訪他。

　　我也收到了華金·米勒[202]的來信。他現在居住在奧勒岡州，在慢慢地恢復健康，閱讀著書籍，享受著美麗的自然景色，有時還會進行一些創作。

　　愛默生最近在進行巡迴演說（已經在巴爾地摩與華盛頓發表過演說了）。他依然保持著一貫的態度——還是談論著二十五年前的那些主題。在我看來，愛默生的演說帶給聽眾的影響力是在慢慢下降（這就好比一壺泡久了的茶水，愛默生就好比那些好茶。當我們品上第一口的時候，會覺得醇香，但多喝幾次之後就會感覺味道越來越淡）。我將會隨信給你寄去愛默生在前幾天晚上發表演說的新聞報紙。你可以從報紙上感受愛默生的風采。

　　我親愛的朋友，我必須要停筆了。我一直都希望給你寫一封長信，告訴你我非常感謝你的善意、憐憫與同情心，也希望我們之間的書信往來能夠越來越頻繁。以後，我會將自己出版的作品寄給你或是告訴你可能會讓你感興趣的事情。你也可以隨時給我回信。

摯友

華特·惠特曼

寫於美利堅合眾國華盛頓的財政部律師辦公室

　　1872 年 6 月，惠特曼踏上了前往新罕布夏州漢諾威的旅程，他要去達特茅斯學院的畢業典禮朗讀他的詩歌。關於他受邀的故事，這是第一次揭露。整個過程非常有趣。關於這件事的詳情，我要感謝達特茅斯學院的查爾斯·F·理查森[203]教授，他向我確認了這個故事。現在仍健在的當年那些

202　華金·米勒（Joaquin Miller, 1837～1913），美國詩人、傳奇拓荒者。
203　查爾斯·F·理查森（Charles F. Richardson, 1851～1913），美國作家、教育家。

邀請惠特曼前來朗讀的校方人士表示，他們原本是希望透過這樣做來跟學院的教職員工開玩笑。此人在給我的信件裡這樣寫道：

「現在回想起來，當初我們之所以選擇邀請惠特曼前來朗讀他的詩歌，至少從某種程度上來說，是因為當時一些學生與教職員工們產生了一些矛盾，因此希望邀請惠特曼這位一些人不是很喜歡的吟遊詩人前來朗讀詩歌。當時的美國文學協會已經漸漸衰落了，而選擇演說者與詩人的權利落在了高年級學生的手上。一些學生就按照字母的排列順序去進行選擇。一般來說，這些高年級的學生都不知道每個詩人是屬於那些文學協會的，直到出現了選舉學生圖書管理員或是在畢業典禮上邀請一些名人發表演說的時候，他們才有所了解。1872 年，這些高年級的學生組成了一個帶有玩笑性質的團體『克頓上尉的軍校生』 —— 這不是一個真正的團體，也不是那些學院裡具有宗教性質的團體。這些『軍校生』負責了那一年的高年級選舉，然後很偶然地決定邀請惠特曼前來。正如愛默生在 1838 年也是因為運氣的成分，在當時保守主義濃厚的學院發表了那一篇震驚世人的演說。」

「惠特曼還是穿著平常一樣的衣服過來了。根據一些還記得當時現場的學生的回憶，惠特曼朗讀的詩歌是單調乏味的，沒有任何演說者的激情。惠特曼的聲音比較小，無法讓坐在教堂後排的學生們聽到。當惠特曼回到他的座位之後，臺下的很多學生都還不知道原來他已經說完了。不過，當校長走上前，握住惠特曼的雙手時，大家才意識到惠特曼說完了，不禁都鬆了一口氣。惠特曼所朗讀的詩歌沒有引起大家的興趣，也沒有招致他們的反感。這晚，惠特曼在參加畢業典禮音樂會時，給其他人最深的印象是，他的年齡看上去已經不止五十三歲了。當其他人為歌手們的演出鼓掌叫好時，惠特曼只是揮舞著手臂，或是大喊著『唱得很好！』來表達自己的喜歡之情。如果這些學生們一開始的目的，是想要戲弄那些保守的

教職員工，認為惠特曼是一個嚴格意義上的公理教會教徒，那麼他們的算盤就打錯了。因為惠特曼這位白髮好詩人非常樂意前去大學牧師 S.P. 里茲博士的家裡做客，當時的里茲博士身在歐洲，他的妻子熱情地招待了惠特曼。在告別的時候，惠特曼送給了里茲夫人一本《像一隻自由飛翔的大鳥》的詩歌集，感謝達特茅斯學院之前給予他的熱情歡迎。（惠特曼對此並沒有感覺到任何的不愉快）」

　　為了讓這個充滿諷刺意味的故事在文學界裡變得更加完整，我斗膽引述一篇惠特曼所寫的，從未出版的手稿〈美國的荷馬〉。他在這篇文章裡談到了他的詩歌引起了許多人的好評[204]。

　　「華特·惠特曼。達特茅斯學院之前邀請了這位名人前去朗讀詩歌，這件事再次引起了大家對他關於詩人藝術理論以及他的作品的關注。可以說，在過去的十六七年時間裡，惠特曼一直在努力地創作著自己的作品，他的《草葉集》也變成了一本很厚的詩集，他還出版了一本名為《民主展望》的書。直到現在，惠特曼仍表現出旺盛的創作活力，經常受邀前去一些文學團體發表演說，或是參加一些大學的畢業典禮。惠特曼的《像一隻自由飛翔的大鳥》以及其他的詩作構成了他剛剛出版的詩集的部分內容。在這本書的前言裡，惠特曼表示，他希望《草葉集》能夠成為一首讚美每一個具有民主精神的人的讚歌，希望這樣的作品能夠讓這個國家的民眾更

204　我要感謝來自阿爾巴尼的約翰·博伊德·柴契爾先生允許我使用這篇文章。惠特曼是在 6 月 26 日朗誦詩歌的。在這份手稿的頂部使用藍色鉛筆所寫的。惠特曼這樣寫道：「無論是 6 月 28 日的星期五還是在 6 月 29 日的星期六，我都可以按照當時的情況來進行使用 —— 我可以按照這個手稿去重寫，然後認真地進行校樣。」這份手稿寫在司法部信紙的背面。因為惠特曼在達特茅斯學院發表演說時的手稿時列印出來的，因此我們可以推測惠特曼在離開漢諾威之前就已經寫下了上面的而評論。他在 6 月 27 日寫給多伊爾的一封信裡就這樣寫道：「皮特，我前來這裡朗讀詩歌的事情是否登上了華盛頓那邊的報紙 —— 我認為這可能會在週四或是週五的報紙上出現，可能是《編年史報》或是《愛國者報》上。如果真是這樣的話，你可以給我寄來一封（如果兩份報紙都報導的話，那就各自給我寄來一份）」 —— 不過，事後證明，《編年史》與《愛國者報》都根本沒有對惠特曼前去達特茅斯學院朗讀詩歌這件事進行報導。

加具有民主的精神。」

「一開始，華特・惠特曼的作品呈現出來的形式，對那些已經習慣了閱讀詩歌的讀者來說，是絲毫不具有吸引力的。他的詩歌作品與傳統意義上的詩歌作品，在形式上有著天壤之別。惠特曼認為，過去那種詩歌形式已經不適合當代文學發展的需求，特別是不適合美國這個充滿民主精神的國家，因此他決意要創立一種符合當代的詩歌風格，希望能為之後的作家創立一種更加適合表達情感的寫作體裁。惠特曼的創作理論認為，我們這個時代即將迎來兩種特別重要的全新發展或是影響，這將會對人類的文明造成巨大的變革影響。按照他的說法，其中一種影響就是科學的發展；另一種影響就是民主共和國制度的出現；還有第三種影響，就是一種能夠更好表達品格與形式的全新詩歌。他認為，過往的詩歌創作應該適應這種全新的精神與現實的情況，與民主精神以及科學精神保持一致，而且保持這樣的一致是必不可少的。惠特曼說，美國必須要創造出屬於本土的想像性文學與詩歌，絕不能繼續沿襲過去封建世界所殘留下來的東西。因此，惠特曼的文學目標，就是對這樣的現狀進行一場深刻且本質的革命。他厭惡一切符合正統文學創作的方式，討厭那些限制創作者更好表達情感的韻律與規範，厭惡那些講述老套愛情故事的詩歌作品，而希望以更加自由鬆散的方式去創作出自己的詩歌，不需講究每一句詩歌的長短。這些詩歌初讀起來看似雜亂無章，若能認真精讀的話，就會發現其中蘊藏著某種固定的規律，就像海邊的沙灘上不時會湧來較大或是較小的海浪，讓觀者有一種欣賞潮起潮落的節奏感。」

「關於這種自由的韻律或是詩歌 —— 當你抓住其中的本質之後 —— 就會發現這讓人異常興奮，就像一個行將窒息的人突然間呼吸到了大量的氧氣，瞬間恢復生命的活力，想要將內心的情感全部迸發出來。以自由的

第五章　職員期間與他的朋友們

韻律去創作詩歌，這能讓創作者將每一個關乎人性、身體、激情、經驗、男女情感或是智慧與靈魂的想法都全部表達出來，同時這樣的情感在很大程度上都是關乎我們這個時代與國家的，這樣的創作同樣可以是描述歷史上其他時代或是其他國家。」

「在惠特曼即將要出版的新詩集裡，顯然會包括他在達特茅斯學院裡朗讀的那首〈一隻堅強的小鳥〉的詩歌。雖然惠特曼身為詩人的名聲是存在爭議的，但是他能夠從之前一切關於他的爭議中超越出來。他所提出的文學主張給普通的讀者帶來了一種強烈的刺激效果。事實上，隨著時代的發展，大眾讀者的閱讀期望也在慢慢地提升。在這個時候，需要一些最為勇敢的預言家勇於提出一些無畏的理論。只有時代的潮流才能證明這個時代是否需要這種全新的創作理念。華特・惠特曼 —— 絕大多數人都會饒有興致地看著這位古怪的人 —— 在這些年裡依然堅持著自己的創作理念，依然能夠看到他在紐約或是華盛頓的大街上慢慢行走，友善地對待自己遇到的每個人。他喜歡與農民交談，喜歡與那些近海船上的水手成為朋友，而這些人也經常會向他打招呼。關於他表現出來的隨和性情，這是我們每個人都要表達讚許的。他是一個有著優秀品格的人，他最突出的貢獻就是在內戰中後期每天都自願前往戰地醫院裡照顧來自南方與北方的傷患 —— 很難想像，這位穿著普通衣服，沒有打著領帶的中年人就是惠特曼。正是這位罕見獨特的詩人不斷歌頌著美國的民主精神，透過自己創作的詩歌表達身為美國人的驕傲。在他眼裡，歷史上的任何時代，無論是希伯來的精神，還是史前希臘的戰爭時期，還是代表著歐洲國王與貴族的莎士比亞，都無法與這樣的時代相比！」

「至於未來是否會為惠特曼的崇拜者對他的極度崇拜所正名，我們只能留給時間去做評判。但是，華特・惠特曼在美國文學歷史上，肯定會成

為一位具有原創能力且帶來了全新影響的詩人的存在。他的作品在這個共和國激發了一些人的熱情，這是古老的歐洲大陸上很多年輕詩人都無法與之相比的。毋庸置疑，惠特曼在美國文學界所遭遇的很多反對之聲，都是源於一些文學權威，這樣的反對之聲在未來肯定也會存在下去。但是，惠特曼在過去十多年的時間裡，已經經受住了被世人誤解、誹謗、中傷或是責罵所帶來的重重壓力，因此他現在可以勇敢地說，就正如保羅・鐘斯在屠殺了塞拉皮斯之後，別人問他是否已經完成了這次任務，他平靜地回答說：『完成任務？不，我還沒有完成任務呢，我才剛剛開始這場戰鬥而已。』」

在惠特曼對這次達特茅斯學院之行的紀錄裡，罕見地將他對文學名聲追求過程中所遭遇的幽默、愚蠢與哀婉的情感都展現出來了。

離開漢諾威之後，惠特曼在回來的路上路過了佛蒙特州的伯靈頓，他那位已經出嫁的妹妹漢娜居住在這裡。7月1日，惠特曼回到了華盛頓。在九月分的時候，他那位此時已經七十五歲、身體虛弱的母親已經搬到了紐澤西州卡姆登，與他的兒子喬治一起居住。此時的喬治在經商方面做得很好。但是，惠特曼的母親在卡姆登生活的時間很短，而惠特曼在華盛頓地區將近十年的生活也即將結束。

隨著冬季的到來，惠特曼有時會抱怨他的大腦經常會出現「嗡嗡聲」。從 1864 年他第一次感受到這樣「嗡嗡聲」之後，就會斷斷續續被這樣的情況所困擾。1873 年 1 月 23 日，他在財政部大樓辦公室裡待到深夜，認真閱讀著布林沃・利頓[205] 的小說。當他離開的時候，一位保全覺得他的臉色很差。在凌晨大約三四點鐘的時候，惠特曼在自己那間簡陋的住所裡

205　布林沃・利頓（Edward Bulwer-Lytton, 1803 ～ 1873），英國小說家、詩人、劇作家、政治家。代表作：《暴風驟雨》（*It was a dark and stormy night*）、《筆鋒勝過劍鋒》（*the pen is mightier than the sword*）、《龐貝末日》（*The Last Days of Pompeii*）等。

第五章　職員期間與他的朋友們

醒來，他發現自己身體出現了部分癱瘓的情況。在接下來得幾天裡，他的朋友們都擔心惠特曼可能會面臨最糟糕的後果。多伊爾、奧康納夫人、埃爾德里奇以及其他的朋友都輪流過來照顧他。過了一段時間之後，惠特曼感覺身體漸漸恢復了。到了 3 月 31 日，惠特曼能勉強回到辦公桌上，每天做一點工作。但是，世上的事情就是這樣，往往是禍不單行。「傑夫」的妻子瑪莎這位受到大家喜歡的女性，在聖路易去世了。他在卡姆登居住的老母親也生病了。這一連串的壞消息讓惠特曼的內心感到無比焦慮。在 5 月 10 號這一天，他立下了遺囑。十天之後，雖然他的身體依然非常虛弱，但他已經下定決心要返回卡姆登看望母親。因此，當他的母親在 5 月 23 日去世時，惠特曼就在他的弟弟位於史蒂文斯大街 322 號的家裡，陪伴在母親身旁。

「我的內心無法相信母親去世這一事實。」他在 8 月寫給皮特·多伊爾的一封信裡這樣說。「這是我人生中遭遇的最大打擊！」在惠特曼與他的簡樸性情母親之間，存在著一種最深厚的血緣關係，他們對彼此都有著一種發自內心的強烈憐憫心。可以說，母親的去世，讓惠特曼在這個世界變成了孤苦伶仃的人。他的弟弟喬治也是一個友善之人，但卻與惠特曼完全不是一個世界的人。惠特曼曾說：「我的弟弟喬治更加關心的是自己的煙管，而不是詩歌。」喬治為惠特曼在卡姆登提供了一個住處。對於此時身患疾病與沉浸在悲傷的惠特曼來說，想要返回華盛頓，至少從現在來說是不大可能。

事實證明，惠特曼再也不會返回華盛頓了。此時的惠特曼已經五十四歲了，他的生命只剩下十多年了。但是，他在 1873 年離開華盛頓前往卡姆登，這代表著他一個人生階段的終結。雖然，他有時依然會創作一些詩歌或是寫一些散文，而且真正確立他名聲的作品早已完成了。他想要結交

更多新朋友，越來越成為很多想要在文學領域朝聖的年輕人去拜訪的對象。但不管怎麼說，惠特曼在華盛頓過著快樂生活的日子一去不復返了。當他選擇留在卡姆登，不再返回華盛頓之後，他與華盛頓那邊朋友的關係也慢慢疏遠了。皮特·多伊爾前去賓夕法尼亞鐵路公司工作，約翰·巴勒斯在哈德遜購買了一處農場。一直忠於惠特曼的威廉·奧康納與惠特曼的關係也開始慢慢疏遠。據說，他們倆之間的關係之所以變得疏遠，就是因為在薩姆納參議員提出的重建南方的立法議案存在著嚴重的分歧。在這個問題上，惠特曼反對薩姆納這個議案，而奧康納則堅決擁護這個議案，直到他們兩人最後吵得不可開交。最後，他們和解了，但是這種疏遠的友情對他們這兩個都是重情感的人來說，卻是一個永遠的痛。

在接下來的十多年裡，惠特曼在一個方面做得可以說是失敗的，那就是他沒有更好地延續之前與那些朋友之間的友情。他平靜地接受那些年輕人表達的崇拜之情，這些年輕人每天都有很多閒置時間，表現出巨大的文學熱情，雖然他們身無分文，依然支持著他的文學創作理念。看到這群年輕人，惠特曼也會回想起自己過去被許多人中傷與誹謗，現在卻獲得了他們熱情的擁護。看來，這些年輕人都非常了解他的人生。事實上，這些年輕人根本不了解他。惠特曼在《草葉集》裡使用了很多多餘的語句，顯得很囉嗦，表現出一個精神處於狂暴狀態之人在懺悔時的內心世界，但在布魯克林居住的華特·惠特曼是一個沉默寡言的人。如果能夠讓他重新選擇的話，他可能還會選擇保持沉默。

「自然的祕密，
更多的在於它的沉默。」

第六章
卡姆登的吟遊詩人

第六章　卡姆登的吟遊詩人

嗚呼！預言家與先知的內心
是充滿著多少的恐懼啊！
在他們所生活的時代，
世人無法寬恕他們的離經叛道，
不知道他們為什麼要做出那樣的選擇，
這是因為他們走在時代的前列！

——朗費羅《基督》（*Christus: A Mystery*）

　　紐澤西州的卡姆登，這是惠特曼人生最後十九年居住的地方，這裡距離費城很近，只是被一條德拉瓦河分開，就好比霍肯博與紐約，切爾西與波士頓一樣，都是各自被一條河流所分開。紐約的《太陽報》（*The Sun*）曾將這個地方說成是那些深陷質疑、債務以及絕望當中的人的庇護所。但是，現在這個地方擁有了一位充滿神性的預言家以及他的一大幫忠實的擁護者，這些擁護者長途跋涉前來這裡朝聖他們心中的文學巨人。最後，這裡還有惠特曼那座著名的墳墓。因此，不管卡姆登這個地方在之前是多麼的平凡，但在惠特曼前來這裡定居之後，這變成了一座幸運的城鎮。

　　在母親去世幾個月之後，惠特曼在他弟弟位於史蒂文斯大街 322 號的房子裡擁有了自己的房間。他找來了一位名叫華特・戈迪的人來履行他在華盛頓財政部那裡的職責。財政部的領導對惠特曼當時的狀況也是十分關心，保留了他在一年之內可以回來上班的待遇。要是惠特曼在一年之內不前來上班的話，那麼他的職位將會被其他人所取代。與此同時，惠特曼已經習慣了這種經常性病弱狀態。他需要為自己的住房支付費用，他所節省下來的金錢足夠他眼前的開支。1873 年 9 月，惠特曼搬到了史蒂文斯大街 431 號一座新房子，他還是按照過去的習慣，選擇了頂層的一個房間。在天氣晴好的日子，他會握著手杖，步履蹣跚地來到渡口，然後乘坐輪船穿

越德拉瓦河，前往費城。費城集市大街上的馬車司機都將他稱為「卡姆登詩人」。他們往往會讓他坐在馬車前面的座位上，讓他在每次長途旅行中更好地欣賞外面的風景。他有時會給埃爾德里奇與皮特・多伊爾寫信，送去當時剛剛出版的《蘇格蘭首領》以及其他書籍給他們，有時還會對他們的穿衣風格給予一些有趣的意見。

隨著惠特曼的健康慢慢得到恢復，他再次開始了創作詩歌的工作。在〈哥倫布的祈禱〉裡，惠特曼將署名寫成是一位著名的熱那亞人，這篇文章刊登在 1874 年 3 月的《哈帕》雜誌上。1874 年，惠特曼讓他的代理人出席麻州塔夫茲大學[206]的畢業典禮，代為朗讀了他的詩作〈宇宙的歌曲〉。惠特曼的〈紅杉樹之歌〉[207]也是在這個時期創作的。惠特曼這三首詩歌都以各自充沛的情感以及相對獨立自由的創作形式而聞名。事實上，惠特曼在這些詩歌裡還嫻熟地使用了常規的韻律節奏，並使用了很多循環的句子以及其他技術性的手法。他的這些詩歌差點就陷入了他當年非常厭惡的那種「常規」的詩歌模式當中。

在他弟弟喬治的屋簷下生活，惠特曼感到不是很快樂。他想出了一些計畫，就是希望購買一塊廉價的土地，然後在這塊土地上建一間簡陋的房

206　塔夫茲大學（Tufts University），創建於 1852 年，是一所研究型大學，位於美國教育重鎮波士頓，是美國公認的優秀大學之一。塔夫茲大學重視培養學生的公民社會活動和公共服務意識，並以其國際關係專業和海外學習項目而聞名。

207　〈紅杉樹之歌〉，寫於 1874 年，那時惠特曼患偏癱症已經一年多，經過肉體和精神上的一番苦鬥之後有了起色，可以過河到費城去走走了。有一天他在費城圖書館讀到了一種關於加利福尼亞紅杉樹的文字，這種樹生長在沿海地區，可高達 300 英尺，直徑 15 ～ 20 英尺，是世界最高的樹木之一，有的樹齡長達 2,000 年，詩人對這種樹木頓生敬畏之心，並聯想到自己就像它們中間一棵正在被砍伐的大樹，他同情它，要為它唱一曲「死亡之歌」。後經過醞釀構思，詩人覺得最好不要唱輓歌，二是表白自己在做了一生的貢獻後願意誠懇地接受那不可抗拒的命運。因為他相信一切都是發展的，過去是為未來做準備，舊的應當給新的讓路，沒有什麼值得傷感的地方。詩人是借那株紅杉樹的歌唱在抒發自己不屈的壯志，以及對那即將取代他的一輩人的希望和讚頌，後者便是當時在西海岸崛起的美國年輕一代的建設者。詩人在創作這首詩的時候，還沒有去過美國西部，至於加利福尼亞更是終生不曾去過，當然也不曾見過那種高大的紅杉樹。因此這首詩完全是憑想像寫的，真實感人，便完全是詩人那顆誠摯的心和嫻熟的藝術修養相融合的結果。

第六章　卡姆登的吟遊詩人

子，從而「真正在卡姆登這個地方落腳」，就像一個飄洋在外的水手終於
返航了。但是，他之前所存下來的錢越來越少了，雖然他有時會自嘲地
說，希望能在卡姆登一間印刷辦公室裡印刷自己的一些詩歌。在 1875 年
這一年裡，惠特曼都處於精神不振的狀態 —— 他過著孤獨的生活，再加
上手頭比較拮据，這讓他每天都在焦慮中度日。在接下來一年的春天裡，
羅伯特・布坎南先生，這位英國的詩人與作家此時已經捲入了與羅塞蒂與
斯溫伯恩的爭議當中。他在《倫敦新聞》裡發表了一篇文章，講述了美國
民眾漠視正處在疾病與貧窮當中的華特・惠特曼。羅塞蒂馬上給惠特曼寫
信，詢問相關的情況是否屬實。惠特曼在回信裡用非常簡樸且帶有尊嚴的
方式說，他其實並不是過著非常貧窮的生活，但是如果他的英國朋友們能
夠幫助他更好地銷售他的作品，他肯定會感到非常高興的。我們需要記住
一點，在這之前，惠特曼都是自己銷售這些作品的。現在，他的《草葉
集》已經出版到了第六版了，而所謂的 1876 年歐洲大陸版本 —— 包括了
兩大卷，其中一卷是《草葉集》，另外一卷則是《兩條河流》[208]，除此之
外，還包括了惠特曼剛剛創作的幾首詩歌，還有《民主展望》以及其他散
文作品。

　　惠特曼的回信帶來了讓他非常滿意的結果。「來自英國那邊吹來的
溫暖春風也許（必定）拯救了我。」惠特曼後來這樣寫道。當時，惠特
曼整套書的售價是十美元，但是他的很多英國朋友都願意仿效丁尼生與
羅斯金，出兩倍或是三倍的價錢來購買惠特曼的作品。「金錢與情感的
喜悅是非常有效的良藥。」惠特曼後來這樣說道。在一大串的訂購者當
中，就出現了很多著名人物的名字，包括但丁・羅塞蒂、霍頓爵士、愛德

208　《兩條河流》，1875 年 5 月 2 日，惠特曼寫給愛德華・道頓的一封信裡，他解釋了這個名字所
　　象徵的意義：這是詩歌與散文交匯的兩條河流，事實上就代表著現實與理想之間的交匯。

華·道頓、吉爾克里斯特夫人、愛德華·卡本特、阿爾弗雷德·丁尼生爵士、約翰·羅斯金、W.B. 司各特、埃德蒙·戈斯[209]、喬治·聖斯伯里[210]、G.H. 路易士、G.H. 鮑頓[211]、亞歷山大·愛爾蘭[212]、M.D. 康威、T.E. 布朗牧師[213]、P.B. 馬斯頓[214]、J.H. 麥卡錫[215]、A.B. 格羅薩特[216]、赫伯特·赫科默[217]、R.L. 內特爾希普[218]、W.J. 斯蒂爾曼、F. 麥多克斯·布朗等人。難怪惠特曼這位居住在卡姆登落魄的詩人，這位被他多數的同胞所嘲笑與忽視的人，再次煥發了生命的活力。從一封日期標明是 1876 年 3 月 4 日寫給愛德華·道頓的信件裡，惠特曼就寫了一段充滿感激的話語，這段話非常恰當地表達了惠特曼當時的情感：「今天，我收到了你在 2 月 16 日寄來的那封充滿溫情的信件，你還在信件裡匯來了十二英鎊十先令，這讓我極為感動。你寄來的現金讓我感到開心，但是你在信件裡所傳遞出來的情感才是真正讓我動容的（這就像從愛爾蘭海邊吹來的一陣清新的海風，讓我感受到了友情所帶來的無限暖意）。我不知道你是否知道你已經做了一件讓我極為感動的事情。」

在一篇文章裡，布坎南就表達了對美國民眾漠視惠特曼生死的做法的不滿。喬治·威廉·科蒂斯在 1876 年 6 月出版的《哈帕》雜誌上，發表

209 埃德蒙·戈斯（Edmund Gosse, 1849 ～ 1928），英國詩人、作家、文學評論家。代表作：《父與子：信仰與偏見》（*Father and Son*）、《托馬斯·布朗爵士傳》（*Life of Sir Thomas Browne*）、《菲利普·戈斯傳》（*The Life of Philip Henry Gosse*）等。

210 喬治·聖斯伯里（George Saintsbury, 1845 ～ 1933），英國作家、文學史家、學者、文學評論家、紅酒鑒賞家。

211 G.H. 鮑頓（George Henry Boughton, 1833 ～ 1905），美國風景家、插圖畫家、作家。

212 亞歷山大·愛爾蘭（Alexander Ireland, 1810 ～ 1894），蘇格蘭記者、藏書人。

213 T.E. 布朗牧師（Thomas Edward Brown, 1830 ～ 1897），英國學者、教育家、詩人、神學家。

214 P.B. 馬斯頓（Philip Bourke Marston, 1850 ～ 1887），英國詩人。

215 J.H. 麥卡錫（Justin Huntly McCarthy, 1859 ～ 1936），愛爾蘭作家、愛爾蘭民族主義政治家。代表作：《愛爾蘭簡史》（*Outline of Irish History*）、《法蘭西之花》、《上帝之愛》等。

216 A.B. 格羅薩特（Alexander Balloch Grosart, 1827 ～ 1899），蘇格蘭牧師、作家、文學編輯。

217 赫伯特·赫科默（Hubert von Herkomer, 1849 ～ 1914），英國畫家、先鋒電影導演、作曲家。

218 R.L. 內特爾希普（Richard Lewis Nettleship, 1846 ～ 1892），英國哲學家。

了一篇名為〈安樂椅〉（*From The Easy Chair*）的文章，對此進行了非常有禮貌的反駁。他在文章裡這樣寫道：「惠特曼先生在美國所獲得的機會與布萊恩特以及朗費羅都是一樣的。很多人都讀過他的作品，當然也有很多人對他的作品提出過批評。他在一些主要的雜誌上也成為了撰稿人。現在，他有了一群非常熱情且忠誠的支持者，這些支持者將他稱為是超過當代所有美國作家的人。無論從哪個層面上來看，惠特曼都絕對沒有被大眾所忽視或是遺忘，相反很多民眾出於好奇心前去拜訪他……可以說，美國民眾不存在針對惠特曼先生的陰謀，也不存在任何人嫉妒他在文學領域方面的成就。要是惠特曼或是他的朋友們授權布坎南發表那樣的文章，這就值得我們去進行回應。可以肯定的是，這樣的回覆肯定能夠消除布坎南那篇文章裡含沙射影所帶來的不良影響。」

　　惠特曼始終保持著有尊嚴的沉默。他有著一種比任何理智更加強大的本能，他遵循了這種本能的指引，將專注力轉向了自然，這位始終對他敞開懷抱的母親。在距離卡姆登大約幾公里的地方，他發現了木溪附近有一處較為清幽的地方，這裡靠近名叫斯塔福德的一座農舍，這是一群友善民眾幫忙建造的。從早春開始一直到深秋，惠特曼與他們一起在這裡建造自己的房子。在接下來的兩三年裡，他經常沿著木溪河岸行走，他的大部分時間都是在戶外度過的。一開始，他想要追求的東西並不多：「我發現人生的真諦就在於，將你的需求與品味調低到足夠低的狀態，然後用積極的心態去看待一些看似消極的事情，感受更多的陽光與欣賞天空的景色。」不過沒多久，他就發現了更為積極舒適的生活。「當你在工作或是政治鬥爭中消耗了所有的能量，感覺無法感受到歡樂或是愛意了，那麼你就會發現似乎其他所有東西都無法滿足你內心的渴望了。此時，到底還剩下什麼呢？自然！只有身處在自然的世界裡，才能讓你的身心獲得長久以來無法

得到的真正放鬆，只有讓男女都走到戶外，呼吸新鮮空氣，欣賞大自然裡的樹木、田野，感受四季的變化，欣賞日出與日落，欣賞夜空中美麗的星星……親愛的朋友們，這是多麼有益於身心健康的美好時光啊！」

春天的時候，獨自一人沐浴在一個裝滿雨水的泥坑裡。在身體力量漸漸恢復之後，一動不動地坐著與那些充滿活力的年輕人進行聊天。之後，出去外面看著蜻蜓與翠鳥在空中飛翔。惠特曼漸漸地感受到了他過去那種追尋幸福的習慣了。疾病似乎讓他擁有了比過去更加敏銳的感知能力，獲得了觀察自然的一種更強大能力。他的聽覺與視覺能力始終處在一種敏銳的狀態，但是每當他外出散步的時候，他更多的是懷著一種休閒愉悅的心情，而不是帶著要刻意觀察某些事物的心態。在這樣的心境下，任何聲音、色彩或是香氣似乎都無法逃脫他的感受，他會在半夜聆聽著候鳥發出來的優美歌聲，也會聆聽草地上的大黃蜂發出的嗡嗡聲，傾聽樹梢上吹過的一陣微風。他欣賞著天空飄過的雲朵在草地掠過的陰影，看著老鷹在天空中盤旋，此時他的內心感到無比滿足。他感受到了樹木帶給人類的許多道理。他列出了一個名單，似乎與現在二十世紀的小學生一樣，第一次認真研究他們所看到的花朵與小鳥。惠特曼在日記裡將自己所見到的這些事物都記錄下來，後來收錄在《典型的日子》這本書裡。可以說，即便是梭羅、理查·傑佛瑞斯[219]或是約翰·巴勒斯，都無法寫出像惠特曼如此簡樸且充滿美感的散文作品。

不過，隨著惠特曼純粹的創作性衝動慢慢地減弱，他的心智出現了一種強烈傾向，就是希望從外在的自然現象中找尋滿足他個人精神與目標的東西。「我與其他人一樣，都能夠感受到當代社會發展的傾向（從之前的

219　理查·傑佛瑞斯（Richard Jefferies, 1848～1887），英國自然作家。代表作：《世界的盡頭》（*World's End*）、《紅鹿》（*Red Deer*）、《神奇的森林》（*Wood Magic*）、《大地的生命》（*The Life of the Fields*）等。

文學作品以及詩歌）就是將一切事物都變成一種無病呻吟的東西，讓人產生厭倦、病態、不滿足的心理，直至最後的死亡。但是，我現在能夠清楚地看到，這些根本都不是自然發展的結果或是產生的影響，而是因為人們內心的靈魂出現了扭曲與病態，從而變得愚蠢麻木。在充滿狂野氣息與自由的自然裡，每個人應該都能夠感受到那種健康的氣息，感受到內心的愉悅以及心靈的純粹與活力！」惠特曼經常會在晚上沿著小徑或是小溪邊行走，他喜歡觀察夜空中的星星，然後就像阿米爾[220]與塞納庫爾[221]那樣的夢想家進行長時間的沉思，之後再對這樣的沉思進行反思。「這是我第一次感覺到，創作會以一種無聲無息的方式進入我的靈魂深處，這一切都是那麼的平靜溫和，那麼的無法言說，超越了世間的一切 —— 這就是無窮無盡的宇宙！這超越了一切藝術、書籍、布道演說或是科學技術。在這樣充滿靈性的時刻，在這樣充滿宗教感的時刻 —— 這似乎就是上帝在時空世界裡給予我們最為明確的暗示 —— 一旦我們真切地感受到了上帝的暗示，就永遠都不會忘記。這樣的暗示源於星空。只要當我們抬頭仰望星空，就有可能會萌生出這樣的感想。整個銀河系就像某個演奏中的交響曲，讓我們在感受著宇宙演奏的樂曲中，聆聽著世間的每一個聲音 —— 這就是神性所閃耀出來的光芒，直達人類的靈魂。在萬籟寂靜的時候，在這樣一個無法用語言描述的夜晚與星空下，我深陷其中，無法自拔。」

　　惠特曼表現出這種孤獨熱烈的情感，正是他在木溪岸邊恢復健康時期內心的特點。不過，在這些年裡，惠特曼與許多人形成了全新的友情。1876 年，吉爾克里斯特夫人帶著她的孩子在費城生活了很長一段時間，惠特曼也經常會去她家做客。1877 年 1 月，惠特曼在湯瑪斯‧潘恩[222] 誕辰

220　阿米爾（Henri ～ Frédéric Amiel, 1821 ～ 1881），瑞士倫理哲學家、詩人、文學評論家。
221　塞納庫爾（Étienne Pivert de Senancour, 1770 ～ 1846），法國散文家、哲學家。
222　湯瑪斯‧潘恩（Thomas Paine, 1737 ～ 1809），英裔美國思想家、作家、政治活動家、理論家、

一百四十周年的紀念日發表了一篇簡短的演說。在接下來的一個月裡，惠特曼前去拜訪了 J.H. 約翰斯頓夫婦以及他在紐約那些剛剛結交的朋友，他受到了朋友們熱情的款待。在 5 月分的時候，愛德華·卡本特[223]——這位充滿魅力的英國年輕人懷著對惠特曼巨大文學熱情，親自前來卡姆登拜訪惠特曼。在這之後，R.M. 巴克博士，這位負責加拿大安大略倫敦地區一所精神病院的醫生也前來拜訪他。此時，巴克博士只有四十歲，是一個充滿力量與有著堅毅品格的人，在醫學界有著良好的聲譽。正如他在日後所著的《宇宙意識》一書裡所說的，他本人也是一個神祕主義者。根據他的說法，某次，他在半夜駕駛著二輪輕馬車回家的路上，被一團火焰色的雲團包裹著，這讓他感受到了生命永恆存在的意識，也感受到了所有人都是可以不朽的。1877 年之前的九年時間裡，他一直都在認真研究華特·惠特曼的作品。雖然他在一開始閱讀這些作品時，內心也感到憤怒與困惑。但是，他現在卻按照當地的姓名地址目錄，找到了惠特曼的地址「華特·惠特曼，詩人，居住在史蒂文斯大街 431 號。」巴克博士談到了他「被惠特曼這個人展現出來的魅力以及神聖的感覺所震撼，感覺有一股純淨的空氣圍繞著他。」他們的第一次見面很短暫，惠特曼也沒有說出什麼讓巴克博士印象深刻的話。但是，巴克博士「卻感受到了某種精神層面上的沉醉……在我看來，在那個時候，他是一個真正意義上的神，或是某種意義上真實存在的超人。無論他是神還是超人，可以肯定的是，與惠特曼這位詩人一起聊天的那段時間，是我人生中的轉捩點。」在接下來的十五年裡，巴克博士與惠特曼成為了極為親密的朋友，他還在 1883 年出版了一

革命家、激進民主主義者。美利堅合眾國的國家名稱（The United States of America）也出自潘恩，被廣泛視為美國開國元勳之一。代表作：《常識》等。

223　愛德華·卡本特（Edward Carpenter, 1844～1929），英國詩人、哲學家。代表作：《邁向民主》（*Towards Democracy*）、《創造的藝術》（*The Art of Creation*）、《華特·惠特曼及他的朋友》（*Some Friends of Walt Whitman: A Study in Sex-Psychology*）等。

第六章　卡姆登的吟遊詩人

本關於惠特曼的珍貴傳記，最終成為了惠特曼的遺稿保管人。

此時，約翰・巴勒斯也在哈德遜的農場定居下來了，過著幸福的生活。惠特曼在 1878 年與 1878 年兩次前去拜訪了他。1879 年 4 月 14 日，惠特曼依然還有足夠的體力前去紐約發表了一場紀念林肯總統的演說，在之後幾年分別前往費城與波士頓發表相關的演說。只要他的身體狀況還能夠支撐他這樣做，他都願意這樣做。在這些演說裡，有一些聽眾是出於對他的好奇，有的則是他的忠實擁護者。惠特曼的這些演說也得到了一些報紙的報導。1879 年 9 月，惠特曼進行了人生中第二次漫長的旅程，他與一些朋友最遠去到了西部的洛磯山脈，在返程的路上還在聖路易與他的兄弟「傑夫」待了一段時間，在第二年 1 月分回到了卡姆登。惠特曼將旅程中的見聞寫入了他的作品《典型的日子》。這本書裡納入了幾首有趣的詩歌，比如〈達科特的義大利音樂〉以及〈構成一幅景象的精神〉。在這些詩歌裡，惠特曼描述了許多峽谷、裂谷以及洛磯山脈的壯觀形象。雄偉的景象讓他忍不住一再驚嘆：「我終於找到了我的詩歌法則了！」當他看到了無邊無盡的密西西比河與密蘇里山谷時，感覺身心再次得到了充分的釋放。他感覺這個國家如此壯美的景色都是之前從沒有人去進行過描述的，而他則希望自己來做一個開頭。

在這一年的六月，惠特曼受到了巴克博士的熱情邀請，以朋友身分前往加拿大。在前去加拿大的沿途中，他看到了壯觀的尼加拉河。「我們已經非常接近那一條吊橋了 —— 我們不是距離這條吊橋很遠，而是非常近 —— 這一天天氣晴朗，陽光明媚，天空中沒有什麼白雲 —— 而我則置身於這樣的景象當中。以我當時的視力來看，我可以聽到五百公尺外的瀑布發出的聲音，這樣的聲音是那麼的容易辨認，但卻不會給你一種喧囂的感覺 —— 只是一種與喃喃細語相差無幾的聲音。這條河一眼看上去是綠

色的，但卻因為不斷翻滾的河水而變成了白色。我的腳下是一片黑乎乎的高地河岸，還有一大片樹蔭，那裡有很多青銅色的雪松處於陰影當中。眼前的這一切都在證實著這個世界無盡的物質性。我的頭頂則是一片晴朗的天空，只有偶爾飄過一兩朵白雲。總而言之，眼前的這一切是如此的透明、充滿了神性，讓人的內心趨於平靜。」惠特曼對巴克博士的精神病院在週日所進行的宗教儀式留下了深刻的印象，因為他看到了很多精神病人的面部表情都是非常僵硬的。「說起來可能十分諷刺，上帝所帶來的平靜內心卻沒有在這些病人的臉上呈現出來。」他的哥哥傑西十年前就是在這樣的精神病院裡去世的。在巴克博士的指引下，惠特曼沿著薩格奈[224]一直前往希庫蒂米[225]，這一段旅程給他留下了極為深刻的印象。可以說，這樣的旅行是他老年生活最為快樂的一個夏天了。結束了這段旅程之後，他回到了卡姆登。

1881 年 2 月，湯瑪斯・卡萊爾去世了。雖然惠特曼與湯瑪斯・卡萊爾從未見過面，但是他還是認真讀過卡萊爾的一些書籍。毫無疑問，卡萊爾的《衣裳哲學》帶給他極為深刻的影響，這也是讓他當年產生萌發出要創作《草葉集》這本詩集的原因之一。除此之外，惠特曼在《民主展望》一書裡的很多段落，其寫作的出發點都是回應卡萊爾所寫的那些小冊子《前進的尼加拉》。得知卡萊爾去世的消息之後，他陷入了深深的沉思。這也是晚年惠特曼經常表現出一種追求精神層面上的情緒。

「在一個寒冷的晚上，天空萬里無雲（這一天是 1881 年 2 月 5 日），當我走到附近一片開闊的空地上，我得知了卡萊爾身患重病，可能即將要去世的消息。這讓我的內心充滿了很多無法言說的思想。我內心的複雜情

224　薩格奈（Saguenay），加拿大魁北克省中部一城市。
225　希庫蒂米（Chicoutimi），加拿大魁北克省中部一城市。

第六章　卡姆登的吟遊詩人

緒與當時的環境融為一體。天空上的金星掛在西邊的天空，顯得那麼的明亮，似乎恢復了過去的光芒（在過去一年裡，金星發出的光芒都是黯淡的）。在這個過程中，我還生出了之前從未注意到的一種情感 —— 這不單純是一種奢侈、淫蕩或是讓人著迷的情感 —— 而是一種沉靜、嚴肅且傲慢的情感 —— 我感覺自己見到了米洛·維納斯。在天空的更遠處，我彷彿看到了朱比特。月亮在他的旁邊，似乎在圍繞著它轉動。我還看到了昴宿星團在它的身邊，金牛座星團與紅色的畢宿王星。此時的天空沒有一絲雲朵，獵戶星座在天空的東南方向出現了，一同出現的還有它那閃耀著光芒的帶狀 —— 在獵戶星座的下方，懸掛著夜晚的『太陽』天狼星。每顆星星似乎都在不斷地膨脹，變成了透明的玻璃，比以往任何一個時候都更加接近我。事實上，即便是在一些晴朗的夜空裡，也不是一些較大的星星發出的光芒就可以蓋過其他星星的。每一顆小星星或是星團都清晰可見，一切都是那麼的明亮，發出的光芒就像寶石發出的光芒一樣美麗。在東北面以及北面的地方，就是西克爾星團，還有仙后座、牧夫座以及雙子座星團。我看到了這些星團都在沉默不語，似乎在進行著一場祕而不宣的表演，深深地吸引著我的整個靈魂。與此同時，我的腦海無法抹去卡萊爾已經去世的消息。（也許，在夜晚觀察著天空中的星星，這能夠讓我們解釋死亡與天才的存在之間的神祕之處，可以緩解我們在面對這些情況時內心的困惑，讓我們的內心變得清淨起來。）」

「現在，湯瑪斯·卡萊爾已經去世了。被埋在土地下面的卡萊爾會迅速分解，最後變成了粉末，被風吹起，散落在空氣中。他還會變成一個象徵的符號嗎？也許，這樣的想法是過去一萬年裡，大家都在思考與猜測的，但是他們始終無法去理解 —— 也許，這的確超越了所有凡人所能理解的範疇 —— 難道卡萊爾在去世之後，就真的再也沒有了他充滿活力時

所散發出來的魅力嗎？也許，卡萊爾的靈魂現在已經隨風吹到了茫茫的星際之間，變成了無處不在的存在。我對此是深信不疑的。在這樣一個美好靜謐的夜晚，這些問題直達我的靈魂深處，也許只有在這樣的環境下，我們才能得到最好的回答。對我來說，每當感受到特別悲傷的情感或是棘手的問題，我都會躺在草地上，看著星空，認真地聆聽著整個宇宙告訴我的無聲答案，這讓我的內心充盈著無限滿足感。」

　　這一年四月，惠特曼前去波士頓，發表了一場紀念林肯總統的演說。在這次的旅程裡，他很高興看到這座古老的城市「有了很多古希臘式的人」，而且這裡的「也變得更加英俊了」。特別是那些前來聆聽他演說的那些頭髮灰白的女性，「她們看上去是那麼的健康、那麼的賢慧與充滿母性，她們都是極具魅力的美麗女性。」他受到了朗費羅「熱情的招待」，三年前，朗費羅就曾前往卡姆登拜訪過惠特曼。在「令人著迷的兩個小時」裡，他坐在昆西・A・肖[226]的家裡，認真地欣賞著J.F.米勒[227]的圖畫。他能夠感受到這位偉大的畫家透過畫作想要表達出來的精神，而他想要表達的精神與惠特曼內心的情感是有共鳴的。一個週日下午，惠特曼長時間地在「劍橋地區的紀念堂裡安靜地欣賞著很多畫作，看著牆壁上的字碑，看到了當地那些當年參加內戰而犧牲的大學生。」他知道，這些已經犧牲的名字意味著什麼。

　　幾週之後，他回到了他出生的那個村莊，這一別已經過去了四十年了。巴克博士陪伴他前來這裡，他們乘坐馬車來到了惠特曼祖輩們經營的

226　昆西・A・肖（Quincy Adams Shaw, 1825～1908），美國金融投資家、商業大亨，曾任美國著名卡盧米＆赫克拉礦業公司（Calumet and Hecla Mining Company）首任總裁。

227　J.F. 米勒（Jean-François Millet, 1814～1875），法國畫家，巴比松派學校創辦人之一，以鄉村風俗畫中感人的人性在法國畫壇聞名。他以寫實徹底描繪農村生活而聞名，是法國最偉大的田園畫家。羅曼・羅蘭在所著的《米勒傳》（Francois Millet）指出：「米勒，這位將全部精神灌注於永恆的意義勝剎那的古典大師，從來就沒有一位畫家像他這般，將萬物所歸的大地給予如此雄壯又偉大的感覺與表現」。

第六章　卡姆登的吟遊詩人

那座廢棄的農場，並且撥開長滿了青苔的墳墓，這裡就是埋葬著他的祖父與范‧威斯勒的地方。在亨廷頓這個地方，只有極少數人還記得他。時至今天，當地人似乎也從來沒有因為惠特曼所贏的的名聲而感到驕傲。1883年，在沙福郡成立兩百周年的紀念大會上，一位演說者用驕傲的口吻介紹了這個縣出來的詩人：「在詩歌方面，我們縣出了泰瑞[228]、加德納、圖克等人。」但是，此人忘記了最為重要的一名詩人華特‧惠特曼的名字。

在從長島回來卡姆登之後，惠特曼在紐約逗留了一段時間，並在第二十四大街上找到了他之前的老闆百福。這兩位老人找了一個酒館，一邊喝酒一邊談起了他們過去的記憶。此時的惠特曼穿著簡樸的衣服，「倒了一杯滿滿的香檳酒，一臉沉默地喝了下去。」

在四月完成了波士頓的旅程之後，惠特曼收到了一個邀請，這是約翰‧波義耳‧奧萊利[229]為詹姆斯‧奧斯古德聯合出版公司奉上的一份重新出版惠特曼詩集的建議書。奧斯古德聯合出版公司希望能夠出版一個最終版本的《草葉集》。惠特曼在回信裡表示，倘若這家出版公司真的想要出版這本書，就必須要保持這本書的完整性。「至少要在書的封面上對一些讀者提出警示，即一些描述性愛方面的頌歌必須要保持原樣，不再進行任何修改與刪除。」此時，出版商表示希望看看惠特曼寄來的稿子，他們最後接受惠特曼的提議，同意為惠特曼支付 12.5% 的版稅。自從塞耶和埃爾德里奇出版社 1860 年出版的《草葉集》導致出版商經營慘敗後，惠特曼的《草葉集》終於找到一家實力雄厚的出版商再出版。這年八月，惠特曼回到了波士頓，監督了整個出版的過程。在接下來的兩三個月，他的精神狀態都非常好。他在布林芬奇飯店住了下來，將大部分時間都花在到波士

228　泰瑞（Lucy Terry, 1730～1821），美國詩人。
229　約翰‧波義耳‧奧萊利（John Boyle O'Reilly, 1844～1890），愛爾蘭裔美國詩人、記者、小說家、編輯。

頓綠地公園或是城市邊緣的海邊散步。這個時候，惠特曼也受到了各方人士的熱情招待。

在惠特曼看來，他所獲得最熱情的禮遇還是來自康科德。他收到了 F.B. 桑伯恩[230] 先生的邀請，前去他家做客。他來到這裡之後，還與愛默生進行了一場「長時間的友善對話」。惠特曼描述此時年齡已經很大的愛默生具有一種難以用語言來描述的魅力，也許只有卡萊爾才能超越這樣的魅力：「他臉上的氣色很好，一雙眼睛明亮，臉上的表情依然非常豐富，有著一如既往清晰的凝視。」第二天，惠特曼與桑伯恩夫婦一起前去愛默生家裡共進晚餐。眾所周知，此時的愛默生的記憶力已經迅速衰退了，他的兒子告訴他那個人就是華特·惠特曼，愛默生才記起來。不過，對惠特曼來說，這次晚餐是具有深刻的象徵意義。關於這次晚餐，有傳記作家試圖站在惠特曼的角度做了動人的描述：

「我認為，在愛默生一生的文學旅程中，是否還有比這次晚餐更加讓人動容且感動的了 —— 這就像即將下山的夕陽將最後一縷的光芒都灑落在大地上 —— 1881 年 9 月，惠特曼特意與桑伯恩夫婦一起前來康科德，拜訪二十五年前曾給予他鼓勵的愛默生，以表達他內心對愛默生的敬意。真正讓惠特曼感動的，不是他們這一次共進晚餐，而是第二天早上，愛默生夫婦親自為惠特曼做早餐，這是極具象徵意義的。這是一個美麗的秋天週日。在這一天的下午，惠特曼在愛默生家裡，看著他身邊的家人，包括他的妻子、兒子、女兒、女婿還有其他較為親近的親人以及兩三位親密朋友 —— 總人數大約在十四到十五人 —— 如果這樣的情景還無法代表愛默生那顆簡樸或是嚴肅的心，那麼惠特曼肯定也會明白了愛默生在 1856 年

230　F.B. 桑伯恩（Franklin Benjamin Sanborn, 1831 ～ 1917），美國記者、作家和社會改革家，也是美國超驗運動時期的核心人物傳記作家。

給他的信件裡，給他帶來的鼓勵與幫助。如果這些都還無法讓人心生感動的話，那麼人類生活、情感或是一切的行為都是毫無意義的[231]。」

這一年的 11 月，惠特曼回到了卡姆登。整個冬天，他都因為奧斯古德出版公司出版《草葉集》取得的成功而感到精神振奮，這個版本的《草葉集》大約賣出了兩千本。1882 年 3 月 1 日，惠特曼遇上了一些麻煩。波士頓地區的檢察官奧利弗・史蒂文斯接到了抵制不良文學協會的投訴。在州檢察官馬斯頓[232]的指示下，奧斯古德聯合出版公司出版的《草葉集》就在這個被投訴的名單裡面，並且「建議」限制這本書的發行。惠特曼不久就收到了出版商寄來的信件，表示「他們當然不願意就這樣的事情去走法律程序」。在收到信件不久，惠特曼就收回了他之前的立場，在回信裡表示：「我願意對那本詩集裡的部分內容進行修改或是刪除 —— 難道這樣做還不夠嗎？也許，我需要對十行詩的內容進行刪除，只保留幾個段落。」但是，惠特曼的妥協方案也是無濟於事。地方檢察官列舉出了《草葉集》裡必須要刪除的段落以及句子。此時的惠特曼再次變得強硬起來，完全拒絕了這樣的要求。接著，出版商向惠特曼提議，他們要盡可能達成一個讓彼此都感到滿意的方案，只刪除其中的兩首詩歌，其他的詩歌則原封不動。對此，惠特曼在回信裡表示：「不行，我不能接受刪除其中的兩首詩歌。」因此，出版商只會面臨兩個選擇，不是為此事打官司，就是停止發行這本書。顯然，他們會選擇後者。在出版商與惠特曼進行了一番友善的信件交流之後，他們將這本書的印刷版寄回惠特曼。惠特曼則很快將這樣的印刷版寄給了費城的雷斯與威爾斯聯合出版公司，不久這家出版公司的

231　出自沒有出版的《惠特曼與愛默生之間關係》的回憶錄，是寫下這段文字的人在 1882 年 5 月 28 日寄給奧康納的一封信隨信附上的，因為奧康納當時在紐約《先鋒報》上的撰稿需要這樣的資料。

232　馬斯頓（George Marston, 1821～1883），美國律師，麻州檢察官。

老闆就換成了大衛‧麥基。

　　惠特曼在寫給奧康納的一封信裡說：「我本人對奧斯古德聯合出版公司沒有任何的不滿，他們的行為我是完全可以理解的。在這個過程中，他們對待我的態度很友好，我也理解他們的難處。他們那樣做也是無奈之舉。馬斯頓應該成為你所抨擊的對象。」當時，奧康納與惠特曼剛剛和解了，但是惠特曼知道他在緊要關頭還是可以依靠這位脾氣火爆的愛爾蘭人。5 月 25 日的《紐約先鋒報》刊登了奧康納的文章。在文章裡，奧康納將抨擊的對象瞄準了奧斯古德、馬斯頓以及史蒂文斯。在奧康納看來，只有同時抨擊他們三個人，才能消除他心頭的怒氣。美國其他地方的一些報紙 —— 幾乎都毫無例外地 —— 發表社論指責麻州當局的不當做法。波士頓的郵政局長托比之前曾禁止郵局快遞《草葉集》這本詩集，但後來被華盛頓當局勒令撤銷這個不當的命令。事實證明，這是《草葉集》在美國最後一次遭到迫害了。在惠特曼人生的最後十年裡，雖然他的詩歌還是經常遭到讀者的嘲諷，但是他已經從報紙或是民眾那裡得到了友善的對待與尊敬。

　　1882 年春天期間，朗費羅與愛默生相繼去世。朗費羅的任何傳記作家或是評論家刻劃的形象，都無法與惠特曼在日記裡的下面這段話相比：「毫無疑問，朗費羅就是一名吟遊詩人，同時他又反對我們這個時代大眾追求的物質主義、金錢崇拜等盎格魯-撒克遜民族的通病。特別是對當下的美國來說 —— 這個時代的一切規則幾乎都是那些製造商、商人、金融家、政客以及工人們所制定的 —— 對那些出於底層的工人們，朗費羅是一位能夠創作出充滿節奏、韻律詩歌的詩人 —— 是一位類似於德國、西班牙與北歐大陸上那些圓滑的詩人 —— 受到很多女性以及很多年輕人的喜歡。要是有人問我，還有誰比朗費羅為美國做出更多的貢獻、做出更

多正確的指引，我可能要思考大半天都無法回答。」一個月後，愛默生去世了。惠特曼在日記裡對他的評價更是趨於完美：「愛默生是一個公正之人，是一個充滿著愛意、包容心與理智之人，他就像我們這個國家的太陽。」惠特曼在《散文集》裡，對愛默生進行了正式的評論，其中就包括了一些非常具有洞察力的句子：「愛默生最為重要的影響，在於讓他的追隨者不再去崇拜任何事物——讓他們不再去相信任何東西，不再去迷信任何除了他們自身之外的外在事物……愛默生主義思想最為精妙的一部分，就是催生了很多摧毀偶像崇拜的人。誰想要一輩子成為別人的追隨者呢？這樣的思想是愛默生所有作品中所潛藏的核心思想。任何老師都不曾像愛默生這樣，要求他的追隨者們過上更加獨立自主的生活——愛默生才是真正的進化論主義者。」惠特曼這段評價愛默生的話，加上他對愛倫·坡、布萊恩特、惠蒂埃、伯恩斯以及丁尼生等人的評價，都展現出了惠特曼無論是在洞察力還是遣詞造句方面，都展現出了一種嫻熟的技巧。這可能會讓很多認為惠特曼只是一位「只懂得發出野蠻聲音」的讀者大吃一驚。

　　1882 年的秋天，惠特曼出版了《典型的日子》文集，這部文集收錄了惠特曼當時所能收集到的所有散文。他在一封寫給奧康納的信件裡這樣說：「你知道鴨子是什麼嗎？《典型的日子》這本書就像鴨子那樣，從我生命的池塘上掠過……我沒有在這部文集裡觸動到真正的東西，而是像平坦的鵝卵石那樣鋪在路上——至少，這能夠給讀者帶來一些充滿生命力的感受或是某些感想[233]。」事實上，這是惠特曼對這本書的一種謙虛的評價，《典型的日子》是一本包含著很多讓人覺得有趣且充滿暗示的散文

233　出自惠特曼一封沒有出版的信件。

集，卻始終沒有贏得與之相對應的名聲[234]。

　　巴克博士將自己對惠特曼的生平以及批判性研究都寫入了《華特·惠特曼傳》一書裡。這本書在 1883 年出版面世了。坦白說，這是惠特曼的一位私人朋友與追隨者所寫的書，書中將關於惠特曼有記錄的事實都呈現出來了。巴克博士在書中收集到了許多當時見證者的證言以及詢問了很多人的看法。1880 年 6 月，就有人希望伯巴克博士能夠創作一本關於惠特曼的傳記，巴克博士只是簡單地說：「我認為，華特·惠特曼是最偉大的人物之一，即便他不是最為偉大的，至少也可以列入最偉大的行列。」本書附錄收錄了很多關於第一版《草葉集》所招致的批評。附錄裡還收錄了奧康納的《白髮好詩人》——後來，這本書做出了一些局部修改之後，再次出版了。奧康納加入了一封全新的信件，這封信件的篇幅大約是原先那本小冊子的一半左右。在這封信裡，奧康納以激情與憤怒的語言抨擊了那些批評惠特曼的評論家。所有這些內容都讓巴克博士所寫的《華特·惠特曼傳》彌漫著一種爭論的氣息，這顯然會讓這本書失去客觀與公正，限制了影響力。1880 年 11 月，E.C. 斯特德曼在《斯克里布納報》（現為《世紀報》）發表的一篇深思熟慮的文章——他在這篇文章裡顯然不像奧康納或是布克那樣偏頗地評論惠特曼——也許，這樣的文章要比惠特曼的那些忠誠狂熱的追隨者們任何文章，都更能為惠特曼贏得更多的讀者。不管怎麼說，巴克博士對惠特曼的忠誠與狂熱，讓很多惠特曼的支持者都非常佩服。直到現在，巴克博士的這本書依然吸引著對惠特曼感興趣的讀者。

　　在惠特曼出版了《典型的日子》文集之後，他與奧康納之間又重新開始了往日頻繁的通信。惠特曼在其中的一封信裡，就對愛默生進行了恰當的評價，這是在《卡萊爾與愛默生通信錄》一書出版之前公開發表的。

234　「沒有人會在乎什麼散文作品的。」惠特曼曾對當時的讀者閱讀需求進行了有趣的總結。

第六章　卡姆登的吟遊詩人

　　　　　　　　　　紐澤西州卡姆登，1883 年 2 月 21 日，下午

　　……我一直對卡萊爾與愛默生之間的通信內容深感興趣 ——（我之前從來不知道他們倆之間竟然有如此之多的通信往來）—— 你在很久之前就談到了為什麼愛默生的思想會發生轉變，或是違背了他原先的觀點 —— 無論我們對此有怎樣的說法 —— 毫無疑問，這是一種欺騙。那些對我懷著最深惡意的人 —— 那些非常憎恨我的人 —— 無論是在波士頓還是其他地方，他們始終在找尋著這樣的機會。

　　讀者可以從這裡找尋到明顯的證據，這些證據在惠特曼晚年時期變得特別明顯。在惠特曼感到惱怒的某個時刻 —— 特別是當他認為自己遭到別人的迫害而感到悲傷的時候。愛默生卻以這樣的方式不斷讓別人去「陷害」他，這顯然是無稽之談。惠特曼對羅斯金的看法同樣是荒謬的，當羅斯金對他的朋友們談論《草葉集》一書時，這樣說：「愛默生與惠特曼都是無比真誠的 —— 從某種意義上，他們就像一把來福槍，將我們每個人身上最為致命的弱點都殺死了」。但是，羅斯金卻始終不敢寫信給惠特曼。不過，惠特曼在一封信裡卻表達了極為有趣的想法。

　　　　　　　　　　　　　　　　　1883 年 10 月 7 日

　　可以說，羅斯金對《草葉集》一書的憂慮，實在是過於個人化與情緒化了 —— 我之所以要創作《草葉集》這本書，完全是源於內心的熱烈的情感、激情、歡樂、渴望、疑惑以及內心的滿足感：這其實也是我想在這本書裡傳遞出來的東西（無論這樣的激情、歡樂或是思想以怎樣一種形式呈現出來，這都是根植於美國本土的。）

　　因此，我認為，羅斯金在他對《草葉集》進行具有民主精神的吹噓方面表現出一種退縮的心理。

羅斯金的一些朋友前來拜訪過我，我透過他們對羅斯金有些了解 —— 可以肯定的是，他原先肯定是想要給我寫一封信的 —— 並且已經寫好了書信的草稿 —— 但是他因為內心的恐懼與擔心，始終都沒有將這樣的一封信寄給我。

　　羅斯金是一位真誠的英國人，他顯然相信高尚的詩歌藝術是複雜的，認為創作詩歌需要有某些固定的套路或是主題，希望激發起讀者內心的情感，讓他們對某個中心主題產生高尚的情感，而不需要將詩人的一些個性表現出來，或是絲毫都無法展現出詩人個人的傾向性 —— 就像莎士比亞創作出的很多無與倫比的戲劇作品。但是，我更願意創作一些能夠代表我內心想法以及人類共性的作品 —— 這才是我想要追求的目標。

華特・惠特曼

　　在巴克博士所著的《華特・惠特曼傳》的讀者當中，就有列夫卡迪奧・赫恩[235]，他當時是紐澳良地區的一名正在奮鬥的記者。他之前與奧康納有通過信，非常了解奧康納在這本書中所扮演的重要角色。赫恩在寫給奧康納的一封信裡，就充分地展現出了 1880 年代的年輕文學愛好者對惠特曼的看法：

紐澳良運河大街 278 號，1883 年 8 月 9 日

　　我親愛的奧康納：……你寄來的這本傑作 —— 因為我無法非常直觀地感受到其中的個性 —— 這就像我家裡收藏的《草葉集》一個有價值的補充。我的內心崇拜著惠特曼，也不止一次希望在報紙上表達我對惠特曼的看法。但是，你也知道像我們這些做記者的，想要公開這樣做其實不是

235　列夫卡迪奧・赫恩（Lafcadio Hearn, 1850 ～ 1904），日本小說家。出生於希臘，1896 年歸化日本。改名小泉八雲。

第六章　卡姆登的吟遊詩人

一件容易的事情。我認為，在任何一份普通的報紙上讚美惠特曼，這都是非常不容易的。因為這些報紙的編輯會告訴你，他們的報紙「是要面向很多受人尊敬的家庭」，或是如果你想要透過發表文章來引起一些爭議的話，他們會說你是一個喜歡看淫穢文學作品的人。事實上，記者這個行業並不能真的算是文學領域。當代的記者需要更好地服務於整個社會 —— 就像封建時期義大利的羅馬騎兵，或是過去其他年代那些自由自在的船長。如果記者透過不斷拓展自己，從而在這個充滿邪惡鬥爭的社會裡獲得相對獨立的話，那麼他才能自由自在地表達出內心的情感，或是沉浸於自己的思想中，就像伊里亞特[236]在創作《喬瓦尼‧馬拉泰斯塔》時，可以充分表達自己的情感與偏向。

我認為，不能對你寄給我的詩歌做出那麼高的評價 —— 雖然你所給出的批判性評論在我的腦海裡留下了極為深刻的印象。我認為天才們肯定擁有一種更加偉大的特質，正是這種偉大的特質才讓他們脫穎而出。相比於這種偉大的特質，他們的創造性能力反而是相形見絀的。他們所創作出來的作品必然是充滿美感的，如果其中包含了太多物質方面的內容，肯定無法滿足我的閱讀需求。我對於那些充斥著尚未淬鍊的礦石或是需要打磨的珠寶類的文學作品不感興趣；我想要看看那些淬鍊過後的黃金，想要看看那無比精妙的成品。我想要看看那些鑽石被切割成玫瑰的形狀，就像古希臘人透過藝術創作，將毫無瑕疵的魅力融入了那些裸體的雕塑當中。在我看來，惠特曼的黃金似乎仍然留在礦石裡，他的鑽石與綠寶石依然沒有打磨。要是荷馬沒有創作出洶湧澎湃的詩歌，他還是荷馬嗎？荷馬的詩歌所具有的完美韻律始終給人一種無比和諧的感覺。歷史上的文學傑作不都是每個創作者嘔心瀝血去打磨每一個句子，琢磨每一個用詞，然後按照

236　伊里亞特（Charles Yriarte, 1832～1898），西班牙裔法國作家。

最為嚴格的藝術創作原則去創作出來的嗎？惠特曼的確也希望透過他的作品來表達出巨人的聲音，但在我看來，他想要發出來的聲音似乎仍然隱藏在火山口之下 —— 仍然被壓抑著，無法讓更多人聽到。世人想要真正聽到他的聲音，依然十分困難。因為對傑作的任何理解，都是需要時間去沉澱，很多都是無法在當代完成。

美感是存在的，但美感必須要去找尋。惠特曼在《草葉集》裡並不是急著要表現出美感，只有當讀者進行深入全面的精讀後，才能發現其中蘊藏的美感，這就好比想要解釋某個神祕現象，只有在進行長時間的認真研究後，才有可能打開其中的奧妙。但是，我認為想要獲得這樣的獎賞，付出這樣的代價是很有必要的；因為我們所要找尋的這種美感代表著一種世界美感。在惠特曼的《草葉集》裡，存在著某種由來已久的泛神論思想，還有某些更宏大的思想，這樣的思想讓人將目光拓展到天空上的星星以及星星之外的宇宙。不過，真正最讓我著迷的，是惠特曼始終關心著這個世界所發生的事情。有時，我會對一些評判惠特曼的聲音感到有趣，特別是那些所謂評論家做出的批判 —— 他們認為惠特曼可能對自然美感有一定的欣賞能力，但他的這種欣賞能力與動物的欣賞能力沒有什麼區別！哈！這其實也是一種不錯的視角。不過在我看來，惠特曼在書中所表達出來的一種動物本能，正是這本書具有一種強人力量的原因之一 —— 當然，我所說的動物本能絕對不是那種殘忍的獸性，而是一種人道的動物本能，正如很多古代詩人都在向我們表達這樣的思想：存在本身是具有一種難以言喻的樂趣，完美的健康會帶來一種陶醉的思想，呼吸著高山上的清風會給人帶來難以言喻的快樂，欣賞著蔚藍色的天空，或是跳入一條清澈的小溪，或是與一個會游泳的人一起互相勉勵，讓腦海裡一些陌生的思想隨著水流流得更快，這樣的感覺都是無法用語言表達的。與自然之間的交流能

第六章　卡姆登的吟遊詩人

夠讓這樣做的人產生一種哲學思想。有時，自然會讓我們陷入安靜的狀態，從而強迫我們去進行思考；平原上的人們會很沉默。「當你在這裡生活的時候，你不會有什麼話想說的。」我就曾聽到一個在平原上生活的人這樣說，「這樣的沉默會讓你變得更加沉默。」他無法告訴我們他在這片一望無際的平原上，內心所想到的世界，也無法將內心的沉默說出來。但是，惠特曼卻有將內心的沉默思想說出來的能力。他還告訴我們應該有什麼樣的想法，應該記住哪些東西，記住哪些並不單純是自然的東西，而應該與人類活動相關的事物。如果那些所謂的評論家們願意的話，他們可以說惠特曼就是一頭動物，但他卻是一頭有著人性的動物 —— 絕不是那些在看到城門之後悲傷啜泣的駱駝。在我看來，惠特曼是一個不修邊幅、充滿樂趣、無所畏懼且不講究藝術形式的人 —— 他就像一位根本不知道音樂法則的歌手，但他唱出來的歌曲卻像潘神那樣讓人著迷。惠特曼是一個散發出巨大磁性魅力的人，他的作品充滿著生命的活力，展現出內心的真誠與善意，表達了他對宇宙生命存在的感想 —— 有時，當我閱讀惠特曼的詩歌，忍不住想像自己看到了某些古老森林裡的神 —— 這可能是半人半羊的農牧神或是森林之神。當然，惠特曼絕對不是當代被廉價小說所扭曲的森林之神，而是古代那些真正意義上的神，「與戴歐尼修斯[237] 崇拜有著不可分離的關係」，然後向世人分享他具有的治癒性力量，拯救我們的心靈，預言著人類的走向。在我看來，這些都是只有神才能做到的，而惠特曼的詩歌在很多方面都有這樣的功能。

因此，我在惠特曼的作品中感受到了一種強烈的美感、強大的力量以及宇宙般的真理。在我看來，惠特曼這位將這些情感與真理表達出來的人卻顯得有點野蠻。你之前曾將他稱為吟遊詩人，他的確是一位吟遊詩人！

237　戴歐尼修斯（Dionysus），古希臘神話中的酒神。

但是，他所吟遊的歌曲就像古代斯堪的納維亞的吟遊詩人，或是像那些在森林裡居住的德魯伊教徒：他們都有著深邃的思想，有著熱烈的文字表達，但是他們所譜的樂曲是那麼的粗獷、刺耳、粗魯與原始。我認為，要是沒有這樣的前提條件，很難想像這會像一切偉大作品那樣名垂青史：我從來不認為惠特曼這位吟遊詩人是一位創作者，相反，我認為他是一名先驅者 —— 就像一個人在荒原裡發出的哭泣聲音 —— 只是為了讓那些後世的偉大歌唱者能夠踏上一條康莊大道！因此，雖然我與你對惠特曼的個性方面的評價存在著分歧，但是我喜歡他的作品所流露出來的靈魂，我認為每個真正熱愛文學的人都應該努力幫助惠特曼贏得他應得的文學名聲。無論你為惠特曼的名聲進行怎樣的辯護或是推崇他的作品，其實都是為了詩歌創作自由做出努力，為了人類心靈的自由做出努力。因此，你寄來的那本書對我來說就更具意義了。我認為，你的這本書將在很長一段時間內為讀者所銘記。當後來人在寫「二十世紀的文學運動歷史」時，他們肯定會提到你的名字。

隨著時間的流逝，惠特曼漸漸產生了要擁有一座屬於自己房子的念頭。他那位在史蒂文斯大街 431 號居住的弟弟與弟嫂對他都非常友善。他也非常喜歡他們的小兒子華特，他的小侄子就是以他的名字來命名的。如果人們還記得他早年生活祕密，就會知道當他看到孩子夭折的時候，內心所感受到的那種強烈痛苦。在一封信寫給奧康納夫人的信件裡，惠特曼這樣寫道：

卡姆登，1876 年 7 月 13 口

今天，內利變成了一座悲傷的房子 —— 小華特在昨晚八點半左右夭折了。他之前就身患重病，最後還是離開了我們。他將會在明天下午四點鐘的時候下葬。

第六章　卡姆登的吟遊詩人

　　喬治與路易莎都表現的很堅強，我的內心感到極為痛苦。小華特非常喜歡我，我們一起度過了許多美好快樂的時光，我的內心實在是太傷心了。

　　惠特曼在弟弟的家裡度過了快樂與悲傷的時刻之後，他想要擁有一間屬於自己的房子。約翰‧巴勒斯一直想要勸說惠特曼前往伊索普斯生活。惠特曼的另一個朋友也願意為惠特曼在費城提供一間房子。可能是因為人老了不怎麼願意走動的緣故，惠特曼更願意繼續生活在卡姆登。為了實現內心的願望，他在 1884 年 3 月耗費了一千七百五十美元購買了一間面積不大的兩層房子，地址在米克爾大街 328 號。當時，他的手頭只有大約一千三百美元的現金，這是 1883 年費城那邊寄過來的稿費。喬治‧W‧柴爾德[238]還是一如既往地慷慨大度，借給了他幾百美元。惠特曼購買的這間房子非常簡陋，門前的大街也不美觀。有時，火車經常會經過不遠處的鐵軌，發出刺耳的噪音與轟鳴聲。當一陣大風吹過來的時候，惠特曼還想要辦法清理門前的一些海鳥糞。夏天，他的這間房子非常悶熱，在寒冷的冬天卻沒有暖爐。但是，惠特曼對這座房子的簡陋與不舒適毫不在意。在房子的後院，有一堆丁香花，這讓他感到非常滿意。在經過一番挑選之後，他僱傭了一名叫瑪麗‧大衛斯的寡婦做女管家。一些評論家認為她是一位不稱職的女管家，雖然她有著天生隨和的性情且為人忠誠。不過，她更願意為惠特曼縫補花邊領，而不願意拿起掃帚或是垃圾鏟來打掃。除此之外，一隻黑貓、一條斑點狗、一隻鸚鵡還有一隻金絲雀，這就構成了惠特曼這個新家的全部。

　　在惠特曼六十五歲的時候，這就是他所居住的毫無舒適可言的房子。

238　喬治‧W‧柴爾德（George William Childs, 1829～1894），美國著名出版人、費城《大眾紀事報》（*Public Ledger*）聯合創辦人。

他將在這間房子裡度過人生的最後八年。數以百計的拜訪者慕名前來拜訪他，想要一睹他那高貴的風采，觸碰他那雙寫出過充滿美感詩歌的雙手。有時，這些拜訪者還會與惠特曼一起共用簡單的飯菜。有時，一些拜訪者還會給惠特曼帶來一些小禮物：水果、惠特曼最喜歡的咖啡或一瓶酒。他喜歡將這些小禮物分給附近那些患病或是貧窮的鄰居。拜訪者中，艾金斯[239]、赫伯特·吉爾克里斯特[240]與亞歷山大[241]等畫家都曾前來描繪他的肖像，很多雕刻家都前來幫他雕刻半身雕像，還有很多攝影師前來這裡幫他照相，他們深知上天可能再也創造不出一個惠特曼這樣的人物，直到惠特曼對照相機都感到厭煩了。一開始，人們會偶爾看到他坐在房子前面人行道上的一張椅子上，在前面房間樓梯口接待拜訪者，他將自己出版的很多沒有賣完的書堆積在那裡。在之後幾年，他會讓拜訪者進入到二樓一間更大的房間，此時惠特曼經常坐在靠近窗戶一張堅固的橡木椅子上，椅子上覆蓋著一張灰色的狼皮。他身邊的拜訪者都很吵鬧。凌亂的地板上隨意堆放著報紙與雜誌、還有一些過去的信件與手稿，其中大多數的手稿與信件都是惠特曼用繩索認真捆綁起來的。惠特曼這位有著文學才華的年老單身漢，不願意將他這些珍藏起來的手稿堆積起來，因為這樣會被清潔的人弄髒了。他經常會在家裡拿著手杖找出一些碎片，然後掏出他想要找尋的手稿。在椅子與桌子旁邊，擺放著更多報紙、靴子、一些沒有刷洗過的餐具，以及一些印刷出來的樣章。行李箱與箱子都靠在牆壁上，那張簡易床則放在角落裡。木材則被放在一個密封的鋼製火爐裡面。他家裡擺放著一些書，其中絕大多數都是他過去喜歡作家的作品，比如他從小就喜歡閱讀

239　艾金斯（Thomas Eakins, 1844～1916），美國現實主義畫家、攝影家、雕塑家、藝術教育家，被譽為美國繪畫之父。

240　赫伯特·吉爾克里斯特（Herbert Gilchrist, 1857～1914），英國畫家。

241　亞歷山大（John White Alexander, 1856～1915），美國肖像畫、人物畫、裝飾畫畫家、插畫家。

第六章　卡姆登的吟遊詩人

的華特・司各特的作品，巴克利翻譯的荷馬史詩，還有約翰・卡萊爾翻譯的但丁詩集、菲爾頓翻譯的希臘作品，提克諾爾所寫的《西班牙文學》以及喬治・桑所寫的《康素愛蘿》（*Consuelo*）——他認為，這本書裡的女主角要比莎士比亞刻劃的所有人物形象都要更加深刻。除此之外，還有愛默生、奧西安、奧瑪・開儼、愛比克泰德、莎士比亞等人的作品，以及他攜帶了一輩子的《聖經》。牆壁上還掛著他很多朋友與名人的照片。

　　不過，相比惠特曼這位吟遊詩人而言，這間到處堆滿垃圾的低矮房子是可以忽略不計的。此時的惠特曼行動較緩慢，臉上總是露出平靜的面容。他此時已經進入了老年的一種相對靜止的狀態。他感覺身體笨重起來了，不願意多加走動。他的雙手依然呈現出荷蘭人特有的粉紅色。他的鬍鬚已經全白了，幾乎遮住了大部分的喉結。每過一年，他的臉龐都變得更加和藹可親，似乎正隨著時間的流逝而越發地充滿神性。直到生命的最後一刻，他的嘴唇都保持著紅潤的膚色。他那雙灰藍色的眼睛似乎變得沉重起來，再也沒有了往日的神色，但他顯得更加耐心且喜歡沉思了。隨著白髮漸漸稀疏，他那圓圓的頭部似乎變得更加具有尊嚴，散發出某種英勇的美感，代表著過去一個時代的結束。自從愛默生去世之後，在美國這片新大陸上，再也找不到像惠特曼這樣一位面容慈祥且平靜的老人了。

　　很多慕名而來的崇拜者紛紛前來惠特曼這間位於米克爾大街的房子裡做客，正如奧爾柯特、梭羅與愛默生在四十年前前往布魯克林拜訪惠特曼一樣。還有一些拜訪者是遠渡重洋而來。現在，包括亨利・歐文與伯蘭・史杜克[242]等作家都會前來拜會惠特曼。與很多受人崇拜的演員一樣，惠特曼似乎也天生給人一種戲劇性的感覺。前來拜訪惠特曼的埃德蒙・戈

242　伯蘭・史杜克（Bram Stoker, 1847～1912），愛爾蘭裔英國作家。以他 1897 年的小說《德古拉》（*Dracula*）聞名於今。他曾擔任歐文爵士的私人助理和隸屬於歐文爵士的蘭心大劇院的主管。

斯 [243]、賈斯丁·麥卡錫 [244]、來自博爾頓的約翰斯頓博士，他們都在個人的日記裡表達了對惠特曼的這種印象。恩內斯特·瑞斯 [245]、H.R. 哈維斯 [246] 以及愛德華·卡本特都曾兩度前來拜訪惠特曼。約翰·莫萊 [247] 與霍頓爵士是最早一批前來拜訪惠特曼的人。奧斯卡·王爾德，這位「有著極高天賦的人」，在 1882 年自己名聲達到巔峰的時候，前來這裡拜訪惠特曼，與他進行了兩個小時的交流，並且喝了一瓶奶酒，這讓當時身為幽默報紙作家的奧斯卡感到非常高興 [248]。除此之外，前來拜訪惠特曼的人可能是一些流浪漢、社會主義者、日本的留學生或是一個充滿熱情的大學女生。惠特曼在華盛頓那邊的老朋友約翰·巴勒斯、埃爾德里奇、奧康納與多伊爾——每當他們方便的時候，總會在卡姆登這個地方停留一下，順便過去看看惠特曼，雖然他們後來這樣做的次數越來越少了。

漸漸地，惠特曼的身邊出現了一群全新的追隨者。威廉·斯隆·甘迺迪 [249] 在 1880 年認識了惠特曼，當時他在費城一份報紙工作，後來經常前來拜訪惠特曼，並且經常與惠特曼進行通信與當面聊天。費城地區的其他記

---

243 根據埃德蒙·戈斯的日記，戈斯於 1885 年 1 月拜訪了惠特曼。根據戈斯後來的描述，惠特曼的書房兼臥室雜亂無章，「但是整個房間，以及老人自己，都清潔到了極點」；那「灰白的頭髮和更白的鬍子蓬鬆地飄垂著，好像給認真漂了，很乾淨」。戈斯把惠特曼形容為「住在空房子裡、以其耐性與達觀而顯得榮耀的年邁詩狂」。

244 賈斯丁·麥卡錫（Justin McCarthy, 1830～1912），愛爾蘭民族主義者、小說家、歷史學家、政治家。

245 恩內斯特·瑞斯（Ernest Rhys, 1859～1946），英國作家、劇作家、散文家、編輯。因創辦和編輯蘭登書屋旗下的《人人文庫》（*Everyman's Library*）系列文學經典書系而聞名。

246 H.R. 哈維斯（Hugh Reginald Haweis, 1838～1901），英國牧師、作家。

247 約翰·莫萊（John Morley, 1838～1923），英國政治家、作家、報紙編輯。代表作：《伏爾泰傳》（*Voltaire*）、《妥協》（*On Compromise*）、《文學研究》（*Studies in Literature*）、《盧梭傳》（*Rousseau*）等。

248 1882 年 1 月 19 日英國詩人王爾德來訪。那時王爾德才 28 歲，他自稱少年時讀了母親手邊的一本《草葉集》之後，對惠特曼一直心懷敬仰。主賓二人一見如故，談得十分融洽。青年詩人還故意恭維了眼前的長者，使惠特曼完全被迷住，以致第二天他趕緊對費城《新聞》報記者發表談話，稱王爾德是「真誠的、樸實的，而且很有才氣」。

249 威廉·斯隆·甘迺迪（William Sloane Kennedy, 1850～1929），美國傳記作家、小說家、詩人。

第六章　卡姆登的吟遊詩人

者，比如塔爾科特·威廉斯、哈里森·莫里斯與湯瑪斯·多納德森[250]等人都以各種方式來描述惠特曼，正如法蘭西斯·霍華德·威廉斯[251]與R·皮薩爾·史密斯[252]一樣。惠特曼與「鮑勃」英格索爾上校漸漸成為了親密的朋友。英格索爾上校是一位有著慷慨心靈的律師與演說家。在那個時候，他以「懷疑主義者」聞名。但是，惠特曼在這段時間裡最為親密的朋友，要數赫拉斯·特勞貝爾，當時的特勞貝爾是一個深受惠特曼作品影響的年輕人，慕名前來卡姆登拜訪惠特曼。在惠特曼的人生最後幾年裡，特勞貝爾耐心地照顧著惠特曼。他成立了一個名叫華特·惠特曼的俱樂部，之後又成立了華特·惠特曼聯誼會以及《保守黨報》（*The Telegraph*），這是一份專門用於宣傳惠特曼的期刊。多年來，特勞貝爾一直保存著一個筆記本，他將惠特曼所說的話幾乎都全部記錄在這個日記本裡。他已經將這些日記的內容出版了。特勞貝爾與他的妹夫湯瑪斯·B·哈內德以及 R.M. 巴克博士一道成為了惠特曼的遺稿保管人。毫無疑問，惠特曼的很多追隨者肯定會對他的傳記作者所提到的一些問題或是內容有不同的意見，這是無法避免的。但是，特勞貝爾身為惠特曼最忠實的門徒，這點是毋庸置疑的。

在惠特曼最後幾年歲月裡，關於他的社會活動的紀錄非常少。對年邁的惠特曼來說，只需有上文已經提到的那些朋友前來拜訪，足以讓他的內心感到滿足。比方說，1885 年，隨著惠特曼的身體狀況越來與糟糕，惠特曼表示希望朋友們能夠捐錢給他購買一匹馬與雙輪單座輕馬車，並且限定每個最多捐十美元。惠特曼所提出的捐款額度很快就達到了。演藝界的弗

250　湯瑪斯·多納德森（Thomas Donaldson, 1843 ～ 1898），美國律師、作家、政治家。
251　法蘭西斯·霍華德·威廉斯（Francis Howard Williams, 1844 ～ 1922），美國作家。
252　R·皮薩爾·史密斯（Robert Pearsall Smith, 1827 ～ 1898），美國聖潔運動領袖之一、作家、出版家、企業家。

洛倫斯、巴雷特與布斯等人，費城當地的社會名流喬治·亨利·波克[253]、韋恩·麥克維[254]、塔爾科特·威廉斯以及查爾斯·艾莫里·史密斯[255]都紛紛慷慨解囊。作家圈子裡的吉爾德、克里門斯、華納、霍姆斯、惠蒂埃以及約翰·波義耳·奧萊利等人也紛紛相助。他們紛紛向這位此時身殘體弱的詩人表達自己的善意與祝福。

　　遺憾的是正當英國朋友們進行這次募捐時，吉爾克裡斯特夫人於1885年11月29日去世了。12月15日惠特曼從夫人的兒子赫伯特來信中得知此一噩耗，便立即回信說：「親愛的赫伯特，我收到了你的信。現在除了一種甜美而豐富的回憶之外，什麼也沒有了──在整個時代，整個人生，整個世界，沒有比這更美的回憶了──今天我寫不成信，我要獨自坐下來想想。──W.W」幾年以後他還說：「這是個極大的打擊，我一直沒有完全恢復過來。」談到吉爾克里斯特夫人為他辯護的文章時，他說：「她直到最後一息仍堅持認為《草葉集》不是客廳裡的套話，不是什麼文雅之詞，而是力量、才能、熱情、緊張、吸引、誠懇⋯⋯的語言。」他讚美她「完全是她自己；像自然一樣樸素，真誠；美麗得像一棵樹，高高的，多葉的，茂盛而豐滿，就是一棵樹⋯⋯她有最廣闊的博愛之心，最可貴、最深情的樂觀主義⋯⋯她是激進派中的激進派⋯⋯異常敏感，屬於未來的時代，她的幻想向前不已。」

　　1886年4月15日，塔爾科特·威廉斯與湯瑪斯·多納爾森邀請惠特曼到費城栗樹街的劇院裡發表紀念林肯的演說，包括維爾·蜜雪兒博士、弗內斯先生、波克以及其他人都紛紛認捐，再加上門票的銷售，一共籌到了七百美元。惠特曼將這稱為「我人生中所遇到的最善意與恰當的幫助。」

253　喬治·亨利·波克（George Henry Boker, 1823 ～ 1890），美國詩人、劇作家、外交家。
254　韋恩·麥克維（Wayne MacVeagh, 1833 ～ 1917），美國律師、政治家、外交家。
255　查爾斯·艾莫里·史密斯（Charles Emory Smith, 1842 ～ 1908），美國記者、政治家。

第六章　卡姆登的吟遊詩人

這年 12 月，倫敦的《帕摩爾公報》刊登了一則不實的消息，說美國詩人華特·惠特曼正在忍受飢餓，希望為他籌集一百五十英鎊。在同一個月，惠特曼在波士頓的一位朋友西爾維斯特·巴克斯特[256] 找到國會眾議員洛夫林[257]，希望為惠特曼申請一份津貼，理由是惠特曼在內戰期間在照顧傷兵方面做出了巨大的貢獻。但是，這些努力沒有取得成效。

在 1887 年華盛頓誕辰紀念日這天，惠特曼參加了費城當代俱樂部專門為他舉辦的招待會。同年四月，透過皮爾薩·史密斯與紐約珠寶商約翰斯頓的幫助，惠特曼在紐約麥迪森廣場戲院裡朗讀了一篇紀念林肯的演說。當時臺下的聽眾包括克萊門斯、邦納、斯托克頓、康威、海約翰、愛德華·埃格爾斯頓[258]、聖·戈登[259]、吉爾曼院長[260] 以及其他名人，羅威爾、諾頓、巴勒斯、吉爾德與斯特德曼也在包廂裡觀看。安德魯·卡內基先生在給惠特曼的一封信裡，附上了一張三百五十美元的支票「當《帕摩爾公報》說要為惠特曼捐款，我感覺這是民主精神的恥辱。可以說，惠特曼先生是美國當代最偉大的詩人。」惠特曼在威斯特敏特飯店參加了專門為他準備的晚宴，他為自己獲得大家的友善對待而感到驚訝。這是惠特曼寫給當時居住在加利福尼亞州的埃爾德里奇的信件。顯然，惠特曼在信中流露出了極為愉悅的心情：

256　西爾維斯特·巴克斯特（Sylvester Baxter, 1850 ～ 1927），美國專欄作家、詩人、城市建設規劃師。

257　洛夫林（Henry B. Lovering, 1841 ～ 1911），美國政治家、國會議員。

258　愛德華·埃格爾斯頓（Edward Eggleston, 1837 ～ 1902），美國歷史學家、小說家。代表作：《世界盡頭》（*The End of the World*）、《美國人和美國歷史》（*A History of the United States and Its People*）、《國家的創建者》（*The Beginners of a Nation*）等。

259　聖·戈登（Augustus Saint-Gaudens, 1848 ～ 1907），美國著名雕塑家、藝術家。

260　吉爾曼院長（Daniel Coit Gilman, 1831 ～ 1908），美國教育家、學者。曾任加州大學第三任校長、約翰霍普金斯大學首任校長、卡內基研究院首任院長等。

紐澤西州卡姆登米克爾大街 328 號，1887 年 4 月 21 日

親愛的埃爾德里奇：你的來信在今天上午寄到了，我認真地讀了好幾遍，還將你的來信影本寄給了甘迺迪、約翰·巴勒斯以及巴克博士 —— 他們都急切想收到關於奧康納的消息。收到你的來信，這可以說是最讓我感到鼓舞的事情了。上帝必然會讓我們親愛的朋友完全康復。親愛的朋友，你要經常給我寫信。我現在的身體與生活狀態都波瀾不驚。我過著舒適的生活，最近的身體狀態也還可以。我之前去了一趟紐約 —— 受到了我那些教友派老朋友皮爾薩·史密斯的接待，他在 14 號安排我發表了一場演說（我最終得到了六百美元，其中安德魯·卡內基先生捐給我三百五十美元）—— 之後，他們還為我舉行了一場規模龐大的宴會，參加人數大約三百人，也有很多女士參加。那晚在威斯特敏特飯店舉行的晚宴 —— 也有很多報社的朋友或是作家朋友前來。我是在週五下午四點鐘乘坐火車回到這裡的。我接下來要前往費城，紐約的雕刻家聖·戈登也會前往那裡，幫我雕塑半身像。春天的跡象雖然來的有點遲，但終究還是來了。平時也會有人叫去吃晚餐（吃的是烤鯡魚）。

你的摯友
華特·惠特曼

收信地址：
加利福尼亞州洛杉磯 P.O 大街·705 號
查爾斯·W·埃爾德里奇先生收

在這幾年的秋天，惠特曼在波士頓地區的一些朋友為他籌集到了八百美元的款項。「我們這樣做，」馬克·吐溫在將這筆錢寄給惠特曼的信件裡寫道，「就是為了讓惠特曼這個有著偉大靈魂的老人能夠過得舒適一

第六章 卡姆登的吟遊詩人

些。」1888 年，在惠特曼的六十九歲生日時，他的很多朋友都在卡姆登的哈內德[261]家裡為他舉行了生日宴會與晚餐。當時的惠特曼顯得神采奕奕，精神狀態非常良好。僅僅四天之後，他的身體就出現了麻痺性休克症狀。當時前來為他看病的奧斯勒醫生，對惠特曼的病情也是顯得態度不是很明確，但惠特曼的朋友們卻對此非常緊張[262]。一位身強體壯的年輕人前來負責充當照顧惠特曼的護士，因為此時的惠特曼再也無法自由地行走了。此時，惠特曼之前購買的馬車與輕便馬車都已經賣了，惠特曼也準備寫一個新的遺囑。這一切跡象似乎都在說明，惠特曼的人生即將要走到了盡頭。雖然惠特曼在這一年的 11 月再次出現了麻痺性休克症狀，但他還是艱難地熬過了這個寒冷的冬天。惠特曼體內的康復性能量再一次讓他的身體慢慢恢復過來。冬天過去了，惠特曼在寫給朋友的信件裡，不再像過去那樣寫滿了關於他病情的事情。在 5 月 9 日這天，傳來了一個讓惠特曼感到極為悲傷的消息：奧康納在與疾病進行了長時間痛苦的鬥爭之後，在華盛頓去世了，此時的奧康納才只有五十七歲而已。

在 1889 年 5 月 31 日惠特曼的七十大壽上，他的朋友與鄰居都紛紛來到卡姆登一個公共大廳裡為他賀壽[263]。一些人上臺發表演說，還有一些人紛紛寄來了祝賀性的信件以及電報，其中就包括了當時很多著名的人物。1890 年 4 月，惠特曼最後一次發表了紀念林肯的演說，當時演說的地點是在當代俱樂部的大廳裡。五月時，惠特曼還能參加在費城里亞爾飯店為他舉辦的生日晚宴。當時，三十多人來到現場，其中就包括了英格索爾。英格索爾在演說中以極為流暢的方式說了四十五分鐘，對惠特曼進行大肆褒

261　哈內德（John Frederick Harned, 1856 ～ 1929），美國報人、記者、編輯。

262　惠特曼在 1888 年 3 月 28 日到 7 月 14 日這段時間發生的事情，都可以從赫拉斯‧特勞貝爾的《與惠特曼在卡姆登的歲月》一書裡找到詳細的細節。

263　想了解這次晚宴上發表的演說以及傳遞出來的資訊，可以參看《卡姆登民眾對華特‧惠特曼的讚美》一篇報導。

獎。之後，他坐在惠特曼的對面，與惠特曼就永恆這個主題進行了長時間的交流。英格索爾認為無法找到任何證明永恆存在的證據，但惠特曼堅持永恆的確是存在的。當這兩人在進行激烈辯論的時候，一些記者在一旁速記。在 1890 年 10 月 21 日，惠特曼發表了他最後一次公開演說，這是英格索爾邀請他在費城的園藝大廳發表的演說。惠特曼的這篇演說後來以《文學的自由》題目刊登在報紙上。這是惠特曼為自己的文學生涯進行辯護的一篇演說。當時，惠特曼乘坐輪椅來到了演講臺上。在英格索爾的熱烈介紹演說之後，惠特曼這位吟遊詩人對臺下的聽眾說了幾句感謝的話語。之後，惠特面就坐著輪椅回到了燈光有點昏暗的大廳，他與英格索爾一直聊到很晚。他們一邊喝著香檳，吃著麵包屑，一邊聊著關於死亡的話題。可以說，此時的惠特曼聊天的興致是非常高的。

　　1891 年 5 月 31 日，惠特曼還參加了他的朋友在米克爾大街為他舉辦的生日晚宴。此時的惠特曼已經七十二歲了。一般老年人想要享受的隱私生活所帶來的快樂，卻正是惠特曼所沒有感受過的。民眾對他的興趣隨著他的年齡越來越大而越來越強烈，這樣的強烈興趣在惠特曼人生的最後幾年裡達到了巔峰。很多報紙都對他的作品進行重新的評論，而一些勤快的速記員則幾乎將惠特曼無論是在公開場合還是私人場合下說的話都全部記錄下來了。此時的惠特曼再也不像年輕時候，他幾乎沒有能力再繼續進行寫作了。儘管如此，1888 年，惠特曼還是耗費了巨大的心力，整理好了一本名為《十一月的樹枝》的作品，這是一本將惠特曼過去詩歌與散文作品都融入在內的書籍。惠特曼的詩歌被放在了《七十歲的沙子》的目錄裡。不過，較為著名的還是〈回顧過去走過的道路〉這篇散文。在這篇文章裡，惠特曼總結了過去的人生以及想要努力成為詩人的決心，現在，這篇文章一般都會放在惠特曼的詩歌全集裡，這樣的安排也十分非常合理。關

第六章　卡姆登的吟遊詩人

於惠特曼的其他散文作品，最有趣的，當屬他對伊萊斯‧希克斯與喬治‧福克斯的描述了。惠特曼對希克斯的人生所進行的描述，將他的記憶帶回了童年時期，他重新感受到教友派的神祕主義所帶來的那種「安靜且神祕」以及他對所有宗教機構的不信任感覺。這樣的感覺是讓他感到非常親切。比方說，在寫給威廉‧奧康納的一封信裡，他就這樣寫道：

卡姆登，1888 年 4 月 18 日

我親愛的奧康納：你今天寄到的那封內容豐富且充滿善意的信件已經收到了，我反覆閱讀了好幾遍。在我這種單調的生活裡，可以說沒有什麼新意了 —— 我已經收到了伊萊斯‧希克斯的石膏半身雕像（看上去還是比較大的），我將這尊半身雕像放在房子的角落裡 —— 也許，這是我創作時所需要的。從根本上來說，伊萊斯是一位具有宗教情感的人，就像古代的希伯來神祕主義者 —— 雖然我可能不是很相信宗教方面的事情，但是我認為主要是對那種充滿神性的事物極為好奇，想要了解這樣的精神會讓他們在現實生活中做出什麼樣的具體行為。

關於老年時期的惠特曼對精神主義價值的看法，可以從他對喬治‧福克斯與莎士比亞之間的對比窺探一二。在惠特曼看來，喬治‧福克斯代表著人類靈魂最為深層且永恆的思想。當那些精神最為豐富的人只是單純去創作詩歌，即便是莎士比亞那樣的詩歌，也是無法將人類品格中最為世俗或是符合審美情感都全部表現出來。只有上帝的宏偉思想才能自然而然地展現出來。「人類身上所有共同的人性特質都是最容易被忽視的，很容易被表面的麵包屑所覆蓋起來，讓我們蒙受欺騙，產生拒絕的念頭，只有某些資源是我們可以利用的，但是真正能夠發現這樣核心的人是少之又少。關於這方面，我本人只是看到了其中的表面，而關於最深層的事物則代表

著最高層次的藝術，代表著文學與生命的最高目標。我要說，每個為此做出努力的人，都會做出相應的貢獻，都能夠將生與死表現出一種具體化情況，只有這才是最符合我們的人性——在一切外在物質都消失之後，這些東西才會繼續存在。當我們明白了這點之後，才能夠真正明白像伊萊斯·希克斯這樣的人——因為喬治·福克斯在他很多年前就已經這樣做了——他過著漫長的人生，最後去世了，但他活著的時候忠於自己的人生，在死亡之後也必然是充滿忠誠。」

　　1888 年，惠特曼仍然想辦法讓出版社出版了他的詩歌與散文全集。在 1889 年他七十大壽的時候，用這份有親筆簽名的第八版《草葉集》來作為回報那些支持他的人。1891 年，他發表了一本很薄的新詩歌集，這本詩歌集有一個讓人悲傷的名字《再見了，我的幻想》。接下來的一年，也就是惠特曼人生的最後時光裡，他還在努力地為第九版《草葉集》的出版而做好準備——這也是惠特曼個人《詩歌與散文全集》的第四版了。他最後創作的一首詩歌是〈關於哥倫布的一些想法〉，現在已經出版了。這首詩歌與阿爾弗雷德·丁尼生最後創作的〈過沙洲〉有相似之處。關於這兩首詩歌的對比，也非常有趣。

　　惠特曼在人生最後時期的很多對話內容都完整地保存下來了，我們甚至可以說是以事無鉅細的方式「無情地」保存下來了。他從來就不是一位非常健談的人，他缺乏足夠靈活的談話能力，他在說話的時候經常斷斷續續，出現重複或是語意不清的情況。雖然他有著隨和的天性，但他缺乏預言家們在談吐方面的圓滑與幽默。他在每次與人對話的時候，總是懷著一種十分認真嚴肅的態度，這也限制了他與別人所能夠涉獵的話題。但是，在與他較為熟悉的朋友聊天，他會說出一些非常有趣的話。與絕大多數具有原創能力的人一樣，他也有一套屬於自己的說話用語，隨著他年齡的增

第六章　卡姆登的吟遊詩人

長，這些用語就越能夠顯示出他的個人特點。惠特曼是一個隨和善良的人，有時他還會像年輕時候創作詩歌時那樣，造出很多與眾不同的詞語。

　　關於將文學當成一種藝術這個問題，惠特曼沒有什麼可說的。「我從來都沒有將文學創作當成一門職業。我對文學的感覺就好比格蘭特將軍對戰爭的感覺。格蘭特將軍憎恨戰爭，我也憎恨文學。我絕不是所謂文學界裡的西點軍校畢業生。我從不喜歡與那些自認為是文學界人士的人交往……我認為，文學創作只是一種表達方式而已，而不是一個神祕目標。」與所有先驗主義者一樣，惠特曼更加注重內容的實質而不是內容的形式。雖然他之前在創作詩歌的時候，就曾對詩歌的韻律進行了一番思索，但他從來不去談論這些事情。年輕時，他曾用流暢的文字談論偉大詩人所產生的影響，他與別人的對話能夠展現出他對歷史上那些最偉大詩人的尊敬：「我並不是很在乎彌爾頓或是但丁。」不過，他卻非常喜歡荷馬的詩歌裡散發出來的簡樸主義。但他又不是很喜歡莎士比亞，因為他認為莎士比亞的作品「充滿著封建思想」，顯得很遙遠，缺乏民主精神與精神性」。關於歌德的作品，惠特曼了解的較少。他喜歡談論維克多·雨果作品中表現出來的「偏狹」性。「我簡直受不了雨果作品中的誇大其詞與過度渲染的預言！」這些話出自華特·惠特曼，還是讓人感到十分驚訝的。他對撒母耳·詹森博士的評價，則可以說是文學歷史上最幽默的了：「我不是很喜歡那個老頭沉悶呆板的自大……他的作品缺乏真實性……詹森博士顯然不是我們這個時代所需要的作家。」關於華特·司各特爵士的作品，惠特曼在每次談論的時候都是充滿了情感。他對丁尼生的作品做出的判斷與評價還是相當有眼光且充滿技巧的。他認為白朗寧的作品「並不適合他」。他認為阿諾德只是一位純粹的文學評論家而已。他甚至還用一個粗俗的綽號來指代史蒂文生。他並不是很看重斯溫伯恩的詩歌，雖然斯溫

伯恩在他從原先對惠特曼的熱情消失之後，轉而在 1887 年 8 月出版的《雙週評論》上對惠特曼發表了那篇著名的攻擊性文章。但是，惠特曼拒絕對這篇文章進行評論，只是用較為哲學化的口吻說：「難道他不是最可惡的幻影嗎？」

美國老一代的詩人 —— 比如布萊恩特、愛默生、朗費羅、愛倫・坡與惠蒂埃 —— 惠特曼都一一進行了分析與評價，關於這點上文已經提到了。惠特曼熱情洋溢地談論庫珀這位詩人，他認為梭羅的作品充滿著過強的自我主義。「梭羅最大的一個缺陷就是鄙視萬物 —— 他對人類的鄙視，其實在於他沒有足夠的能力去欣賞普通的生活。」「他的作品不大可能名垂千史。」事實上，惠特曼對羅威爾的作品應該不是熟悉，但在 1880 年代，他對當時剛剛給他閱讀了《紀念頌歌》的泰勒說，他「不知道羅威爾還是一個生物。」 —— 這是一句相當具有讚美意味的詞語。但是，惠特曼對與他同時的許多文人都懷著鄙視的態度，他之所以會有這樣的想法，顯然是與他的作品長期受到這些人的批評與貶損有關。但是，惠特曼對經常照顧他的斯特德曼與吉爾德這兩個人作品的評論 —— 按照特勞貝爾的說法，其實與他對豪厄爾斯、詹姆斯、諾頓、奧爾德里奇、凱布林以及其他受人尊敬之人一樣，都懷著一種指責態度。隨著惠特曼的身體活力慢慢下降，他似乎越來越懷疑有人正在制定著反對他的陰謀 —— 正如他當年寫信給愛默生時說的一樣，很多敵人正在聯手起來準備陷害愛默生，並且讓愛默生不敢自由地表達自己的想法。但是，惠特曼這樣的想法純粹是病理學上所說的迫害妄想症。他不信任那些被他稱為「新英格蘭人群」、「大學生」等之類的人。他之所以會有這樣的想法，部分原因是在愛倫・坡還活著的那個時代，波士頓那邊的文人與紐約以及費城那邊的文人產生了深刻的矛盾，另一個原因可能是因為惠特曼後來的很多崇拜者都是接受

第六章　卡姆登的吟遊詩人

過大學教育的人，他們無法感受到美國生活散發出的那股真正力量。惠特曼對那些具有學術氣質的人感到不解與惱怒。比方說，來自康乃爾大學的科森教授[264]拜訪惠特曼之後，寫了一些充滿真誠情感的信件給惠特曼。惠特曼後來說：「科森教授似乎有著某種很強的能力，他不像那些崇拜者那樣表現出強烈的熱情，而是以隨和的方式與我見面……我認為科森教授的很多話都是公正的──也許，這正是他最大的不足。我喜歡那些有話直說的人，喜歡那些敢愛敢恨之人，喜歡那些直接說出對錯的人……但是，很多飽讀群書的學者卻經常做不到這點。我甚至可以說很多讀過太多書的人都做不到這點。不過，沒關係，讓他們去吧。」

　　也許，正是出於這樣的想法，年邁的惠特曼會對斯特德曼的文章、吉爾德的詩歌、阿諾德的評論文章以及布斯的表演表達了不滿之情：他認為，這些人都沒有將修飾過的一面放下來。他想像那些苦行僧那樣，追尋激發他當年創作出《草葉集》的那種精神的神迷與靈魂的陶醉感覺。當他無法從當代其他文人身上發現這點之後，他就將精力轉移到身邊的朋友上了。他對英格索爾、奧康納、西蒙德斯、甘迺迪以及其他「忠實的追隨者」都表達了自己的感激之情。若是按照惠特曼的自然本性以及他在智趣層面上的自大來看，他其實更容易選擇寬容對待那些當初譴責《草葉集》這本書的當代文人，而不是按照他們當時的評價去進行區分，不應該據此來區分出哪些人是優秀的，哪些人是不優秀的。但是，我們應該記住一點，1888 年，惠特曼已經是一個風燭殘年的老人了，他對某些禮拜儀式的著迷對任何人來說都是不健康的。無論是路德、詹森博士還是歌德──我們都知道他們是要比惠特曼有著更為強大品格的人──雖然他們也像居住在卡姆登的惠特曼那樣受過很多人的追隨，但他們卻依然保持著淡然

264　科森教授（Hiram Corson, 1828～1911），美國文學教授、作家。

平靜的心態。

　　惠特曼很多記錄下來的對話都是關於個人或是文學方面的話題。他的拜訪者很自然地會向他提出關於他以及某些書籍的問題。當然，惠特曼偶爾也會談論關於人類交往這樣更加持久的話題。與絕大多數美國文人一樣，惠特曼對形象化或是可塑性的藝術都知之甚少。在他人生的最後十年裡，每當他想起當年在波士頓看到米利特的畫作時，內心就會感到高興。關於音樂方面，他對音樂的了解僅僅局限於義大利歌劇，這些都是他從童年時期就喜歡的。瓦格納所創作的「關於未來的音樂」與他的詩歌，是很多人都會進行比較的 —— 但是，這並沒有給惠特曼留下非常深刻的印象。不過，惠特曼對科學的發展進步，還是懷著一種非常包容開放的態度。雖然惠特曼本人並沒有科學方面的才華，但他與歌德以及丁尼生一樣，都本能地認識到科學發展與進步能夠給人類帶來更大的益處。身為詩人的他喜歡以一種宏大卻又模糊的方式去談論這些話題。

　　他還喜歡沉思德國哲學所傳遞出來的一些思想。童年時期，他就經常會在週日晚上前去聆聽關於康德、費希特、謝林以及黑格爾等人的哲學思想的講座。黑格爾哲學體系所呈現出來的宏偉輪廓，讓他特別感到著迷。但是，他對德語一竅不通，因此無法對此進行深入的了解，從而成為一個系統性的思考者。真正吸引他的，是那種散漫且二手的「哲學八卦」，因此，任何對哲學這個主題進行研究的學生，都無法從惠特曼的作品或是對話中找到任何連貫的哲學思想。惠特曼曾經談論過路易‧拿破崙[265]，但他卻無法區分出「做夢」與「反思」這個詞語。因此，我們可以說，惠特曼所謂的哲學思想其實就是某種夢遊症的表現症狀。

265　路易‧拿破崙（Louis Napoléon, 1808 ～ 1873），法蘭西第二共和國唯一一位總統及法蘭西第二帝國唯一一位皇帝。是拿破崙一世的侄子和繼承人，史稱「拿破崙三世」。

第六章　卡姆登的吟遊詩人

　　在惠特曼的談話內容以及作品裡，宗教都是一個常見的主題。毫無疑問，惠特曼是一個有著深厚原始宗教情感的人。與大多數詩人一樣，他不相信那些正規的宗教信條或是宗教儀式。惠特曼早年就曾在日記本裡寫下了這段字跡模糊的文字：「我可以大膽地認為，所有那些牧師都是真正的異教徒，而只有……才是真正忠誠的信徒。」不過，這只是惠特曼當時個人的一些想法而已。正是惠特曼在宗教這個問題的如此態度，才讓他無法被真正列入某一門宗教的信徒。「你可以說，我是一個佛教徒，或是基督教徒，也可以說我是伊斯蘭教徒與佛教徒，或者說我什麼教都信仰，也什麼教都不信仰。」可以說，這代表著惠特曼是一個根本不信仰基督教的人，而不是一個不願意信仰基督教的人。雖然他在所創作的很多詩歌流露出來的精神，都是與基督教的倫理觀念是一致的，但是我們卻找不到惠特曼有意識要這樣做的任何證據。惠特曼在 1880 年對巴克博士這樣說：「我從未有過什麼特別的宗教體驗，我從來不認為自己需要被上帝拯救，從來沒有感覺到自己需要精神層面上的重生，從來都沒有產生過要對地獄產生恐懼，也不相信整個宇宙是由上帝所創造的。我始終認為，這樣的觀點是絕對正確且是最好的。」毫無疑問，愛默生在實質上也是持相同觀點的。雖然惠特曼在想像層面上要表現的更加豐富，但是他在宗教方面的表現，卻更像是十八世紀多愁善感的自然神論，其中最為典型的要數盧梭創作的〈一個薩瓦牧師的信仰自白〉了。不過，至於惠特曼所處那個時代的教堂與牧師，他的態度更加傾向於伏爾泰，而不是傾向於盧梭。可能正是他在長島地區度過的童年時光，讓他終生都保持著對教會的反感態度。在年輕時所寫的一篇日記裡，他就談到了「《聖經》已經不適合這個時代了」，並且說「神學院與教堂所宣揚的善意都是被閹割過的。」當他年老的時候，依然會對「教區牧師或是警察」感到厭煩。他會在週日這天將家裡的

所有窗戶都關緊，讓附近教堂敲響的鐘聲不會傳到他的家裡。「我始終不相信任何教堂的執事，我認為他們的道德標準是非常低下的……所有教堂傳遞出來的思想都是低下的、讓人憎恨且可怕的。」

　　因此，惠特曼非常贊同「鮑勃」‧英格索爾所宣揚的反基督教活動。「看來，英格索爾與赫胥黎能夠在沒有任何人的幫助下，就能推翻基督教會這個巨人。」他夢想著一種更好的新宗教能夠真正展現出人類的基本人性，傳遞出真正兄弟情義與人類大同思想的宗教。他認為自己創作的《草葉集》正是這個新時代的福音書，「是所有書籍裡最具宗教情感的書，裡面充滿著各種人生的信仰。」我們還記得，拜倫當年也曾對自己創作的《唐璜》（Don Juan）說出過類似的話。惠特曼對那個看不見的世界總是懷著無比虔誠的態度。與大多數神祕主義者一樣，他感覺自己必將會得到永生，認為這個世界上所有的詩人都沒有像他那樣創作出更能夠將死亡與靈魂表現出來的詩歌作品[266]。隨著惠特曼慢慢走向人生的終點，他不斷地表達出對過去自己所反覆讚美的事物所具有的短暫性。當德國皇帝威廉一世在 1888 年死於咽喉癌的時候，惠特曼大聲地驚呼：「千萬不要將你的財富放在這個世界上！只有上帝才知道一切！從來沒有人像我這樣讚美過生命的 —— 每個人都應該從愉悅的現實中感受到最終的樂趣：但是，生命中所具有的物理性因素，那些我們最為珍視的東西，都是很容易逝去的！真的是很容易逝去的！我們將這些東西握在手上，但是他們卻是那麼迅速地就溜走了！我不敢說這些東西都代表著滿足我們虛榮心：我只是說費盡心力去追尋某些東西的確是徒然的。我似乎已經感受到了恩瑟‧弗里茨所遭遇的悲劇 —— 感受到了他在人生之火慢慢吞噬他時的那種無可奈何。」

266　可以參看惠特曼在這些主題上的發言紀錄。由赫拉斯‧特勞貝爾所編輯的《神性死亡之書》裡就涉及到這方面的內容。

第六章　卡姆登的吟遊詩人

在惠特曼日常話語裡，我們能夠看到他說出這樣的話。這些都不是關於政治制度或是人類社會方面的任何具有智慧見解的話。在惠特曼的談話集裡，很多激進主義者、保守主義者、無政府主義者以及那些社會主義者都各自得到了相當程度的共鳴。比方說，惠特曼是一個堅定的自由貿易主義者，他甚至認為自由貿易的思想應該超越黨派鬥爭或是整個國家的利益。他從來都不擔心他所持的思想，會對這個國家的同胞可能會帶來的各種後果。可以說，在南北內戰結束之後，沒有那一個人像惠特曼那樣更加屬聲反對我國政治領域內出現的嚴重腐敗情況。但是，我們必須要認清一個事實，那就是惠特曼的生活方式以及所處的環境，讓他對那個時代很多真正重要的問題做出深刻的闡述都顯得較為無奈。撇開惠特曼在人生最後十幾年長期處於疾病的狀態，他在晚年幾乎都表現出了過分強烈的自我主義思想，因此根本無法對發生在他身邊的事情有足夠的認知。「給那些男孩一些機會吧。」當他看到那些在德拉瓦河上游泳的頑皮孩子時，對來自博爾頓的約翰斯頓這樣說。「透過這樣的方式，他們會慢慢形成英雄主義的品格，成為真正的男人，但是他們卻可能因為人類已有的文明、宗教或是那些該死的慣例所腐蝕。他們的父母希望他們在長大之後成為一個具有良好教養的人。」事實上，這就是惠特曼對父母與孩子的教育方式上出現了嚴重的認知迷思。在這些方面，惠蒂埃要比惠特曼更加了解美國的普通民眾。

事實上，與惠特曼同時代的許多人都要比他在一些重要的社會問題、教育以及政治運動方面，有著更加深刻的認知與清楚的理解。比方說，克萊門斯、斯特德曼、海約翰還有喬治·威廉·科蒂斯這些人，都要比惠特曼更加了解美國人的生活全貌。與很多波西米亞人一樣，惠特曼從來沒有意識到，他對更為圓滿且自由的人生的追求，事實上讓他關閉了感受更多

人生體驗的大門，而不是為他敞開了更多感受人生體驗的大門。當然，惠特曼是一位具有天賦的觀察家，但他卻無法理解其他人積極投身到他只願意去旁觀的社會改革浪潮當中。他根本沒有能力去衡量諸如科蒂斯等人為了政治清廉所做出的努力是多麼的重要，無法衡量出伊里亞德校長為了教育改革做出的巨大貢獻，無法理解菲利普斯·布魯克斯為了宗教精神改革做出的貢獻。這些人都是「真正的紳士」，但惠特曼卻似乎對這些紳士要保存人類身上所有這些寶貴的特徵而感到不屑。簡而言之，在惠特曼看來，這些紳士只是更好的產物而已。惠特曼就是因為遠離了這些事務，而漸漸失去了很多觀察的機會。更為宏大的人類智慧、與人類文明進行範圍更廣的接觸，或是家庭生活的親密關係或是悲傷的情感，這些都可以從洛克哈特 [267] 的《司各特傳》（*Life of Scott*）或是華特爵士的日記裡看到，但這些內容卻是無法從惠特曼的作品中看到。

事實上，惠特曼在談論自己的時候，最多也只是像蒙田或是其他偉大的文學自我主義者一樣罷了。不過，惠特曼在人生最後二十年裡雖然經受了疾病所帶來的真切痛苦，但他仍然保持著善良的心靈。他對創作出永恆作品的信念沒有絲毫的動搖。他在人生晚年曾對 G.H. 帕爾默教授這樣說：「在《草葉集》這本詩集裡，倘若我當時不將自己的想法表達出來，那麼我寧願砍掉自己的右手。但我很高興看到最終還是出版了這本詩集。」在他去世前的六個月，惠特曼就對泰勒談到了他之前閱讀《草葉集》的感想。惠特曼說：「這是我第一次產生了這樣的困惑，這本書是否會名垂千史？」不過，幸運的是，惠特曼這種自我懷疑的想法很快就消失了。惠特曼始終都沒有太多談論他早年的生活。1880 年，惠特曼在與巴

267　洛克哈特（John Gibson Lockhart, 1794～1854），蘇格蘭作家、編輯。因其撰寫《司各特傳》而聞名。該傳記被譽為同福斯特的《狄更斯傳》（*Life of Charles‧Dickens*）和博斯韋爾的《詹森傳》（*The life of Samuel Johnson*）英語世界三大最偉大傳記之一。

第六章　卡姆登的吟遊詩人

克博士進行交流的時候，就曾談到了他不結婚的一個理由：「我對形成任何一種束縛我的關係感到不滿。」不過，當惠特曼與塔爾科特·威廉斯進行交流的時候，卻這樣解釋說：「我曾經認為，結婚可能不利於我自身的發展。但我現在結婚可能更加有助於我的發展。」但是，關於惠特曼為什麼終生未婚的祕密一直持續到他去世的時候都沒有說出來。惠特曼的很多朋友都曾給他捐獻小額金錢，讓已經年老且身患重病的惠特曼能夠安度晚年。惠特曼的這些朋友在 1891 年驚訝地發現，惠特曼竟然花費了將近四千美元在哈雷公墓[268]修建了一個龐大的墳墓。在他人生的最後時刻，很多人都認為他肯定是已經身無分文了，但他竟然還有幾千美元存在銀行帳戶上[269]！

惠特曼長年的疾病不知不覺地在摧毀著他的身體，讓他終於走到了人生的盡頭。1891 年 12 月，惠特曼感染了肺炎，接著他的身體機能全面崩潰。但是，惠特曼還是一直支撐到了第二年的 3 月 26 日。這段期間，他幾乎都是在忍受著巨大的身體疼痛中度過。最後，在一個下著細雨的週六下午，他安詳地走入了永恆的黑暗世界。惠特曼逝世的消息一經宣布，新聞記者便紛紛寫稿，第二天美國所有大城市的報紙都發表了報導，其分量之大超過了詩人整個一生所獲得的篇幅。各報的評論也比詩人生前友好多了。如紐約《先驅報》寫道：「對於人民大眾來說，惠特曼的詩將永遠是不可懂的，但是他們之中卻很少有人無法欣賞〈哦，船長，我的船長！〉的美妙……」文章最後預言：「惠特曼的死將激起一種對他的詩歌的興趣，引導人們去更好地了解他的天分。」

268　哈雷公墓（Harleigh Cemetery），位於美國紐澤西州卡姆登和科林斯伍德交界處，是紐澤西州最古老的公墓之一。占地 130 英畝（5,300 平方公尺），1995 年起被列入紐澤西州歷史景觀名單。公墓內葬有美國紐澤西州的歷史政要等，還有華特·惠特曼、尼克·維吉裡奧等一些文化名人。
269　詳細的內容可以參看附錄。

在接下來的週三，他被安葬在他之前在哈雷公墓上修建的墳墓裡。在惠特曼下葬的這一天，當地有數千人都站在米克爾大街的惠特曼家的門口，想要最後一睹惠特曼那慈祥的面容。惠特曼的很多朋友認為，邀請一位基督教牧師來主持惠特曼的葬禮，這是不適合的。惠特曼的下葬儀式在墳墓附近的一個帳篷內舉行，當時來了很多人。法蘭西斯・霍華德・威廉斯負責宣讀悼詞，他將惠特曼與孔子、喬達摩、耶穌、《古蘭經》、以賽亞、聖約翰、《阿維斯陀》以及柏拉圖等置於同等的高度，之後湯瑪斯・B・哈內德[270]、丹尼爾・布林頓[271]、巴克博士和羅伯特・英格索爾等紛紛發表了飽含深情的告別詞。英格索爾發表演講的主題是「在生之神祕中的我們又來面對死之神祕」，他在結束演講時說道：

「他活過了，他死了，而死已不像以前那樣可怕了。千百萬人將拉著華特・惠特曼的手走入『黑暗的陰影之穀』。到我們死後許久，他所講過的那些勇敢的話還會像號角般向那些垂死者響亮地吹響。因此，我將這個小小的花圈放在這位偉人的墳墓上，他活著時我愛過他，現在我仍然愛他。」

奧德里奇、斯特德曼、吉爾德等感人且負責地為惠特曼的靈柩放上常青藤與月桂編織而成的花環。惠特曼在文學界裡的一些朋友，還有他在卡姆登與費城的一些朋友則充當抬棺人。原本大家以為這一天的天氣會很糟糕，但事實證明卻晴朗溫暖。在葬禮進行的過程中，藍知更鳥則在樹林中歌唱。皮特・多伊爾坐在帳篷外面的草地斜坡上，沒有去聆聽那些演說詞。一些售賣花生的小販則沿著人群的邊緣上走來走去。可以說，這一天成為了卡姆登地區的一個節日。但是，惠特曼的那些忠實追隨者都非常感

270　湯瑪斯・B・哈內德（Thomas B. Harned, 1851～1921），美國律師、惠特曼的朋友，也是惠特曼部分手稿的擁有人和文學代理人。

271　丹尼爾・布林頓（Daniel Garrison Brinton, 1837～1899），美國考古學家、民族學家。

動。其中一名追隨者說：「我們都處在情緒的最高點。我感覺自己彷彿感受到了耶穌基督下葬時的情景。」其他人則可能只是記住了惠特曼對永恆所持的堅定信念，認為惠特曼其實根本沒有死去，而只是以一種全新的面貌出現了。對於惠特曼所具有的獨特個性所創造出來的神奇，是不可能因為惠特曼肉體的消失而消失的。

第七章　五十年之後

第七章　五十年之後

「我的作品（指的是《培爾·金特》（*Peer Gynt*））是一本詩歌集。如果這算不上是詩歌集的話，那麼這最終也會變成詩歌集的。在我們國家——挪威，世人對詩歌的概念將會按照這本書來產生。」

　　　　　　—— 易卜生在 1857 年 12 月 9 日寫給比昂松的一封信

「從長遠來說，真正的詩歌是『代表著人性是絕對不會自然而然地消失』，這樣一個事實可以從歷史上許多不同的詩歌中都能找到，更為重要的是，這些詩歌『在散文或是韻律方面進行了前人所沒有進行過的創新。』」

　　　　　　—— 愛德華·凱爾德[272] 所著的《華茲華斯的論文》

「今天這個時代，無論是在作品上，還是在作家的競爭上，特別是在小說家當中，那些所謂成功的小說家都是喜歡談論一些平庸的主題，喜歡挑逗讀者的感官神經，喜歡進行挖苦或是諷刺，喜歡描述那些追求感官刺激的外在生活。我們可以看到，對最為成功的小說家來說，他們可以獲得似乎無窮無盡的讀者，獲得許多經濟層面上的回報。但是，對於那些描述內在人性或是精神層面上的作家，受眾面是相對狹窄的，而且通常還會招致很多批評的聲音——但是，只有這樣的作品才能真正流傳下來。」

　　　　　　—— 華特·惠特曼的《民主展望》

從惠特曼出版第一版《草葉集》到現在，已經過去了將近半個世紀了。在世界文學的歷史上，五十年只是彈指間而已。而在美國的文學歷史上，半個世紀卻是相當長的一段時間。雖然單就這個時期而言，讀者所公

272　愛德華·凱爾德（Edward Caird, 1835～1908），蘇格蘭哲學家。

認的傑出作家有愛默生、霍桑、朗費羅、愛倫‧坡以及其他人，他們都是在 1855 年之前就已經創作出了較成熟的作品。這個年分之後，可能是因為民眾智趣且物質層面上的改變，文學界的觀念就出現了一種時刻變化的情況。新的一些問題不斷冒出來，其中一些老問題也變成了重要的新問題。雖然，《草葉集》究其本質上來說是一本充滿想像的詩歌作品，只能透過激發讀者的想像力來激發他們的熱情。但時至今天，我們還是很難想像這本半個世紀前的作品，仍然給我們帶來很大的影響。

　　我們都知道，惠特曼想要將那個充滿科學與民主精神的時代最為典型的人物情感展現出來。當惠特曼產生了這樣的創作思想與涉及的範圍如此之廣時，就必然存在著一種危險 —— 巴爾扎克在創作《人間喜劇》（*la Comédie Humaine*）以及左拉創作《盧貢 - 馬卡爾家族》系列小說的時候，都遇到過這樣的危險。因為這樣的創作使命超越了事實以及任何一個藝術家的想像能力。1872 年，當斯溫伯恩對惠特曼的狂熱熱情消失之後，就曾在《雙週評論》上發表自己的反對觀點。他在這篇文章裡以非常深刻的筆調寫道：「在華特‧惠特曼身上，事實上存在著兩個最無法和諧且特點鮮明的『人』，其中一個是詩人，另一個則是形式主義者……在詩歌歷史上，從未出現過透過混雜或是摻入次品的創作方式，並以最為淺顯的方式呈現出來的詩歌……正是當他想到了自己的職責，想到了自己身為一名代表性詩人所具有的使命與義務，身為一名民主主義者的時候，事實上就放棄了自己的創作。因此，他所創作的詩歌不再具有任何的音樂性可言。」事實上，正是斯溫伯恩所談到的惠特曼作品中摻雜著太多不同的元素，才讓我們對惠特曼作品的分析變得容易了一些。科學技術的發展以及民主精神在世界各地的傳播，這都是半個世紀前最為鮮明的發展潮流。無論人們是否願意接受，這兩大潮流都必然會引起所有人的注意。這兩大思潮也必

第七章 五十年之後

然會在進入文學界，讓某些人願意承擔起透過詩歌或是其他方式，來宣揚科學與民主精神的使命。顯然，從這個角度來看，惠特曼的背後顯然有著強大的盟友，因為他的作品傳遞出來的思想與他所在的那個時代最為重要的世界潮流是不謀而合的。任何評論家在對我們當代社會生活的精神思潮進行分析時，都無法忽視惠特曼在這方面所做出的巨大貢獻。即便是那些否認惠特曼是真正意義上詩人的人，都不得不要承認一個事實，即沒有哪一位作家的作品能夠像惠特曼的作品那樣，更能經受未來文學歷史學家的一再考驗。

即便我們不去談論遙遠的未來，就是從惠特曼的《草葉集》出版半個世紀後的今天來看，我們也可以非常清楚地看到，惠特曼的作品在思想領域以及文學界都占有一席之地。在惠特曼的本能思想裡，他是一個神祕主義者 —— 在人生的每個階段，他都似乎有著各種不同的宗教信念，這些信念都是他與生俱來的，讓他強烈地感受到了精神世界的現實性。在他所創作的想像性作品裡，他更像一個東方人，而不是西方人。他與我們印度語系民族之間深層次的親密關係，他的詩歌風格在很大程度上都與《聖經·舊約》存在著關聯的。他閱讀過當時最好譯本的印度與波斯詩歌。當他在華盛頓戰地醫院照顧傷兵時，就經常拿出阿爾傑[273]編選的《東方詩歌》，念給那些受傷的士兵聽，同時做了很多筆記。據說，在惠特曼擁有一本《薄伽梵歌》[274]（*Bhagavad Gītā*）時，他在詩歌裡就非常喜歡用第一

273　阿爾傑（William Rounseville Alger, 1822 ～ 1905），美國詩人、學者。

274　愛默生就曾笑著對桑伯恩說，惠特曼的《草葉集》是《薄伽梵歌》與紐約《先鋒報》的合體。事實上，愛默生的這種說法還是有道理的。若是我們進行一番比較，就會發現，惠特曼非常喜歡用「我」的主格形式，這裡《薄伽梵歌》裡第九章的克利須那神的演說裡「我就是以各種形式存在於任何地方的存在。我就是祭物，我就是整個獻祭儀式。我就是獻給祖先的祭品。我就是咒語，我就是獻祭的黃油。我就是火焰。我就是焚香。我就是父親、母親、生產者。我就是宇宙的祖父」—— 這代表著一種神祕主義的信條。還有很多單音節詞語的使用，都可以看出來。除此之外，在《薄伽梵歌》的第十章：「在眾多馬匹當中，我就是吃著神的食物長大的。在眾多大象與人類當中，我就是你們的生產者與保護者。我是所有河流中的恒河……我還代表

人稱來稱呼自己，他就像苦行僧那樣，對那條無盡的開闊大道有著強烈的激情，甚至連他那種分類的方法都似乎要與東方詩歌有著類似的排比句式。

　　對惠特曼影響最大的歐洲文學作品，當屬那些浪漫主義作家的作品。可以說，華特・司各特爵士的作品全集，「是他五十多年來取之不盡的創作寶庫與財富」。無論是在歐洲大陸還是英倫三島，很少有比惠特曼更受到盧梭思想的影響了。惠特曼在很早的時候就閱讀過盧梭的作品，還準備創作一首與盧梭有關的詩歌，但他始終都沒有真正動筆去寫。無論是惠特曼還是盧梭，他們都是多愁善感主義者，都是追求感官表像主義者與自我主義者。他們都是那種吟誦史詩的人，能夠對自然、教育以及宗教等議題表達自己的看法與觀點。他們與所有的神祕主義者一樣，都沒有足夠能力去精確地表現某一種具體的思想，無法對某些真正關鍵的事實有深入的了解。他們在病態的自我意識方面都有著類似的問題。他們都體驗過所謂的「啟示」。在惠特曼的《草葉集》裡，他描寫了夏日晴朗的早晨所發生的事情，這對他來說是人生的轉捩點。對於盧梭來說，當他在 1749 年沿著炎熱的道路前往萬塞訥[275]的時候，準備為第戎學院舉辦的有獎論文比賽進行苦苦思考的時候，他突然感覺自己「彷彿看到了另外一個世界，變成了一個跟之前完全不一樣的人。」相比於盧梭而言，惠特曼有著更為健康的身體與健全的心智慧力。但是，這兩人都對他們並不屬於的有教養世界懷著一種天生的猜疑情感，有著一種仇視或者說是一種漫不經心的鄙視態度。也許，這是他們的某位祖先將這種流浪漢的性格遺傳到了他們身上。他們之間的共同點，還可以從他們都對音樂有著共同的激情，對身體的乾

著永恆的時間……我代表著能夠奪走一切的死神，還代表著能夠創造出全新生命的存在……我是這場能夠欺騙世人的骰子遊戲的主人。我是所有輝煌成就中最為輝煌的。我已經創造出了宇宙中唯一存在的真理，這個真理就是我自己。」這段話出自 J.C. 湯姆森翻譯的版本，倫敦赫特福德出版社在 1855 年出版。

275　萬塞訥（Vincennes），法國法蘭西島大區馬恩河谷省的一個鎮，位於巴黎東部近郊。

淨有著一種近乎挑剔的態度，甚至還要精心選擇自己要穿的襯衫看得出來。他們都曾就父權這個話題發表過非常獨特的見解，但是他們不是終生都沒有結婚，沒有孩子，就是有了孩子不願意撫養，而將之拋棄。

　　無論是他們的寫作還是各自的人生，他們都想要觸碰那一根顫動的細繩。「回歸自然」，這都是他們感到身心疲憊之後內心的呼喊，回歸到那個沒有任何人為添加與社會束縛的自我當中。關於他們各自表達出來的「懺悔」，無論是盧梭還是惠特曼都表現出一定的熱情或是興奮，這似乎是他們展現出來的一種特殊的靈性，這不僅讓他們成為了文學自傳學者們最喜歡為之創作的對象，而且給這些自傳作家們一種強烈的個人追隨感。盧梭所創作的那些迂迴曲折且充滿柔和情感的散文，與惠特曼創作的流暢詩歌是相得益彰的。他們都像那些真正的「演說家」去進行寫作 —— 用布萊克的話來說，就是用耳朵去聆聽更多的聲音，然後描述聲音的洪亮程度、色彩以及帶來的運動感覺。他們兩人在創作時的速度都是較為緩慢，並在創作過程中經常會遇到很多困難。他們就像他們的同類人拜倫那樣，會大聲地說：「描述才是我的特長。」但是，正是因為他們的描述具有持久的榮耀，不是他們對外在自然風景的描述，不是他們對自身那些剛愎自用或是缺乏廉恥內心的反思，而是因為他們將芸芸眾生的共同情感都表達出來了，這才是他們的作品具有長久生命力的一個重要原因。惠特曼的詩歌全集裡是以下面這段話開頭的：

　　　　「我要歌唱自我，這是一個與我不同的簡單之人，

　　　　　但是，他們都異口同聲地說出了民主這個字眼。」

　　從文學的角度來看，惠特曼的這兩句詩可以追溯到盧梭的作品。第一句詩讓人想起盧梭在《懺悔錄》一書開頭的一段話，而第二句詩則讓人想

起盧梭在《社會契約論》（*Du contrat social ou Principes du droit politique*）裡的核心思想。在歐洲的歷史上，這是第一次有人去真正關心社會上的普通民眾，關心數百萬在田野裡耕種、在戰壕裡挖坑的普通人。正是這樣一個沒有任何限制前提的背景，讓盧梭在《社會契約論》裡提出了令世人震驚的偉大理論。關於盧梭這部偉大專著所提出的很多歷史、經濟理論以及哲學思想都是謬誤的。但是，他的思想卻可以為當時的歐洲國家在政治領域上加以利用，讓那些高高在上的貴族們第一次對那些普通人的勞作、悲傷以及高興有所關心。惠特曼對於政治制度的想像性構想同樣是真實且具有憐憫心。「在普通民眾的耕地上認真地開路前進吧。」—— 這不單純代表著良好的政府治理與常識 —— 而且還充分反映出了美國這個國家的立國之本。惠特曼與盧梭之間的不同之處，就在於盧梭對人類的進步從來都不抱什麼希望，認為人類的黃金時代早已經過去了。但是，盧梭之後大約一個世紀的惠特曼在經歷了民主精神的發展以及科學的進步，認為人類真正的進步與提升將會在未來實現。

　　從個人氣質上來看，惠特曼是一位神祕主義者；從文學傾向上來看，惠特曼是一位浪漫主義者。我們都知道，惠特曼的創作成熟期是在美國的先驗主義思潮興盛的時期。無論是來自東方的神祕主義，還是德國較為極端的思想哲學還是英國的浪漫主義，都能夠在康科德、劍橋、費城與紐約等地方生根發芽。就智趣發展層面上來說，1840 年代的期刊文學就是惠特曼的個人大學。對於二十世紀的讀者來說，這一類的文學作品似乎就像《草葉集》那樣讓他們感到不可思議。瑪格麗特·富勒女士擔任編輯的《日晷》[276] 雜誌，是宣揚傅立葉主義與完美主義的期刊，甚至連《弗雷澤

276　《日晷》（*The Dial*），1840 ～ 1929 年間美國著名的雜誌，1840 ～ 1844 年間，該雜誌主要是超驗主義者們的思想陣地；1880 ～ 1919 年，轉變成一本政治雜誌；1920 ～ 1929 年，轉變成英語現代文學的推廣雜誌。

第七章　五十年之後

雜誌》與《布萊克伍德雜誌》都宣揚著某種不受限制的個人主義思想，完全無視過去的傳統陳規。整個美國的思想界都彌漫著「超自然主義者」的思想，每個文人的都有想要剝去一切偽裝以及陳規陋習的衝動——這些人類文明的阻礙性元素——然後讓「自然的人」獲得自由。正如之前一個章節所指出的，將《草葉集》視為先驗主義者思潮遲來的產物。我們在閱讀這本詩集的時候，絕不應該按照閱讀尼采或是易卜生的作品那樣用較為單一的思想去看，而應該按照閱讀丁尼生·卡萊爾的《衣裳哲學》、瓦爾多·愛默生的《論文集》以及盧梭的《日記》去看。這些作品中呈現出來的古怪特性，就與其高貴特性一樣，都是激進思想的一部分，都是那個時代的思想結晶。

不過，我們不應該忘記一點，直到現在，《草葉集》可以說已經被兩代的美國人閱讀過了，但他們不會糾結於這是否是源於先驗主義思想或是與此相關的思想。在內戰結束後接下來的十年時間裡，當惠特曼的名聲在國外慢慢傳播開來的時候，他在美國依然沒有什麼名聲，而此時十九世紀的文學似乎已經非常遙遠了。那些讀過《草葉集》的讀者——或者說絕大多數讀者是在某個時刻閱讀的時候——都會感到震驚，認為這不大可能是出自先驗主義思潮時期的個人主義思想，因為《草葉集》在創作形式以及其對待性方面的那種自然的態度，都是與此有所不同的。可以說，這就是大眾對惠特曼作品難以接受的兩大障礙。不過，這兩大障礙隨著時代的轉變都慢慢地淡化了，讀者對惠特曼作品的評價也多了幾分寬容。

就創作的形式而言，我們可以清楚地看到，在十九世紀中期的美國，大眾對審美觀念方面的態度已經漸漸地出現了一個相對自由的傾向。對於自然界的嚮往與追求所引起的強烈共鳴，在十八世紀後期的英國已經慢慢出現，這與當時的繪畫、音樂以及其他藝術是共同發展休戚相關。經過一

代人的薰陶之後，大眾開始能夠欣賞莫內的印象派山水畫，能夠欣賞羅丹的雕塑以及理查‧斯特勞斯的音樂了。惠特曼對此都是懷著一種包容的態度，因為他也是以一種不同於以往的創作去進行創作的。當代文學的一大傾向，就是強調藝術作品中所要傳遞出來的情感或是展現出來的品格——也許，將形式大於內容這樣的想法排除在創作之外的觀念，已經在很多重要的浪漫主義作家的腦海裡逐漸形成。當然，其中就包括惠特曼這樣的浪漫主義作家。大眾的這種審美觀念的擴張與收縮，都是歷史上一個反覆出現的現象，這些都是文學作品必須要去面對的一件事。但是，無論讀者對歷史上任何經典作品所做出的反應，他們都不可能不對惠特曼完全不顧創作形式的創新做法感到驚訝。

　　事實上，隨著世界各地的文學作品在創新結構上不斷出現進步，而且民眾對這方面的了解也越來越深刻，他們意識到這些作品在形式上都與西歐大陸上的傳統作品是有區別的，但即便如此，這些作品依然能滿足讀者的閱讀審美情趣，讓我們在提出批判性思想方面顯得更加靈活。當惠特曼在創作《草葉集》的時候，就曾從《聖經‧舊約》中汲取了一定的養分，他也從中獲取了關於某些韻律方面的規律。但在這之前，從來沒有人將這樣的作品稱為詩歌。今天，無論是這樣的創作結構特點還是東方希伯來的意象創作，都已經受到了英語系讀者的接受。其他的東方文學作品要比半個世紀前更加為我們所熟知，東西方在文學方面的接觸與交流在未來必然會變得更加緊密。這樣的情況就讓傳統的教條主義慢慢地破碎起來，不再成為定義什麼是詩歌，什麼不是詩歌的標準了。就藝術作品產生的效果而言，情感上的效果顯然要比推理演繹的出來的結論要更加重要。在我們當代人看來，布萊克當年所創作的那些形式古怪的詩歌似乎也不是那麼的重要，因為讀者能夠從其形式背後的實質內容中感受到他是一個真正的詩

人。我們在植物學方面培育了很多雜交植物，卻沒有意識到在文學領域裡，這樣的「雜交」也能同樣出現。顯然，「雜交」之後的效果肯定不會比原先純種的種類變得更差，有時甚至會出現優良的情況。簡而言之，當代人在面對文學作品的時候一個重要的傾向，就是更加看重作品所傳遞出來的情感，而不是過分注重其表達這種情感所採用的方式或是形式。因此，大眾讀者也漸漸地承認一點，如果惠特曼的作品能夠讓他扮演起一個詩人所具有的功能，那麼他也許就是一個地地道道的詩人。如果一個飛行器真的能夠飛在天空上，那麼我們到底使用什麼材料去製造飛行器就顯得不是那麼重要了。

　　惠特曼以古怪形式創作出來的作品所引起的震驚，隨著大眾對其他採用不同於傳統形式創作出來的詩歌的慢慢熟悉，也慢慢消除了。這也從另一個側面證明了一點，即任何藝術形式都必須要服務於藝術效果。除此之外，大眾對這些古怪形式的震驚感慢慢消除的另一個原因，就是因為其他國家的讀者也接受惠特曼是一位真正的詩人這一事實。《草葉集》這本詩集已經被翻譯成了歐洲很多國家的語言。這些翻譯版本隨著時間的流逝還在慢慢地增加。特別是在德國與義大利的版本裡，惠特曼在原版裡表現出來的韻律與節奏似乎依然保留著，還存留著一些原先的味道。從這個方面來看，他與拜倫還是有些相似之處的。德國人或是法國人肯定會認為《馬捷帕》[277] 要比《廷登修道院的道路》[278] 更加容易翻譯，並且覺得前者比後者更加有趣，但並不能證明拜倫就是一個比華茲華斯更加優秀的詩人。當然，歐洲大陸的讀者對愛倫‧坡與惠特曼的興趣，再加上他們對羅威爾與惠蒂埃的冷漠，證明了這一理論的完整性，顯示了當代外國人的判斷力

277　《馬捷帕》（*Mazeppa*），英國浪漫主義詩人拜倫於 1819 年創作的敘事詩。
278　《廷登修道院的道路》（*Lines upon Tintern Abbey*），英國浪漫主義詩人威廉‧華茲華斯的詩歌。

是能夠為他們的後代所認同。但是，這也無法適用於惠特曼的這個例子。正如在惠特曼之前的司各特與拜倫，雖然他們的作品都展現出來某些宏大的力量，某種溝通的情感，但這樣的比重要遠遠超過詩意表達所能承受的範圍。

　　惠特曼在歐洲大陸、英國以及美國的模仿者都始終無法得到其精髓。愛德華·卡本特就曾以惠特曼的風格創作詩歌，但他創作出來的詩歌顯然是生硬粗糙的。但是，絕大多數關於「自由詩體」的實驗，總是讓人不忍卒讀。惠特曼在詩歌中是使用的韻律，就像用擴音器那樣大聲將詩歌情感傳播出去。那些神經過敏的女性讀者會對他這樣的作品嗤之以鼻，但是惠特曼對這些根本不在乎，因為身為一個真正的詩人，他使用韻律的唯一原因，就是這能夠更好地表達出他的情感。但是，所有惠特曼的模仿者都缺乏他那種嫻熟的技巧，其中的根本原因可能就是因為他們缺乏像惠特曼那樣的強烈情感。

　　總而言之，很多打油詩作者都不單純是崇拜惠特曼的模仿者。諸如斯溫伯恩、貝爾德·泰勒[279]、H.C.邦納[280]以及J.K.史蒂文生[281]等人創作出來的詩歌，也還是能夠讓我們感受到與惠特曼詩歌一樣的氣息 —— 當惠特曼在閒逛的時候，他的這些模仿者依然會繼續模仿他的創作風格。透過嫻熟地使用一些目錄技巧，加上使用一些與美國俚語混合起來的外國句子，加上鬆散的語法結構以及多用感嘆號，每個人都能對惠特曼進行拙劣的模仿。但是，諸如邦納的《家，甜蜜的家》等作品，其實就已經不單純是模仿惠特曼風格的作品了，因為這些詩歌都傳遞出了一種真實的情感，這其實是深刻理解了惠特曼的思想之後進行創作的。從這個角度來看，邦納並

279　貝爾德·泰勒（Bayard Taylor, 1825 ～ 1878），美國詩人、文學評論家、翻譯、旅行作家、外交家。
280　H.C. 邦納（Henry Cuyler Bunner, 1855 ～ 1896），美國小說家、詩人。
281　J.K. 史蒂文生（James Kenneth Stephen, 1859 ～ 1892），英國詩人。

第七章　五十年之後

不是在簡單地模仿惠特曼，而是在進行真正的詩歌創作，就像惠特曼進行創作那樣。這樣的做法雖然是比較有趣，但也讓我們能夠更好地了解惠特曼創作的真正理念，而不是單純像那些批判家那樣進行所謂的分析。讓人遺憾的是，惠特曼並沒有像白朗寧或是丁尼生那樣有足夠的幽默感，而讀者也未能從那些模仿他的拙劣作品中得到一些樂趣。

但是，無論是評論家、翻譯家還是打油詩作者與模仿者來說，他們的做法不僅讓世人更加熟悉了惠特曼特有的韻律結構，而且讓後人對這些韻律在審美方面的價值有一個更加真實的評價。在這個講究標準韻律的時代，沒有人能夠準確地說出惠特曼對詩歌形式的發展到底產生了多大的作用。不過，說惠特曼在這方面占據極為重要的地位，這也是不為過分。正如某個學派的評論家所說，惠特曼從來沒有想過要「超越於藝術之上」，而是始終忠於自己。惠特曼也絕對不是那些毫無藝術細胞或是缺乏縝密心思的農村佬，而是一個有著充滿愛意與隨和天性的人。正如丁尼生在對菲利普斯·布魯克斯[282]所說的，惠特曼「不是一個詩人」。但是，除非我們能夠發明出一套能夠更好地管控韻律節奏的標準，就像在發表演說與充滿情感的文章時的那種固定要求，否則我們無法否定惠特曼的創新所帶來的作用。我們知道並以符號來表達詩歌的韻律節奏。我們可以在不需要任何符號系統的方式就能了解演說的韻律。但是，惠特曼的「慷慨激昂的全新民族性表達方式」就像一曲韻律不斷變化的詠嘆調與吟誦的宗教劇，或者說像教堂唱詩班吟唱的歌曲那樣，這是介乎歌曲與演說之間的。我們無法區分出這到底更加傾向於哪一方，因為關於這方面的研究始終都沒有一個定論。不管怎樣，當詩韻學者們在分析惠特曼所採用的詩歌韻律時，越來越多的文學愛好者已經認可了這樣的事實。「我在文學形式上一個頑固的

282　菲利普斯·布魯克斯（Phillips Brooks, 1835 ～ 1893），美國作家、神學家。

人，」理查・沃森・吉爾德說，「我欣賞惠特曼的重要一點，就是他在作品中表現出宏大的形式。」

阻礙惠特曼的《草葉集》受到大眾歡迎的另一個障礙，就是這本書中宣揚了過多裸露的內容：

「我要歌唱身體從頭到腳的每一個部分！」

惠特曼宣揚這種思想所帶來的震撼，就好比他創作的古怪形式一樣，隨著時間的推移，慢慢地減弱了。惠特曼始終頑固地堅信這樣的理論，即人的身體與靈魂是一樣充滿神性的，而且身體的每一個部位都與另一個部位一樣具有神性。這是他的一元論哲學思想在符合邏輯的推理之後得出的結論。但是，對於他這樣一位「當時剛剛邁入文學界的吟遊詩人」來說，這才是倒楣的開始。當他在談到關於英文歷史的時候，這樣寫道：「預言家經常被用來代替詩人這個名稱。英國的所謂預言家都是那些牧師或是生理學家。」在牧師與生理學家這雙重角色裡，惠特曼毫無疑問會創作一些詩歌，不僅是在現在還是未來都會冒犯一些挑剔的讀者。惠特曼的這些詩歌通常都是有一定標記的，這說明了他的想像能量並不像寫作機器那樣可以隨時迸發。惠特曼詩歌裡的一些內容的確不是為年輕人來閱讀的，但是奧康納認為惠特曼詩歌中有八十段話的內容，只是反對「那些不道德的品格」，而其餘絕大多數的詩歌句子就像生理學的圖表一樣，都是純真無邪的。對於心智正常的人來說，這些句子就像突然打開了一扇錯誤的客廳大門，他可能會感受到很有趣、尷尬、幻滅或是反感，他們會有怎樣的想法，完全取決於他們的個人氣質與之前所接受過的訓練。

即便從最壞的角度來看，惠特曼最多也只是一位缺乏謙卑之人，而絕對不是一位缺乏道德精神的人。任何受人尊敬的評論家在總體研究了惠特曼的作品之後，都會不會批評惠特曼是一個色情狂，雖然惠特曼有時所寫

第七章　五十年之後

的內容的確是不適合這一類人去閱讀。但是，惠特曼不僅在生前，即便是在去世之後也將會繼續為他反抗傳統的道德觀念付出代價。在將每一個自然事物的本質美感以及神性都展現出來的神祕努力當中，惠特曼就像大衛在耶和華的約櫃前舞蹈一樣。但是，粗俗的世人卻以警察法庭審判的目光去看待這些，他們並不是從惠特曼這些作品所表達的情感去看待，而是直接針對惠特曼這個人。顯然，當年愛默生與惠特曼在波士頓公園的散步談話，就已經清楚地指出了這點。惠特曼依然堅持自己的創作風格，等待自己的時機。「我肯定會有自己的選擇，」惠特曼說，「當我準備好的時候。」不過，雖然時間沒有最終證明惠特曼的選擇是完全明智的，但至少洗刷了他的作品傳遞出邪惡思想的罪名。進入二十世紀充滿活力的美國，與惠特曼讚美人的身體與自由精神是完全吻合的。我們很難想像發出這樣讚美聲音的惠特曼，竟然是一個頭髮花白、穿著黑色外套且患有消化不良的人。正如詹姆斯·福德·羅德斯 [283] 所說的，這就是 1855 年的典型美國 [284]。

　　當代的美國年輕人是不會崇拜身為詩人或是普通人的惠特曼的，他們經常會質疑惠特曼的自我意識，他們認為惠特曼在詩歌中做出了太多的抗議。相比於身強體壯且自然的林肯而言，惠特曼始終都是「柔和」的。雖然惠特曼也有著魁梧的身軀以及異乎常人的忍耐力，但他卻過分多愁善感，無法承擔起這樣的使命。諸如西蒙德斯與史蒂文生這些神經比較敏感的人來說，他們能夠從惠特曼的作品中獲得一些提升精神的良方 [285]。真正的年輕人，比如那些惠特曼想要影響的工人階級，都開始慢慢地認為他是一個騙子。但是，關於惠特曼的創作形式以及他個人的道德問題，時間會

283　詹姆斯·福德·羅德斯（James Ford Rhodes, 1848 ～ 1927），美國實業家、歷史學家。

284　詳情可以參看羅德斯的《美國內戰史》（*A History of the Civil War*）一書。

285　西蒙德斯這樣說：「當我在二十五歲的時候第一次閱讀惠特曼的《草葉集》，這本書帶給我的影響要遠遠超過除了《聖經》之外的任何其他書籍。惠特曼帶給我的影響要超過了歌德與柏拉圖。」史蒂文生也說過：「惠特曼的《草葉集》將我之前的人生觀念都全部扭轉過來了。」

慢慢地給予所有人真正的答案。任何關於惠特曼的所謂事實，無論是有利於惠特曼的還是不利於惠特曼的，都無法永遠抵抗所有關於惠特曼個人真實品格的證據。惠特曼當年所拍攝下來的照片、有關他的紀錄、廣告或是按照博斯韋爾風格寫出來的文字，都肯定不是毫無意義的。惠特曼一直想要培養的「水牛般的力量」早已經逝去了。關於加拉哈德（亞瑟王圓桌騎士）的神話是奧康納當年那麼所喜歡的，現在也過去了。巴克博士的「超人」論也逝去了。撇去這些層層包裹的外衣，我們能看到一個粗俗、語無倫次、自大卻又充滿原始生命力的真實惠特曼。

除此之外，惠特曼只是一個有些話想要說出來的人。他早年日記本上的內容都清楚地說明，他會經過一番深思熟慮之後，才將自己想要說的話寫出來。大家都知道，惠特曼在創作時總顯得小心謹慎 —— 他會不厭其煩地準備很多待用的詞語，耐心地思考如何讓「詩歌變得更有韻律」，然後按照計畫去創作每一首詩歌。他選擇了「現代人」這個主題，這是以他本人作為原型，然後放在美國的文學歷史上。難怪，他的創作上會出現那麼多缺陷，但整體來說，他還是能夠用相當公允的方式去描述出了一個「具有強大靈魂」的人的形象。按照惠特曼的說法，無論男女，都必須要有健康的體魄，然後才是一顆勇敢的心以及包容的心態。是否能夠培養出內心清明、身體強壯、勇敢且友善的人才是對人類文明的最大考驗。惠特曼對構成一個多元化的民主社會的信念是非常強烈的。

但是，這些不同的個體如何形成這個「系統的狀態」呢？關於這個問題，我們就涉及到惠特曼的心智以及藝術作品中的缺陷問題了。惠特曼有時會有意識地忽視 —— 更多的時候是無意中忽視 —— 那些讓人類不斷通往更加完美的組織社會的媒介力量。若是拿惠特曼與美國具有真誠民主精神的詩人進行對比，就會發現他們與惠特曼一樣，都熱愛與讚美著普通

的美國民眾。惠蒂埃的創作根源與惠特曼一樣，都是深深植根於美國本土的。但他卻不像惠特曼，他從未進行過任何的思想「雜交」，沒有成為像惠特曼這樣的吟遊詩人。他會在火爐邊吟誦，歌唱著美國的城鎮、每個州、每座教堂、每個黨派或是組織。他的個人日記也能夠證明他是一個表裡如一的人。他對聯邦共和國的忠誠與他對整個國家以及全人類的利益是一致的。這樣的一致性就像鐘聲那樣發出和諧的聲響。但是，惠特曼的心智卻是利益從個人轉移到了眾人。他喜歡刻劃那些普通的男女，卻很少涉及一個男人對女人的愛意。他喜歡談論父親與母親的光輝形象，但卻很少涉及到家庭。他還會描述鄰居的無限忠誠，談論社會、政治、宗教方面上的合作。他認為，正是這些元素組合起來，才構成了整個社會的合心力，才有可能不斷地實現進步。有時，他會對這些問題投去看似不經意的目光。在這些組織之上，他的很多想法都是模糊的，直到他認識到這樣的「聯合狀態」之後，才真正讓自己的思想找到了一塊可以依靠的磐石。

　　我將惠特曼所說的「神性的普通人」定義為一種模糊的說法，因為他會輕易地使用這個詞語。有時，這顯然只是意味著一種數值上的比例，似乎這只是在統計學上表現出來的神聖而已。有時，這可以用來讚美那些普通的事物，因為那些事物的確是較為普通的。有時，他可以讓這個詞語加上一些高貴的意思，這意味著每個普通人身上所展現出來的神性。惠特曼就曾這樣寫道：

> 「畫家描繪出了人群與中心人物，
> 中心人物的頭上似乎散發出一股金色光芒的靈氣。
> 但我要描繪芸芸眾生的頭，但不會在他們的頭上畫上
> 這樣金色光芒的靈氣。

從我的雙手到每個男女的頭上，

都會永遠散發出光輝燦爛的光芒。」

惠特曼想要讚美萬物的想法，源於他質樸的心靈，但他這樣的想法是徒勞無益的，無論是在描繪景象，還是在闡述一個理想的民主社會方面，都是如此。想要按照惠特曼的想法去描繪出一幅景象，這必然會在整個選擇與創作的過程忽視一些最為本質的東西。想要描述一個理想的民主社會，必然會忽視一些精神層面上的價值，忽視了一些成就或是社會的進步。前拉斐爾派的畫家可能會堅持在畫布上描繪出藍色的天空，然後將之稱為天堂。而那些具有民主精神的詩人則可能認為，每個人與其他人都是一樣的。但是，普通人對這些方面的了解往往更加透澈。要是像愛默生那樣評論吉本：「他是一個沒有信仰的人，缺乏了一個人最為重要的財富。」那樣去評論惠特曼的話，這就是非常不公平的。在惠特曼看來，他有很多信仰的支持。他在哲學層面上是一元論者，在現實生活中則是多神論者：他經常會在木棍或是石頭面前彎下腰，也會在肉體或是精神層面上表達自己的想法，甚至會反過來咒罵那些被多數人認為是神性的東西。他從來沒有所謂的等級觀念。即便是天空上的星星都是按照固定的等級去運行的這一道理，他似乎從來都不在乎。在他看來，那些所謂的紳士也不比那些普通的百姓更加優秀，那些所謂的聖人也不比那些罪人高尚多少。他的內心發出本能的聲音：「光榮！光榮！」即便他從來都不認為地球上的光榮是一回事，而天國的光榮則是另外一回事。

但是，當他在描述美國的理想生活時，經常會使用一些宏偉的句子以及抑揚頓挫的韻律，甚至連他所表達出來的朦朧思想，都必須要符合他想要表達出來的宏大主題。我認為，普通讀者可能不大會留意到惠特曼想要

第七章 五十年之後

表達出來的真正思想。特別是在惠特曼後期所創作的一些詩歌裡，我們可以看到他特別強調了我們國家之所以能夠產生民主的精神，得益於建國元勳們的努力。他這樣說：「民主這艘船都有過去的痕跡。我們的現在就受到從過去射來的炮彈的影響。」事實上，我們正在踏上了一個全新世界，而這個全新世界絕對不是從歐洲「古代王朝的屠殺場」那裡演變過來的。

> 「既順從又指揮，更願意去跟隨而不是引領，
> 這也是我們這個新世界所獲的教訓。
> 在那一個古老的世界裡，幾乎沒有新的東西。
> 在很久很久以前，青草在大地上生長，
> 在很久很久以前，雨水從天而降，
> 在很久很久以前，地球在不斷地轉動。」

在惠特曼看來，新大陸上的每一個國家都應該是自由的，而絕不能被過去的歷史枷鎖所束縛，相反他們應該從那些血淋淋的歷史汲取教訓。惠特曼在下面這句話裡，將自由主義的信條推到了極致：

> 「多點反抗，少點遵從。」

惠特曼反覆強調美國人應該反對一切偶像崇拜的雕像或是儀式，也許他這樣做是過分強調了自由主義的思想：但是，倘若我們從城市、州以及整個國家在當下轉變成為一個中央集權國家來看，他的理論則是相當有趣的。

惠特曼堅持認為，民主的美國必須要具有宗教精神。「我認為，聯邦共和國所具有真正持久的偉大，就在於它必須要具有宗教精神。」惠特曼談到的宗教精神其實就是一種公式化。關於這點，我們在上文已經講過了。但是，他的另一個觀點則是非常鮮明的，沒有半點含糊。他認為我們應該盡一切努力避免狹隘的地方偏見主義。按照他的說法，他的目標就是

「在我的詩歌裡，歌頌整個聯邦，同時不去表現出任何的偏頗。」無論是面對南方還是北方，無論是東方還是西方，他認為「都應該讓彼此之間的友情就像樹木那樣繁茂。」他希望能夠從同胞中「找到極為善意的友情。」當然，惠特曼這位曾經做過熟練印刷工人與木匠的人，在美國各州的旅行中，看到了很多城市的風貌，認識了很多人，他的確是感到了這樣的友情。從某種程度上，他希望能夠像丹尼爾・韋伯斯特那樣「為這個國家而歌唱」。惠特曼認為，整個聯邦政府就是一個完整的整體，每一個部分都絕對不應該分離。在南北內戰結束之後，惠特曼這樣的觀念變得更加強烈了。從他的政治信仰層面來看，這場戰爭是他所遭遇的一個重要精神危機，正如法國大革命對華茲華斯所造成的精神危機一樣。在人生晚年，他認識到戰爭就一個「車軸」，而他的《草葉集》則是隨著這個車軸慢慢地轉動。因此，倘若我們不對惠特曼在這個時期的內心掙扎進行一番了解，就很難完全理解他想要表達出來的意思。他在《擂鼓集》裡描述了那種哀婉情感、神祕主義、大屠殺的恐怖場景以及獲得自由之後的歡欣鼓舞等場景。四年的內戰所呈現出來的各種悲劇或是榮耀的一面，在他看來都是能透過同胞們彼此之間的最終聯合而結束。

最後，美國各州在經過了一番痛苦的掙扎與流血犧牲之後，終於找到了為未來打造一個堅實基礎的主要目標。我們仍然是先驅者，我們最終的目標仍然還沒有實現。未來，美國這片大地上將會出現更加美好的文明，當「普通人都能感受到日常工作以及貿易所帶來的榮耀感覺。」，大多數人都能夠在兄弟般的情感與友情當中快樂地生活。

> 「在我們這片廣闊的土地上，雖然有著這樣那樣的缺陷，
> 但是我們彼此都有著共同的心願，
> 這會讓我們最終走向完美。」

第七章　五十年之後

　　那麼美國的民主對整個世界又會傳遞出什麼樣的資訊呢？美國的民主精神又會對「人類的偉大事業或是人類的進步與自由產生什麼樣的影響呢？」惠特曼認為，民主精神就是人類最為重要的偉大事業，永遠都能夠找到衷心擁護這項事業的人，如果在必要的時候，大多數都願意為了民主而殉道。因此，他讚美世界各地出現的任何代表民主精神的運動，讚美一些民眾自治的政府。惠特曼這樣的觀點著實讓人感到不可思議，特別是當我們想到這是惠特曼在五十年前所表達的觀點。因為自治政府在世界各地都似乎變成了一種陳舊的制度，似乎無法帶來社會經濟資源的節約。但是，惠特曼對自由的擁護還未到此為止。他還讚美國際主義精神，他那個時代幾乎沒有詩人這樣做。他讚美那些「勇敢地舉出旗幟的人。」在他的一篇散文裡，他這樣寫道：「我會開創美國的國際主義詩歌。我認為，人類身上存在著的那種共同的根源，正是讓我們的詩歌能夠表達出最為深厚情感的東西。我認為，無論是愛國主義精神還是詩歌，我們都應該保持一種開放的態度，因為我們已經被過去一些細小的東西過分局限了，世人終將會明白這點。」赫爾德[286] 在一個世紀前就表達了類似的觀點。惠特曼只是用詩歌來包裹著自己的思想而已：

> 「一個思想總是在我的腦海裡閃現：
> 在那艘神性的船隻上，整個世界似乎都在與時空不停地前進，
> 地球上所有的人都在沿著相同的航道前進，最後必然會抵達相同的地點。」

　　這樣的目標也許要比我們想像中更加的近：

---

[286]　赫爾德（Johann Gottfried Herder, 1744～1803），德國哲學家、神學家、詩人、文學評論家。代表作：《論語言的起源》（*Treatise on the Origin of Language*）等。

「從沒有像當代人提出如此尖銳的問題，

從沒有像當代普通人的靈魂是那麼的充滿活力，更加像上帝的。

看看他們不斷地乘風破浪，沒有停下來休息。

他們的雙腳踩在陸地上，經過了世界各地，

他們征服了太平洋，征服了各個群島。

在蒸汽船、電報、報紙以及戰爭引擎的帶動下，

世界各地的工廠將各個大陸連繫起來。

在過去，一個大陸上的民眾說的話，能迅速傳到大洋彼岸的另一端嗎？

在過去，國家與國家之間能夠迅速交流嗎？難道整個世界不是都有著一個共同的目標嗎？」

華茲華斯有一句著名的話：「每一個偉大的詩人其實都是老師，我希望讀者要麼認為他們是老師，要麼認為是一無是處的[287]。」從這個層面上來看，惠特曼可以說是屬於那些偉大詩人的行列。我們無法從他的詩歌中找到他對下一次總統大選的看法，無法找到民眾應該如何在二十世紀解決所有可能摧毀民主精神的邪惡的良方。但是，用惠特曼的話來說，他的詩歌「是能夠讓每一個讀者感受到自由的精神，喚醒他們內心的希望，讓他們不斷感受到自身存在的價值。」這完全滿足了惠特曼對所有詩歌本應存在的目標，也就是說 —— 讓一個人能夠「有著充沛的活力與正直的品格，具有宗教精神，擁有良好的心靈，並對社會改革有著較為激進的看法。」他有著優秀老師所具有的那種天然教條主義，他始終對個人、各州以及美國對世界所應該產生的作用是持正面態度的。他對這些觀點所具有

287　請將華茲華斯的這句話與惠特曼在人生晚年與 W.R. 泰勒說的這句話進行對比：「我從來都不認為我所創作的詩歌是要傳遞出什麼教育別人的東西。在我看來，詩歌只是一匹讓別人來騎的馬。」

第七章　五十年之後

的價值的看法，很容易受到一些人對他是否具有一名合格詩人所具有的技術性能力的質疑而受到影響。我們甚至可以像他的朋友約翰‧巴勒斯後來承認這是一個嚴重的錯誤[288]。我們可能會承認一點，當惠特曼擁有廣泛的名聲之後，就會像白朗寧一樣，必須要忍受名聲所帶來的各種痛苦——這都是因為他在藝術創作中所存在的缺陷。「無論我的朋友是否承認這點，」惠特曼曾經坦誠地說，「我都深知無論是在形象化描述、戲劇性的場景，特別是言語上的韻律以及所有創作詩歌的常規方式，當代的很多作品都已經超過了很多讀者的閱讀需求，甚至要比我之前所創作的作品領先十多年。」但是，他從來都沒有坦誠自己在文學創作方面上的缺陷，也從來沒有承認自己在個人品格方面的缺點，他從來都不認為自己在這兩方面的缺陷，會影響到他在創作時對民主精神方面的基本觀點。他已經為追求個人品格、友情以及世界大同指明了一條前進的道路。如果惠特曼真的沒有更好待人接物的美德或是無法創作出讀者所期望的詩歌，那又有什麼關係呢？

很多人都知道，當一個人迷失在森林裡時會有什麼樣的感覺。面臨這樣的困境，一些人可能會有著不同的表現方式。一些人會大哭，一些人則會咒罵著命運的不公，一些人則會坐在一塊木頭上，吹著口哨，還有一些

---

[288]　「只有堅決不妥協的宗教目標才能為惠特曼在《草葉集》裡的詩歌正名。只有最具活力且最為寬泛的精神主義才能壓制物質主義的盛行。只有最具創造性的想像力才能夠抵消強大的現實主義傾向。只有彼此間的兄弟情義才能緩解盛行的美國主義。只有當詩歌散發出最為原始的精神時，才能對目前已經落入窠臼的詩歌創作帶來改變。在我們看來，現在的這一切都是那麼的平凡與熟悉，但卻是不少人為之付出與努力的結果……溫馨的家庭生活、爐邊談話以及幸福美滿的家庭生活，這些都是他所追求的。我們可以從其他詩人身上所找尋到的愛意，在他身上卻始終無法找到。那些田園詩歌裡所談到的悠閒或是愛意，也無法在他身上找到。個人的選擇，那些具有浪漫主義的情感，藝術的魅力以及對形式的追求，這些都不是他在創作的時候所要考慮的。在他看來，宇宙的精神應該取代狹隘的田園詩歌，那些勇敢創新的精神應該取代那些無病呻吟的情情愛愛。愛國主義精神應該取代那些尋常的情感。仁慈應該取代虔誠，對人類的愛意應該取代對鄰居的愛意。詩人與藝術家都應該被預言家與先知們所取代。」——出自約翰‧巴勒斯所著的《惠特曼研究》，1896 年在波士頓出版。

人會努力找尋一些參照物，尋求回到原先的道路上。就在此時，他聽到了一個頭髮蓬亂的人在樹林的灌木叢中走了出來，大聲地說：「我們不會有什麼危險了，這裡有一片空地！」面對這樣的情景，總是會有一些內心脆弱的遠足者說：「那個人的聲音實在太刺耳了，他的聲音讓我感到緊張。他所說的話實在是太粗俗了。他甚至都沒有打上領結！他的額頭上一直在出汗。我認為他之前已經將他的褲子脫下來了。」

　　與此類似的，惠特曼所發出渾厚且真誠的聲音，就是在引領著我們這樣一群迷失在仇恨、種族偏見且經濟不平等與社會不公的歧途中走出來：「我們沒有危險了！不遠處就有一片空地！在那裡，我們能夠感受到內心的平靜與善意，能夠找到一條康莊大道。」那些惠特曼的天生追隨者，在聽到了他的聲音之後，就會再次背起行囊，準備跟著他們的指引者一道出發，而不會管此人的名聲在大眾的眼中是多麼的不堪。他們會說：「不要在意他身上那些破爛的衣服，抬起你的雙眼，振奮你的心靈，努力朝著那片空地前進吧。」

　　顯然，對這些讀者而言，惠特曼絕不是一位單純的作家。對他們來說，無論惠特曼創作詩歌還是散文，相比於惠特曼在這些作品中所提出的問題，是否要表達宏大的理想，這些根本都是不值一提的。要是人們想按照學院派那種方式去對他的創作方式進行評判，這就好比對聖保羅給羅馬所寫的使徒書上出現的鬆散句法進行批判一樣。對這些讀者來說，惠特曼已經不單純是一位吟遊詩人了，一位創作出很多為世人引用且閱讀詩歌的作家，而是一位具有倫理力量的人，一個具有重新推動變革的人，一個在精神層面的開拓者，將他們帶到一個全新的世界裡。難怪，他們對惠特曼狂熱的忠誠感，讓他們忽視了所有文學創作的形式，對惠特曼的讚美達到了一個非常高的程度，將他推到了與但丁並列的地步。

第七章 五十年之後

　　像我這樣的人，在過去二十五年裡閱讀著惠特曼的作品，必然會產生這樣的情感。在某些情感當中——這些情感也許是人類最高尚與最真實的憐憫心——將惠特曼當成一名預言家與先知。但是，對於其他喜歡與書籍成為朋友的人來說，他們也會產生類似熟悉的感覺。他們會說，不要在乎惠特曼的詩歌所表現出來的形式，而要在乎這些詩歌所傳遞出來的美感，認為這些詩歌能夠超越這個時代，並能夠進入永恆。就在不久前，當我整理有關報導惠特曼的報紙與雜誌，我發現一份剪報落在了地上。我撿起這份剪報，看到了剪報背面印刷著約翰·濟慈[289]所創作的〈秋頌〉（*To Autumn*）。這首詩歌是約翰·濟慈在惠特曼出生的那一年九月的一個週日創作的。我情不自禁地低聲唸起了這首詩歌，立即能夠感受到這首詩歌所表現出的那種完美情感，在形式上也是無懈可擊的。接著，我就問自己：「為什麼濟慈這樣一首詩歌——雖然沒有表達出強烈的倫理觀念思想——卻依然會流芳百世。為什麼我們就不能說惠特曼的詩歌流芳百世呢？」

　　我認為，想要回答這個問題，就必須要承認這樣一個不容忽視的事實，那就是約翰·濟慈是一名更加優秀的藝術家。在濟慈的手上，真理與美感都能以完美的形式結合起來，讓讀者每次閱讀的時候都能感受到。相比之下，惠特曼也是具有一定文學天賦的人，並在想像領域內想要超越濟慈，但他對詩歌表達的已有工具，顯然不如濟慈掌握的那麼嫻熟與完美。除此之外，惠特曼想要創作出全新的詩歌形式，也必須要經過時間的檢驗。

　　在長達五十年的時間裡，惠特曼當年所創作的新詩歌應該是充分接受了時間的洗禮。但是，我們似乎看到了惠特曼很多詩歌都難逃被人遺忘的

289　約翰·濟慈（John Keats, 1795-1821），英國著名浪漫派詩人，代表作：〈恩底彌翁〉（*Endymion*）、〈秋頌〉（*To Autumn*）等。

後果。拜倫、華茲華斯、摩爾與騷塞等人都創作出了數百首平凡的詩歌，但是這些詩歌彙聚起來，則變成了一個正式的詩歌結構。但是，現在已經沒有人將這些東西稱為詩歌了。惠特曼的《草葉集》之所以那麼的不受廣大讀者的待見，其實並不是因為他在詩歌裡所寫的內容，而是在於惠特曼沒有以較好的方式使之變成傳統常規的詩歌形式。一個明顯的缺陷，就是惠特曼沒有將這些詩歌的素材以完美的形式去表達他的想像。在經過了詩人創造性的想像之後，往往會出現一個結構性的改變，就好比生鐵變成鋼鐵一樣。但在惠特曼的《草葉集》上，這樣的改變卻始終都沒有出現[290]。有時，這並不單純是想像力方面的問題，而是因為缺乏某種思想。「從阿克赫斯特先生那裡了解所有昆蟲的名稱，然後在將一些適合的思想串聯起來。」這是惠特曼寫在筆記本上關於創作詩歌的一條法則。但是，當我們在閱讀《草葉集》的內容時，就會發現這些昆蟲名稱的確是很容易找到，但是「合適的思想」都沒有表達出來。與很多神祕主義者一樣，惠特曼就像被很多現象所催眠了，雖然他始終相信這些所謂的現象不過是一些無形世界的象徵。對於這樣的人來說，當他們想要去嘗試進行文學方面的創作，就很容易去陷入那些現實主義者所犯下的典型錯誤。他們急於去表現出與他們想要表達的內容的事實，卻忽視了一些本質的東西。即便是在 1851 年布魯克林的藝術演說裡，惠特曼也曾陷入了將自然與藝術混為一談——這個自古以來就存在的「異端邪說」。在惠特曼早年的日記本裡有一段話，就表現了他遭遇這一困境的根源：「我的眼睛怎麼能夠將盛開的蕎麥田野與可見的其他事物區分開來呢？除了我所見到的一切事物之

290　「他在文學形式創新方面做出了一定的貢獻，極大地拓展了詩歌在可描述性方面的空間，但他一直在等待的結構性改變卻始終都沒有出現。可以說，他的詩歌要比與他同時代的其他詩人的詩歌更加優秀，但是因為缺乏固定的形式與穩定性，必然無法將他與其他詩人進行對比。」——出自埃德蒙德・胡塞爾《奇巧的文學評判》，1896 年出版。

外，我還應該對人生有著怎樣的期望呢？」

　　事實就是如此啊！當華茲華斯用內心的雙眼去觀察盛開的水仙花時，他的內心知道這是怎樣一種感受。惠特曼所談到的「除了我所見到的一切事物之外」，事實上就代表著《草葉集》裡那些容易消逝的部分。《草葉集》裡面所傳遞出來的品味差異以及比例不當，這些都是我們很容易在浪漫主義作家身上找到的。有時，這會表現得非常膨脹，似乎在不斷地蔓延。有時，這則是以矯揉造作或是庸俗的方式呈現出來。比如惠斯勒的作品裡就表現出一種虛榮心，拜倫的一些押韻的演說則根本不會注重什麼韻律。雨果所談到的人道主義理論似乎也沒有展現出持續的力量。當拜倫與雨果的想像力都處於最強大的時候，那麼所有這些錯誤就會像被洪水沖刷了一遍，只是翻滾河水上面的泡沫而已。但對惠特曼來說，這些可見的事物經常會遏制住想像的洪流。在這條想像的洪流上有太多的木頭了，那些觀察者與描述者對於詩人來說實在是太多了。惠特曼所使用的膠合性或是目錄方法，並不是為了進行分類，而是為了更好地展現出那些不被讀者所注意的事物。很多時候，惠特曼就像一位特等列車上的司機，他的名字會讓人聯想起這樣的名字——比如馬伏里奧[291]、曼尼托巴[292]、馬志尼[293]、滿洲[294]、瑪利亞等等。但是，不管這些具有音樂節奏的名字會激發出我們多麼強烈的情感，都無法讓這列火車行駛起來。《草葉集》展現的龐大建築性結構都會慢慢地讓讀者明白一點，即惠特曼之所以要以這樣的結構方式進行創作，並不是因為他可以追求的，而是因為他與傅立葉、斯文登伯格以及其他思想體系者一樣，都將自己的很多理論承包給了那些理論家。

291　馬伏里奧（Malvolio），莎士比亞劇作《第十二夜》中的人物，劇中奧利維婭的官家。
292　曼尼托巴（Manitoba），加拿大的一個省。
293　馬志尼（Mazzini），義大利政治家。
294　滿洲（Manchuria），曾指中國的東北三省全境。

講究體系的時代已經過去了，民主思潮會改變文學創作的形式與意義，整個世界的面貌也會隨之發生改變。但是，諸如約翰·濟慈的〈秋頌〉，雖然只是一時興致所創作的，但是他對九月下午所蘊藏的祕密精神，卻依然像希臘古甕那樣，代表著一種永恆不變的美感。

對惠特曼而言，雖然他的作品融合了太多這樣的元素，削弱了他想要表達純粹的詩歌美感以及讓這些詩歌獲得永恆的可能性。但在我看來，正是這樣的做法，才讓他的作品有可能成為永恆。惠特曼的作品會流傳下來，並不是因為他在某一句詩句裡闡述了完美的事物，而是因為他有著廣闊的想像力，有著連續去表達個人思想的神奇能力，還有他在面對一些永恆現實時所表現出來的尊嚴。可以說，惠特曼是自華茲華斯以來，最具原創能力與暗示性能力的詩人。與華茲華斯一樣，他始終將目光專注於自然界裡那些偉大且永恆的事物，感受人類最為原始的情感。就他的全部作品而言，我們可以這樣說：「這就像一個懸掛在我們頭上的天空。」這就像一個無比寬闊的地平線，水流慢慢地流向深處，在田野與城市裡勞作的人在歡歌笑語，征服著他們之前所無法征服的事物。在這裡，讀者能夠感受到白天與黑夜的持續變換，嗅到丁香花開時的芳香，感受到豐收的喜悅。惠特曼對童年時光的無限眷戀，成年時期的尊嚴以及老年的平靜沉穩，都從他的作品裡可以感受得到。正如他的這句詩歌一樣：

「黑暗這位母親，始終邁著輕悄悄的腳步走到我身邊。」

在惠特曼看來，這代表著無限發出的低聲細語。

惠特曼對事物的那種原始且本質的感受，是很少有人能夠做到的。他盡最大的努力表達出這些想法，只有這個世界上那些最為偉大的詩人才能與之相比。當人們去評價一位詩人時，數量並不能說明什麼。因為各種原

第七章　五十年之後

因，惠特曼的作品受眾面一直局限在那些具有智慧與道德勇氣的人，他們能夠理解惠特曼的用意，並願意耗費心力去加以理解。但在一百年、甚或五百年後，可以說沒有比惠特曼的詩歌更加適合當代人閱讀的了。

附錄

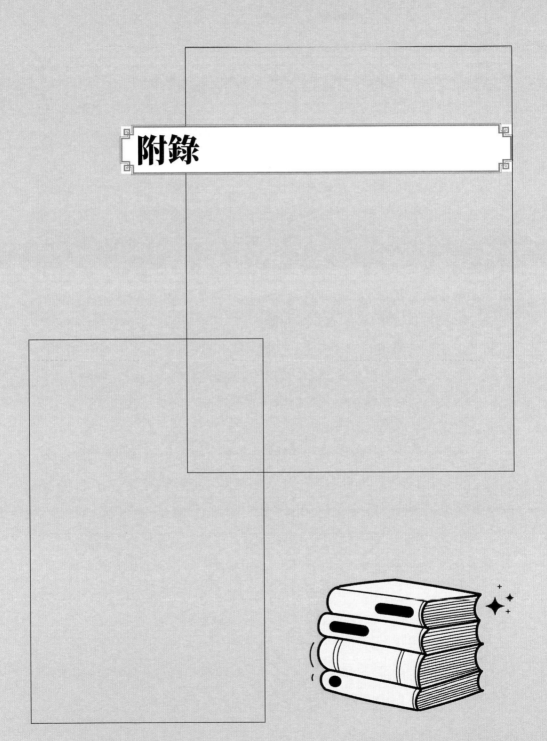

附錄一　《華特‧惠特曼傳》出版拾遺

第一版本的前言，第三十句話。艾姆斯先生希望我能夠說出一點，他的朋友華特是第一個告訴他這一個有趣對應的人。

第九頁第八句話。我在這裡只是粗略地一筆帶過他們的童年。無論是喬治‧惠特曼還是傑夫‧惠特曼後來都變成了對社會有用之人。艾米‧哈斯勒姆‧道伊小姐的阿姨嫁給了喬治‧惠特曼。她非常大度地允許我引述一封她寫給我的私人信件（這是 1907 年 7 月 9 她寄給我的）。在這封信裡，她這樣描述惠特曼的兄弟們：

「我母親的姐姐路易莎‧哈斯勒姆嫁給了喬治‧惠特曼上校。我會跟你詳細地說說他的情況 —— 因為沒有誰比我更加愛他且對他更加了解了。除此之外，我還要告訴你有關傑夫的事情。雖然我從未親眼見過傑夫，但我與他的女兒傑西非常友好，她仍居住在聖路易。因此，我希望引述《工程聯合會期刊》上的一段話來解釋」：

「『1867 年 5 月，我接受了在聖路易防水工程項目擔任首席工程師的職位。正是在他與他的老朋友 —— 前任首席工程師詹姆斯‧P‧科克伍德擔任顧問工程師的認真監督下，這個防水工程順利地完工了。』」

「『這個防水工程項目在 1871 年 6 月竣工並且投入使用。在此基礎上，增加了一些設備與機組，為我們整座城市服務了大約二十多年。直到今天，這仍是亞利加尼山脈以西所有大城市裡最為實用的防水工程。我們完全可以說，這個防水工程項目就是他人生的里程碑。』」

「『我們都知道，他是一位非常有能力、心思縝密且有良知的工程師，他完全按照藍圖去完成這座防水工程的建設。他的行為就像垂直的鉛錘那樣耿直，他也將這樣的精神投入到工作與水庫的建設上。』」

「現在，讓我轉而去談談我的舅舅喬治‧惠特曼吧。關於他，我能夠提供最為真實的資訊。」

「內戰爆發的時候，他主動應徵入伍，一開始是列兵，之後完全憑藉作戰勇敢而晉升為上校。1864 年 10 月 9 日出版的《紐約時報》就刊登著一篇題目為〈五十一名紐約市的老兵〉的文章。這篇文章寫道：『在皮特斯堡接下來的戰役裡，指揮權慢慢落入了喬治‧W‧惠特曼上尉手中，他在之後的軍方報告裡還被特別點名表揚。他在這場戰役裡表現出了一名士兵的果敢與勇氣。』我知道，我的舅舅就曾因為作戰勇敢，而受到了布魯克林民眾贈予的一把寶劍。」

「但是，我的舅舅並不單純是擁有勇敢的蠻力，他具有更強大的道德力量。內戰結束之後，他就進入了紐約市工程都市委員會，擔任管道巡視員，需要經常與其他城市的承包商打交道。這些管道承包的合同經常會被分派給不同的鑄造廠，舅舅經常需要從一個地方前往另一個地方進行巡視。他所擔任的職位原本讓他有許多機會收受賄賂的，而且很多鑄造廠老闆都想要賄賂他數千美元，從而承包一些工程，但都被他拒絕了。那些想要賄賂我舅舅的人沒有得逞。我的舅舅是一位絕對無法用金錢收買的人，這在防水工程系統內都是出了名的。當他的年齡漸漸大了，一再表示要辭職的時候，防水工程委員會一再挽留他，希望他能夠繼續留下來工作，雖然他此時已經無法親自去巡視一些工程了。但是每根管道上都刻著『G.W.W』的大寫字母，這充分證明了他是一位無比誠實且追求完美品格的人。」

「培利先生，你還會對我關於你在第九頁裡所談到的：『除了華特之外，其餘的孩子都沒有在智慧或是道德活力上表現出什麼過人之處』這段話提出異議有什麼不解的嗎？」

附錄

「除此之外，我還要對你在書中將喬治‧惠特曼說成是『陰沉的』感到不滿。喬治‧惠特曼可以說是一個喜歡安靜的人，但他絕不是一個陰沉的人。」

「我的舅舅喬治‧惠特曼是我見過最為安靜的人。他喜歡獨處，或者說只喜歡與一兩位他認為是親密兄弟的人一起聊天，這就好比他的哥哥華特‧惠特曼喜歡研究人性一樣。喬治舅舅很少說話，但是當他說話的時候，總是會讓人感受到一股善意。當我還是一個小孩子的時候，就經常與舅舅與舅媽在一起，雖然我當時經常玩惡作劇，但是舅舅卻從來都不會責罵我。隨著我慢慢長大，我發現舅舅從來都不會反對我想要做的事情，但是他也不希望我做事半途而廢。除此之外，關於我舅舅與舅媽之間的婚姻，可以說這是我見過最為理想的婚姻了。」

「雖然我絮絮叨叨說了這麼一大段話，但我還是想指出你在第 244 頁上出現的一個小錯誤。我的舅舅與舅媽只有一個孩子華特，但是他在八個月的時候就夭折了。」

「當我看到你談到了『華特舅舅』搬到米克爾大街的內容時，我還有一些話要說。惠特曼上校非常喜歡鄉村，因此就在紐澤西州的伯靈頓教區建造了一間寬敞的房子，這棟房子的面積要比他想像中更大，因此他們想讓『華特舅舅』也搬過來居住。讓他們感到驚訝的是，當他們準備搬到新屋的時候，『華特舅舅』第一次表示（我始終都記得這點），他不願意與喬治一起過去那裡居住。當時，喬治舅舅就表示希望能夠為他的哥哥在附近建造一間較小的房子，但是華特舅舅也沒有同意。華特舅舅表示希望能夠繼續居住在城鎮，他果然這麼做了。可以說，華特舅舅居住在米克爾大街的唯一目的 —— 就我看來 —— 就是為了讓世人看到他們一直想要看到的景象 —— 那就是一個處於貧窮狀態下的詩人！」

「華特舅舅不願意與喬治舅舅與舅媽一起到鄉村居住的事實，根本不能證明他們之間存在任何不和的關係。喬治始終非常友善地對待華特，舅媽也經常會前去看望華特舅舅，為他帶去一些生活用品，甚至還親自為華特舅舅縫製衣服。無論是喬治‧惠特曼還是傑夫‧惠特曼，都不願意看到華特深陷貧窮的生活當中。當華特舅舅得到什麼東西的時候，他總是非常大度地送給別人。每當我前去看望他的時候，他的第一個想法就是給予我他所能給予我的一切東西。因此，我現在還有他從很多文稿與書籍裡抽出來送給我的一本詩集，他還幫我在這本詩集上簽了名。」

「華特舅舅接受他的朋友送來的錢，就像一個小孩子那樣來者不拒，從來沒有想過這樣做有什麼不對的地方。」

第 27 頁。夏洛特‧E‧摩根在《哥倫比亞大學的英語系畢業生紀錄》上，就指出了《哥倫比亞雜誌》出版了四張惠特曼在 1844 年的描摹畫：分別是艾理斯在三月分畫的《精神的紀錄》，鄧普‧凱特在 5 月分畫的《塵世死亡的故事》、9 月分畫的《一輛輕便雪橇》以及在 10 月分畫的《孩子與放浪者》。除了《一輛輕便雪橇》之外，其餘的三幅畫都刊登在布魯克林《鷹報》上。摩根夫人還創作了兩首詩，分別是〈每個人都有各自的悲傷〉與〈驕傲的懲罰〉，這兩首詩都刊登在 1841 年的《新世紀》雜誌上。

第 35 頁，第九行。夏洛特‧E‧摩根夫人發現他在《百老匯期刊》上發表的文章題目是〈藝術在歌唱，心靈在歌唱〉，這出現在 1845 年 11 月 29 日週六出版的期刊上。

第 43 頁，第 19 行。喬治‧R‧卡本特教授非常友善地告訴我，惠特曼在《新月報》上發表的作品第一次是在 1848 年 3 月 6 日刊登的，他是在 1848 年 5 月 26 日離開紐澳良的。

附錄

　　第 44 頁，第 25 行。在出版時，這段話是這樣寫的：「他對其中一些句子感到困擾，他對古希臘文學的一些段落的熟悉程度加深了他內心的不安。他給惠特曼寫信表達自己的關切之情，惠特曼則對於他所遭受到的誤解感到震驚。」我認為，那些段落的確是很容易給人一種錯誤的印象，讓人無法理解創作者本身的動機。

　　第 78 頁，第 14 行。勞倫斯‧梅納德先生告訴我，從〈華特‧惠特曼〉的題目改為〈我歌頌自我〉，只有在第十七版本裡才出現，而不是我一開始所說的第三個版本。

　　第 124 頁，第 4 行。在初版裡，用「微薄的收入」代替了「略有存款」。當時，我不知道惠特曼的存款才只有兩百美元而已。這就是所謂的「帕頓事件」。我所陳述的內容，都是已經去世的 E.C. 斯特德曼告訴我的，他是這兩個人的朋友，他曾耗費了許多心力去證實這個事實。但是，直到第一版出版之後，我才意識到這個小小的問題引起了大眾的討論。從那之後，很多關於這方面的檔都送到我的手上。譴責惠特曼為人不誠實或是城府太深，這些都絕對不是我的本意。我只是闡述了一個關於惠特曼的簡單例子 —— 就像戈德史密斯與其他很多受人尊敬的文人一樣 —— 喜歡借錢，卻在還款日到來的時候手頭上沒有錢。至少，我們可以找到惠特曼無法準時還錢的真實例子。惠特曼的性格特點，會讓他說服自己認為這些別人送給他的東西，都是得到了帕頓先生的允許，能夠抵消他的債務。他在一封寫給奧康納的信件裡就曾對這樣的交易做出了解釋（現在，這封信落入了赫拉斯‧特勞貝爾手上），這封信裡還附上了一張安家費的票據，這顯然是帕頓的朋友與律師戴爾給他的。至少，一些看過這封信的人是這樣跟我說的，因為我不被允許看這封信。另一方面，我可以從帕頓一家那裡找到很多書面證據，說明惠特曼欠下帕頓一家的債務直到帕頓先生去世

的時候都沒有歸還。帕頓先生在 1891 年去世。雖然我可以從很多相互矛盾的證據中篩選出來一些證據，但這些證據似乎都只能證明帕頓與惠特曼這兩人的誠實性。我們還應該說明一點，隨著惠特曼的年齡越來越大，他在金錢方面也表現的越發謹慎。即便是在他貧窮生活的時候，似乎都願意將自己的錢包拿給別人去用。在此，我們可以比較一下道伊小姐在那封信所談到的「他就像一個小孩子那樣對別人給予的錢來者不拒，從來沒有想過這樣做有什麼不對的地方。」

第 135 頁，第 6 行。初版裡的「陰沉的」應該換成「沉默的」，詳細情況可以參看上文引述的道伊小姐的那封信件。

第 244 頁，第 9 行。喬治夫婦的這個孩子在八月的時候就夭折了，這也是他們唯一的孩子。

第 245 頁，第 26 行。我修改了初版裡對作為管家達維斯夫人的嚴厲批評。告訴我這方面資訊的人都是女性。不過，其中一位是達維斯夫人的朋友伊莉莎白·凱勒，她一直照顧惠特曼直到他人生的最後一刻。她寫信跟我說，我在初版裡對達維斯夫人的批評是不公平的。我在書中詳細地描述了「花邊領」，這對當時拜訪惠特曼的一些人留下了深刻的印象。因此，我想引用凱勒夫人寄來的這封有趣信件的部分內容：

「當我前去照顧他的時候，他有六件很舊的襯衫，這些都是達維斯夫人幾年前製作的。這些襯衫都是用原色棉布做的。其中一個衣領與袖口上都還有一些花邊。當惠特曼最後一起出現紐約市的時候，他就是穿著這件襯衫。第二天，《紐約先鋒報》就用非常有趣的話語來對此進行了評價。當我前去照顧惠特曼的時候，達維斯夫人給惠特曼做的那些陳舊襯衫還在那裡，這些襯衫都是經過一番縫補的。之後，達維斯夫人還為他另外做了三件襯衫，這些都是她自掏腰包購買布料的。」

附錄

第 271 頁,第 3 行。在初版裡,這段話是這樣的「很多朋友都從他們原本不高的收入中拿出一些錢來幫助他 —— 因為他的弟弟喬治·惠特曼不願意幫助他 —— 讓人感到非常驚訝。」在這段話裡,「幫助」一詞時很容易引起人們誤解的,因為惠特曼當時並不缺乏基本的生活用品。但是,他的確需要管家的一些幫忙,從而讓他能夠過得更加舒適一些。來自費城的湯瑪斯·哈內德先生就是惠特曼其中的一位遺稿執行人,他在 1906 年 12 月 22 日寫了下面這封信給我,闡述了相關的問題:

「上述的論述是不準確且容易讓人誤解的。無論在任何時候,都沒有人每週給惠特曼一些金錢上的資助。就我所能看到的過去四十年關於惠特曼的個人資訊來看,我是可以保證的。他始終都過著自力更生的生活,但很多證據都說明,他經常拿出一筆錢來養活他的母親以及其他的家庭成員。不管他的收入多麼微薄,他總是會想辦法在這樣的基礎之上滿足日常開支。他的弟弟喬治絕對不是『不願意幫助他』,事實上,是惠特曼從來沒有尋求過喬治的幫忙。在惠特曼去世前的三年裡,他的身體已經很糟糕了,我們都認為他大限將至,於是我們就給當時居住在加拿大的巴克博士發去電報。當惠特曼從這次疾病中緩過來之後,巴克博士對我與特勞貝爾說,非常有必要為惠特曼請一位專業護士。在那個時候,我們知道惠特曼在銀行裡有存款,也知道他想用這筆錢來做什麼。我們還知道惠特曼當時的身體狀況要是能夠多加照顧的話,還是能夠繼續活一些年的,倘若真是如此的話,那麼額外的開銷將會不菲。惠特曼當時的存款根本不足以讓他支付那樣的開支。我們最後憑藉巧妙的勸說,才最終讓他接受了這樣的做法。他當時用反對的口吻說,這樣做是毫無必要的,他寧願順其自然地接受死亡。在他人生的最後三年時間裡,他的很多朋友都為此籌集了一些錢,專門用於護理他。在日常生活開支方面,他仍然是自力更生的。在

他人生的最後三年時間裡，我們請來了一些專業護士，有時也會請一些白班護士與夜班護士前來照顧他。可以說，惠特曼得到了無微不至的照顧——這樣的照顧顯然是延長了他的壽命。這筆資金就是惠特曼在英國與美國的一些朋友所捐助的。我從來不認為捐助惠特曼的這些朋友是『收入微薄的』。在一段時間裡，我是惠特曼這筆資金的保管人，之後特勞貝爾負責這筆錢。我們都將捐助人的名字列出一個名單，這個名單裡包括當時享譽世界的一些名人的名字，其中一些人捐助的錢還不少。這些人都顯得非常慷慨。正如我之前所說的，這筆錢都是僅僅用於照顧惠特曼這一目的。」

「關於惠特曼在哈雷公墓的墓地，可以說這是惠特曼被公墓管理人強迫性購買的。一位石匠前來拜訪惠特曼，對惠特曼說他可以為他建造一個只需要幾百美元的墓地，獲得了惠特曼的同意。在惠特曼去世前，他卻收到了昂貴的墓地造價單。我知道在這件事情上，他是受到了利用。我負責這件事情之後，讓他避免在人生的最後時刻感到焦慮。關於墓地的事情，我認為不需要就此做出任何聲明。這樣做只是為了免於大眾對惠特曼為什麼要花這麼多錢為自己建造墓地所引起的質疑。他建造的這塊墓地不僅是為了他自己，也是為了他的家人。他的母親、父親與兄弟們都埋葬在這裡。」

「關於惠特曼去世前在銀行的存款問題，我認為可以說所有人都認為他那個時候應該是身無分文的。但是，真正的情況其實與此是剛好相反的，他本人以及他的朋友始終都公開承認這點。」眾所周知，惠特曼在卡姆登擁有房子，可以獲得一些版稅以及從英格索爾上校等朋友那裡獲得一些資助。在惠特曼發表《文學的自由》演說時，英格索爾上校就給了他一筆錢。正如上文所提到的，惠特曼並沒有那麼龐大的一筆錢可以讓他去購

買墓地。他的確想過要攢下一些錢,為他那位精神失常的弟弟艾迪提供基本的生活需求,此時的艾迪在精神病院已經住了好幾年。惠特曼會將自己一半的收入用於弟弟身上,他最大的願望就是希望弟弟能夠在精神病院裡安心治療。如果你認真閱讀惠特曼的遺囑,就會發現他將這筆錢用於這個目的。那個時候,惠特曼認為艾迪還有很多年可活,但是他在惠特曼去世一兩年之後去世了,因此這筆錢就落入到艾迪的後代了。在你出版這本書之前,我沒有及時向你解釋這些事情,感到非常遺憾。在我談了上面這些事情的原委之後,你肯定也會發現你在書中的一些論述是非常錯誤的。」

雖然惠特曼的遺稿執行人對此表示質疑,但我認為有必要加入這段話。在 1907 年的時候,依然還活著的幾位惠特曼遺稿執行人向我肯定一點,他們對惠特曼當時擁有那麼多錢感到「非常驚訝」。

第 278 頁,第 24 行。在初版裡,這段話是這樣寫的:「他們都歌頌父親的偉大,但他們卻又遺棄了自己的孩子。難怪這兩人都進行了深刻的懺悔,因為他們兩人天生都是心地善良的人。」惠特曼的幾位崇拜者,特別是勞倫斯·梅納德與威克塞爾博士,都要求我修改「遺棄」這個字眼,他們給出的理由是,我們對一些準確的事實依然是一無所知。我同意他們提出的這些善意批評,認為使用更加準確的語言是應該的。那些研究盧梭作品的人可能會將這樣的有趣對比推向極致。弗雷德里卡·麥克唐納(《讓·雅克·盧梭》一書的作者,1906 年該書在倫敦出版)與朱爾斯·拉馬丁(《讓·雅克·盧梭》一書的作者,1907 年在巴黎出版),都對愛德華·羅德在 1907 年 5 月 1 日發表在《兩個世界月刊》上的書評進行了比較。他們認為,盧梭將自己的孩子送到福利院,這是因為他所產生的一種幻覺。事實上,盧梭根本沒有孩子可以送到福利院。惠特曼的一些朋友依然認為,惠特曼在寫給西蒙德斯的信件以及他對遺稿執行人的一些話,都是基

於類似的幻覺。雖然我本人並不贊同這樣的觀點，但是日後研究惠特曼的學者可以繼續進行深入的研究。在此，我想要引述惠特曼一位著名崇拜者最近寫給我一封信的一段話：

「我不相信那些所謂的『孩子』事情。當然，我所給出的理由與某某人提出的理由是完全相反的。華特·惠特曼內心的真正想法是非常有趣的。我認為其中的關鍵可以說是因為他們的無知，或是源於他們對惠特曼本性的妄自猜測。但是，關於他的事實（最為真實的事實）也許是那些閱讀他作品的人所無法理解的。」關於這方面，可以對比拉馬丁所著的《讓·雅克·盧梭》一書的第五十九頁。

附錄二　《草葉集》創作背景和經歷

1888 年 7 月 21 日，愛默生在讀了《草葉集》之後寫給惠特曼的信中說：「我祝賀你在開始一樁偉大的事業，這無疑是從一個長遠的背景出發的。」這個「背景」究竟有多「長遠」？這是歷來批評家們討論的一個問題，值得我們在概念上弄清楚。

首先，我們還是從愛默生本人的意思來看。他在那封信中感謝《草葉集》滿足了他「經常對那個看似貧瘠而吝嗇的大自然提出的要求，這個大自然使得我們西方的智慧變得遲鈍而鄙吝了。」這裡的「西方」顯然是指西半球，也就是主要指美國，而那個「看似貧瘠而鄙吝的大自然」則只會令人聯想到美國文化尤其詩歌界了。原來美國直到 19 世紀上半葉，在文學上仍主要從屬於英國，還沒有建立起來本民族的與和中國相適應的民主主義文學。從 1830 年代開始，以愛默生為首的美國超驗主義者提倡

個性解放、主張打破神學和外國教條主義的束縛，給了浪漫主義以新的血液，至 1850 年代乃出現了初步繁榮。愛默生的《代表人物》（1850），霍桑的《紅字》（*The Scarlet Letter: A Romance*）（1850）和《帶有七個尖角閣的房子》（*The House of the Seven Gables*）（1851），梅爾維爾的《白鯨》（*The Whale*）（1851）和《皮埃爾》（1851），以及梭羅的《湖濱散記》（*Walden*）（1854），在幾年內相繼問世，但其中沒有一本是詩歌。這說明詩歌領域中，因循守舊的傳統勢力，以朗費羅、羅威爾、霍姆斯為代表的學院派詩風，其影響十分頑強，不容易產生從內容到形式都衝破英國詩歌樊籬的作品。雖然朗費羅也很早呼籲建立美國民族自己的詩歌，可是按照愛默生的標準，以民主新時代的精神來衡量，他還是屬於舊世界，還不是歷史使命所要求的那種美國詩人。何況，如海明威後來在《非洲的青山》（*Green Hills of Africa*）（1935）中形容的，連愛默生、霍桑等人也還「像是從英國流亡出來殖民地居民，從一個與他們無關的英國流亡到一個正在創建的新的英國」，「他們都是紳士，或者相當紳士」呢！

不過愛默生多年以來一直在內心呼喚著一位能夠唱出自己的歌的美國詩人。1842 年 3 月 5 日他在百老匯紐約圖書館發表《論詩人》這一著名演講時便斷然指出：「誰要懷疑美國是否出現自己的詩人，就等於懷疑白天和黑夜。」他不知道當時坐在那裡聽講的就有那個 13 年後出版那本真正「美國型」詩歌《草葉集》的、他稱之為「熟練印刷工」的惠特曼。是的，當他第一次讀到《草葉集》時，正如他從中發現了他心目中嚮往已久的那位詩人——「唱出自己的歌」的美國詩人那樣，他對於他的「偉大事業」從之出發的「長遠背景」是清楚不過的了。這顯然不是指作者個人生活、思想的經歷，而是指的他的時代和國家的歷史要求，指的詩人要表現其時代和國家的歷史使命。因此，詹姆斯·密勒教授指出：《草葉集》

初版序言宣告了美國文學的獨立，它的背景也就是美國文學獨立鬥爭的歷史。也許，愛默生還意識到了，這個「背景」是同他自己在美國文學發展中的作用分不開的，因為《草葉集》和它的初版序言明顯展現了超驗主義對其作者的啟發，以致紐約《論壇》的編輯查爾斯‧A‧達納第一眼就從這位「無名詩人」身上認出了愛默生、奧爾柯特和其他超驗主義「靈魂預言家」的畸形產物。

再說惠特曼個人，這位 1849 年以前只在布魯克林和紐約報刊發表「三流詩歌」、傷感小說和說教小品的新聞編輯和政黨鬥爭基層活躍分子，怎麼會忽然寫出《草葉集》這樣的詩集來呢？這裡面當然也有個「背景」問題，我們除了從他前半生的經歷去尋找答案外，更重要的是聽詩人自己的說明，儘管那是他知道晚年才做出的交代。

惠特曼在〈回顧過去走過的道路〉（1888）中寫道：「我沒有贏得我所處的這個時代的承認，乃退而轉向對於未來的心愛的夢想」。接著又說：「經過堅持不渝的個人雄圖和努力之後，身為一個年輕人與旁人一道進入包括政治、文學等方面通常有獎的競賽，並未那些理想而追求和鬥爭多年後，我發現自己在 31 歲到 33 歲時仍然醉心於一個特別的願望和信念⋯⋯這就是要發憤以文學或詩的形式，將我的身體的、情感的、道德的、理智的、審美的個性，堅定不移地、清楚地說出和忠實地表現出來。」詩人在這裡既概括了自己 30 歲以前的坎坷經歷，又闡明了 30 歲以後的雄心，即以詩歌表現自己的「個性」，這當然與從前那些直接干預社會乃至配合政治鬥爭的文學諸如說教、警世、諷喻性的作品不同。或者說，儘管最終的目的依舊，但途徑則完全變了。關於這個新的途徑，惠特曼在另一處說得更清楚：「在我的事業和探索（我怎樣才能最好地表現我自己的特殊時代和環境、美國、民主呢？）積極形式的時候，我就看到，那個提供答案

的主幹和中心必然是一個彼此同一的肉體與靈魂，一個個性 —— 這個個性，我經過多次考慮和深思之後，審慎地斷定應當是我自己 —— 的確，不能是任何別的一個。」

從客觀世界的觀察，社會理想的追求，特別是從政治鬥爭的實踐中回過頭來，回到詩人認為是一切之「中心」的個性，回到這個個性的代表者「我自己」，而寫「我自己」又是為了「最好地表現我自己的特別時代和環境、美國、民主」。這便是惠特曼總結了過去 30 年的經驗，吸收了近幾年在哲學、文學乃至科學領域中探索的心得之後，主觀而又明確地提出的自己文學事業的綱領，即後來整部《草葉集》所展現的主旨和基本內容，當然也就是這本詩集誕生的個人背景。

應當指出，《草葉集》的寫作既是惠特曼一生事業中一個重大的轉折，也經歷了一個相當的醞釀時期，即他自己所說的「準備與充實」時期。從 1850 到 1855 年，他沒有發表任何新的詩作，只寫了大量的讀書筆記，包括在英國《北不列顛評論》、《愛丁堡雜誌》、《威斯敏斯特評論》等報刊的邊沿上寫下的批註在內。這些筆記和批註，如 K.M. 普賴斯教授在他的《惠特曼與傳統》中說的，證明了詩人在《草葉集》中展示的那種「獨創性藝術造詣」部分地歸功於他在「40 年代和 50 年代早期所吸收的種種營養」。但是，由於惠特曼在《草葉集》初版及其序言中卻完全以一個「粗人」和反傳統的形象出現，加之這部詩集的形式和內容都新穎到令人驚駭的程度，批評家們便不從它的背景來理解其誕生的由來，而認為是詩人身上產生的一次「突變」或奇跡。他門中間許多人從一開始，尤其是到惠特曼逝世以後，對這個問題進行了廣泛深入的調查研究，提出了種種不同的看法，其中主要的有三種：

一是「天啟」說，它從一種類似頓悟的帶有宗教意識和神祕主義色彩

的觀點來解釋，說惠特曼突然變成了「巨人」，猶如釋迦摩尼、聖保羅和穆罕默德那樣，受到了宇宙間那個「至高主宰」的啟迪，賦有一種「宇宙意識」的功能，從而可以看見物象背後那個「精神實體」等等。詩人晚年的好友巴克博士甚至指出惠特曼是 1853 年 6 月，即他進入 35 歲時獲得這種「天啟」的，並引用《草葉集》出版中一些描寫詩人的「恍惚」神態的節段來加以證實。這一理論與惠特曼哲學思想中的神祕主義成分有關，主要為歷來的惠特曼崇拜者所尊奉，但也有一定影響。

二是「性愛說」。與二十世紀初（1902）由惠特曼傳記作者之一亨利·賓斯提出。它從性心理學觀點出發，以所謂「紐澳良羅曼司」為契機，並引證詩人 1860 年寫的一首詩（〈有一次我經過一個人口眾多的城市〉），說惠特曼實在愛情啟發下「加速形成了自我意識」並從而成了天才詩人，像一條蛹蛻變成蝴蝶似的。這個說法後來被一些研究家所否定了。不過，由於《草葉集》中到處流露的性意識的確帶有神祕主義色彩，加以詩人自己在性愛經驗上曖昧不明的態度，這一理論就顯得並非毫無根據。

三是「補償」說。二十世紀中葉以來，許多專家從社會心理學的角度來進行研究，從中提出一種較為一致的看法，即惠特曼是由於自己在身體、性愛、家庭和社會關係等方面存在缺陷，或遭遇了挫折或損害，為了到藝術想像中去尋找精神補償而寫《草葉集》的。例如，從凱薩琳·莫林諾夫人的《惠特曼家庭狀況》到哈樂德·阿斯匹茲的《惠特曼與身體美》，都詳細列舉了惠特曼一家多數人身體不健康的紀錄，包括惠特曼本人 1876 年的一張照片在內，用以證明〈我歌頌自我〉中那個「身體完全健康」的「我自己」和稍後出現的那位「完美的母親」在很大程度上都是出於虛構。同時，對於《草葉集》中那麼頻繁而露骨地寫想像中的性愛經驗，對於詩人公認自命為民族主義的導師等等，也都從這一觀點來進行解

釋。這種考證和論斷,其用意似在否定早期那些崇拜者和傳記家對詩人的美化乃至神話,也就是與「天啟」論唱反調,不能說毫無意義;但是要用來解釋惠特曼 50 年代初在創作思想和實踐上發生的轉變,則顯得十分勉強甚至無力了。

以上三種關於《草葉集》誕生背景的解說都難以成立,不過它們又都與惠特曼及其作品有關,可供參考。這裡要補充談談的是惠特曼與傳統的關係,因為這個問題我們還很少探討,應當有一個清楚的概念。

前面提到,惠特曼在《草葉集》初版中以一個「粗人」和徹底反傳統的角色出現,批評界和讀者的印象也是如此,並且就這樣長期留在美國文學史中。但是這些年來有些專家對此提出了異議,其中 K.M. 普賴斯教授的《惠特曼與傳統》一書更作了充分的研究和論證。普賴斯認為,惠特曼與任何一個作家一樣沒有也不可能脫離傳統。不過他與傳統的關係主要展現在拒絕和反抗傳統的方面。這就是說,他是以反傳統為策略起家來創立自己的新文學事業,並且透過與傳統的辯論和抗衡,形成了他自己的創作實踐和詩學綱領。從這個意義上看,如果沒有了傳統作為對立面,惠特曼也就不成其為惠特曼了。當然,這裡所說的傳統包括英國文學和從中派生出來的美國文學的歷史發展在內。本來美國文藝復興便是對英國文學傳統採取防衛的立場上產生的,因為當時英國文學界有一個欺人的觀點,即認為「民主與藝術水火不相容」,這迫使美國作家起而保衛自己。當然,美國作家也知道英國文化已經衰疲,對自己的威脅不大,並且他們在藝術上對它仍採取倚傍的態度。連愛默生對英國文學的評價也是模棱兩可,甚至認為自己還是在英國傳統中寫作的。只有惠特曼走在最前面,他堅決拒絕英國的「封建文學」,包括彌爾頓和莎士比亞這樣的大師在內。到 1855 年他公然攫取反對派的角色,將當時流行的英美詩歌當作一個整體的靶

子，一個獨一無二的「正統派」加以批判。他說英美詩人寫的是一種無法與民主新時代相適應的英文詩歌。但我們可以看到，他批判中的論點和他自己的藝術特徵卻大都是從那些批判對象如濟慈、華茲華斯、柯勒律治、雪萊、丁尼生等人身上汲取來的，只不過他從相反的方面做了改造，使之適合於「新世界」和「現代民主」需要罷了。最明顯的事例是 1851 年前後惠特曼收到了丁尼生的〈藝術之宮〉的啟發而寫出的長詩〈圖片〉，它在許多方面都與《藝術之宮》相似，就像惠特曼是在回答丁尼生似的。這首詩充分顯示了作者醞釀《草葉集》時的血多想像和構思，同時說明丁尼生對惠特曼詩歌創作的發展很有影響。但是惠特曼知道，丁尼生這位英國桂冠詩人是他心目中自命的那個「時代歌手」的主要對手，他只有從反面批評他的「蒼白的思想」和「無聊情緒」才能與之抗衡，儘管到了 1859 年以後他開始從技巧上向其靠攏了。最明顯的是對愛默生，雖然他早期受過愛默生不少的啟發，曾承認自己是在他的觸動下最終「沸騰起來」的，《草葉集》出版後由獲得了愛默生的高度讚賞，但他仍將愛默生擺在自己的對立面，直到晚年沒有肯定他的「老師」地位。至於華茲華斯、柯勒律治、雪萊、濟慈等浪漫主義巨頭，惠特曼雖然直接或間接吸收過他們的營養，但都一樣把他們作為方面陪襯，用來為他自己的事業服務。

　　以上闡述的是惠特曼與英美文學傳統的關係。這不意味著他對傳統的拒絕和否定態度是虛假的或不必要的，只是說他並沒有脫離那個傳統，並不是身為一個真正的「粗人」白手起家，憑空建立了自己的詩學並創作了《草葉集》，實際上他是一個有批判有繼承的偉大創新者，在前期如此，在後期更加明顯，只不過他自己始終沒有完全承認，同時代和後來的許多批評家也沒有深入探究罷了。而且惠特曼的確在英美詩歌史上開闢了一個新的流派，形成了自己的傳統，這便是他勇於批判和反對舊傳統的結果。

附錄

　　對於《草葉集》的命名，也是批評家們歷來有不同理解的一個問題，至今仍然如此。例如，洛文撰寫的《華特・惠特曼》一書中說：「草」本來是印刷工人口頭的行話，意指那種不見得有什麼價值的文字；「葉」即「書頁」，印刷工口語中也用來指一捆捆的紙張。由於《草葉集》初版是惠特曼與印刷界朋友羅姆在後者的印刷間一起排版的，所以這可能是詩集命名的一個由來。不過，洛文也覺得這一解釋與「草葉」作為自然的一個超驗主義象徵比較起來，未免太不雅致。而且「草葉」在詩集出版之前幾年就在詩人心目中與他的創作意識相結合了，那時惠特曼在一個筆記本中寫道：「將世界上所有的藝術科學取來，用一支草葉把它們擊敗。」所以，關於超驗主義的你這種解釋更符合作者的思想和詩集本身的精神。惠特曼本人在〈我歌頌自我〉中也說，「草葉」是詩人天性的標誌，是由「洋溢著希望的綠色素質所組成」的，是「上帝的手絹」，角上還有他的簽名；它甚至還像是「墳頭未曾修剪過的美麗的頭髮」。說的庸俗一些，草是自然界最樸素、最平凡、最普遍、最大量的植物，它生生不息，象徵著生命－死亡－新生的不斷循環，永世長在。他最多能代表人民大眾的品格、精神和情操，因而在惠特曼來說也最能概括他自己其人其詩的精神實質。梭羅說過，「惠特曼就是民主」。「民主」是《草葉集》的重大主題之一，惠特曼本人更普遍被稱為「民主詩人」，所以「草葉」又是「民主」的象徵。詹姆斯・愛德溫・米勒進一步指出：「草」有多種象徵的含義，但由於它既是單片又是叢生的植物，便成了詩人關於民主的中心概念，即個人與群眾相對稱、單一與集群相協調的意思。

　　《草葉集》有十九世紀美國史詩之稱，同時也可以說是惠特曼個人的史詩，或者說是兩者的結合。而且詩人就是抱著這樣的雄心壯志來寫作的。他說過，他的目的是要透過「我自己」這個作為「主幹和中心」

的「個性」來表現他的「特殊時代、環境、美國和民主」，只不過這裡的「我自己」已超出個人範疇成了戲劇化了的典型的美國人，或者甚至是那個「宇宙詩人」了。當然，惠特曼並非一開始便有一個《草葉集》的明確輪廓，他只能隨著時代和國家的發展，結合本身的主觀感受來一步步規劃和實踐。他在每次編輯新的《草葉集》時，總不斷地將那些詩篇從內容到標題反覆修改，調整序列，劃分專輯，讓自己理想中的那個「生命」漸次成長豐滿起來，直到 1881 年第七版才基本定型。因此，《草葉集》從誕生，成長到最終結構是一個那麼奇特的歷史發展，它既綿密而又曲折，既完整而又複雜；它同它的作者是那麼呼吸與共，生死相連，這在世界文學史上還找不出另一個範例。

《草葉集》從 1855 年初版的 12 首詩發展到 1891、1892 年「臨終版」的 401 首，這些作品中有相當一部分曾先後以《擂鼓集》、《向印度航行》[295]、《雙溪集》、《十一月的樹枝》和《再見了，我的幻想》為題分別出版過，然後，陸續併入《草葉集》中；而《草葉集》本身，在作者逝世前共計出版了 9 次。有些批評家將《雙溪集》和《惠特曼詩文全集》作為《草葉集》的重印，因此認為《草葉集》只出版了 7 版，這也不無道理。至於 1868 年和 1886 年在英國出版的那種惠特曼詩選，則不在此列。

在《草葉集》的各個版本中，1855 年的初版最受批評家所重視，到二十世紀中葉還重印過。大家認為這個版本最能代表那個「在世界屋脊上發出粗野的喊叫聲」的惠特曼，充分展現他的「原始」意識，以及那種「無意識的靈性流露」。而後來，詩人對那些詩篇作了修改，並在經過第

295　《向印度航行》是為慶祝世界三大工程即大西洋電纜、北太平洋鐵路和蘇伊士運河而寫的。這首詩，首先是惠特曼實踐自己的夙願，歌頌了他所處的偉大時代，其次也是他的宗教意識與現代科學技術發展前景的探索相結合的產物。從這首詩中可以看出，惠特曼經歷了內戰和戰後重建時期的切身體驗，他對物質文明的估價已有所保留，同時對道德力量的信心進一步提升，並與宗教意識交相糅合、愈益密切，並開始強調「宗教主題」的重要性。

附錄

二版「最大失敗」以後，開始注意藝術修養，吸收旁人的技巧，漸漸向傳統靠攏，那個「粗人」便似乎不復存在了。不過，這一新的趨勢實際上在第二版的〈橫過布魯克林渡口〉既已初見端倪，只是到第三版的〈從那永遠搖盪著的搖籃裡〉[296] 才進一步明顯，而且惠特曼的好幾首最受歡迎的名作都是後來產生的，因此那個「粗人」的逐漸消失並非那樣令人遺憾。當然，第二版的「失敗」也是相對的，因為其中的幾首，除〈橫過布魯克林渡口〉以外，如〈大路之歌〉[297]、〈大斧之歌〉[298]、〈向世界致敬！〉等，畢竟展現了蓬勃向上的時代精神和詩人自己一往無前的銳氣，不能從某種藝術角度著眼一律予以抹殺。

　　一般來說，惠特曼詩風的轉變展現在《草葉集》中大致有三，並且主要是以思想為基礎的。首先是第三版的《亞當的子孫》和《蘆笛集》，即 1859 年詩人在他自己所說的那些「死皮」下掙扎的產物。那時惠特曼由於受到批評界的冷落，加以經濟、人事方面的窘困干擾，突然從《草葉集》第二版中展現的那種民族擴張與自我擴張相融合、顯得過分傲慢和武斷的的情緒高潮中，墜入了「危機」或「黑暗時期」，便寫起以「性」和

296　〈從那永遠搖盪著的搖籃裡〉通篇寫波光月色恍惚迷離之美，海魄童心兩相契合之情；當年舊夢與現實情況的合流，鳥的哀鳴與詩人渴望的呼應，以反覆詠嘆之調，抒纏綿悱惻之心，情景與氣氛交融烘托，這標誌著惠特曼在藝術上不但有了新的開拓，而且創造了自己的高峰，以致歷來許多批評家稱之為詩人一生中最佳傑作之一。此外，從那些反覆，重疊而又樸素自然的詠嘆中，可以看出惠特曼收到了民歌，特別是印第安民歌的影響。

297　〈大路之歌〉，是《草葉集》第二版（1856）推出的 20 首新作中的佳篇之一，它是美國詩歌中首次將人生和人類的發展比作旅程，從而為以後許多寫「走在大路上」的美國人的作家開了先河。這首詩以詩人在大路上愉快地邁步走去為開端，創造了一個任意漫遊大地的流浪者形象。它歌頌流浪者生活的兩個方面：一是漫遊，包括行走本身的高度快感和各式各樣的經驗；二是與大自然在其天真的自然性和原始單純的狀態下的直接接觸。其寫法與《我歌頌自我》有相似處，但結構上沒有流入後者那樣的鬆散，而是一段緊跟一段，彼此間有內在關聯，讀起來覺得愉快輕鬆，就像走在寬廣的大路上似的。

298　〈大斧之歌〉寫人類勞動從物質文明到精神文明的創造能力和成就。反映出 19 世紀中葉美國蓬勃向上的建設事業，特別是向西部開發的勢頭以及詩人對於民主建設的思想。這首詩以開拓者的工具斧頭作為中心象徵，巧妙而略帶詼諧地把斧頭寫成一個有血有肉的生命，或者枝葉齊全的植物，同時展現著它的特性和功能。這是一篇主要以主題思想取勝的名作，詩歌本來還有一大段描寫詩人自己的詩行，但到 1860 年《草葉集》第三版問世時就給刪掉了。

所謂「男人友愛」為主題的詩來。這兩組詩在內容和藝術方面都有突出的特點，是《草葉集》中受到批評家特別重視和研究的一部分。《蘆笛集》中最初的 12 首寫於 1859 年春夏，當初題為《帶苔的活橡樹》，抄在筆記本上，註明「只適合在臨近死亡時仔細閱讀」。這組詩詩人稱之為「十四行體」，寫男性友誼。

惠特曼 50 年代後期再一篇關於語言問題的講稿《語言入門》中說過：美國的青年男人們之間能夠保持一種「驚人地牢固的友誼和熱愛」，可是「很少有字眼或名稱可用以表達這種友愛之情」。後來他從顱相學中才找到「黏著性」這個與「性愛」相對的用語，並賦予它以「夥伴之愛」的意思，並以蘆笛作為這類詩的象徵。蘆笛是一種草，在原文中與香菖蒲同名。惠特曼 1867 年為英國出版詩集而對此作過解釋，說「挑選這個詞的微妙之處，可能在於它那大而硬的葉片」。對於這個問題當時批評界沒有異議，例如英國教授愛德華·道登便很欣賞那個組詩，說他不含性的意思，完全是寫的男性友愛。而且從 1860 年《草葉集》第四版付印時愛默生勸惠特曼刪掉《亞當的子孫》，到 1882 年非常「不良書查禁協會」宣布《草葉集》第七版「有傷風化」，都未涉及《蘆笛集》。甚至有批評家指出，它在「詩人生前都從來美歐被公開懷疑過」。當然，這裡所說的「公開」，就意味著實際上並非完全如此。因為詩人逝世前幾年，英國作家約翰·西蒙茲曾數次寫信向惠特曼詢問《蘆笛》組詩的真正意義，老實人 1890 年 8 月 19 日回信說：「《蘆笛》居然容許可以作如來信的那種解釋，真太可怕了。我真希望這些作品本身不要再被嘆氣，以免產生這樣毫無理由的、當初做夢都沒有想到過也從未證實過的病態的推測，而這些已經我否定過，並且顯得糟糕透了。」西蒙茲後來在他的專著《惠特曼研究》中肯定了惠特曼的本意，並說他自己是「身為一個終生研究希臘和拉丁文學

附錄

以及義大利、法國、德國文學的人，以一個批評家的名義這樣說的。」然而，到詩人逝世以後，隨著「同性戀」一詞在英語中的出現，同性戀在美國逐漸興起，批評家們便相繼提出《蘆笛集》寫的是同性愛，香菖蒲花穗是男性生殖器的象徵，並且斷言惠特曼本人就是同性戀者。他們從惠特曼生平和《草葉集》中尋找證據，言之鑿鑿，彷彿這成了研究惠特曼的中心問題之一。例如英國作家卡本特，他先在《與惠特曼在一起的日子》（Days with Walt Whitman: With Some Notes on His Life and Work）中說，《蘆笛集》原組詩第 8 首《我長期以為……》與作者本人關係最為密切也最帶「暴露性」，後來索性把它當作惠特曼同性戀的證據了。到惠特曼研究者競追溯到 1843 年惠特曼寫的短篇小說《瘋人》，說那是惠特曼從異性愛想男性「黏著性」轉移的先聲，而小說的主角巴科爾便是後來《草葉集》作者的「投影」。這就是說，惠特曼早在 25 歲之前即有這種怪癖的意識了。批評家們斷定，詩人在編《草葉集》第三版時，將本來寫於《亞當的子孫》之前的《蘆笛集》故意挪在後面，目的是要沖淡人們的注意，甚至說《亞當的子孫》是作為《蘆笛集》陪襯而寫的。這明明穿鑿附會，因為按照惠特曼的「有機」說，人的一生中男女生育本來就應當重於和先於朋友交往，有什麼可奇怪的呢？

　　《亞當的子孫》是一組寫男女性愛和生殖的詩。惠特曼一反基督教教義中的「原罪」說，認為亞當在伊甸園裡吃了「禁果」，與夏娃婚配根本不是罪過；他們赤身裸體過著的性愛生活本來很純潔，值得歌頌。至於他們的後裔將性愛看成一種諱莫如深的行為，將裸體視為可恥，這是對自然法則的歪曲，更是倫理觀念強加的束縛，前者必須予以糾正，後者必須大膽衝開。惠特曼還認為性的衝動是產生宇宙萬物的原始動力，是生命不斷發展和永遠延續的證明。他經常用兩性關係來表達事務兩個方面的結合，

如肉體與靈魂的結合，現實與理想的結合等等。據說他童年時在海灘上看到海水向陸地湧進時，就幻想是「固態的與液態的結婚了。」後來在《草葉集》初版〈我歌頌自我〉和〈我歌頌電流竄動的肉體〉[299]，以及第二版的〈一個女人等著我〉，便有關於行的露骨描寫，到〈亞當的子孫〉才正面地展開這個主題，大大豐富它的內容，調子更高，手法也更多樣了。由於《草葉集》初版後詩人招致的批評主要集中在這方面，第三版付印前愛默生曾建議將這組詩抽出，惠特曼沒有同意，因此它帶來了一個「性詩」的惡名，為此詩人在 1865 年被內務部長哈倫無理解僱，1882 年《草葉集》第七版被波士頓地方檢察官禁止銷售。但是惠特曼除了在英國先後兩次出版他的選集時，出於權宜之計，曾同意對《草葉集》作了些篩選外，他在國內始終堅持不讓刪消這些「性詩」，因為他覺得：「假若我把性的內容砍掉，我就把一切都給砍了。」他後來正式承認：「《草葉集》就是寫性和色域，甚至是寫獸性的。」不過，《草葉集》中那些性的描寫和渲染，有的也確實過於大膽，它們給詩人帶來的麻煩和損害是惠特曼當初沒有充分估計到的，因此他有時也感到苦惱。譬如他晚年與一位朋友談起參議員卡彭特的關於一件強姦致孕案的信中牽扯到《草葉集》時，曾感嘆地說：「我總是迷惑不解，為什麼人們以為我寫了〈亞當的子孫〉，我就必然要同卑鄙心靈的色情文學牽連在一起……成為那些鄙視或者攻擊的目標呢？」不過，認真看看，〈亞當的子孫〉中那些詩篇儘管有幾首寫得很暴露，卻不覺得有多少熱情，好像是「理論化或哲學化」了。難怪梭羅批評惠特曼「根本沒有歌頌愛情，而彷彿是畜生在說話似的。」英國作家 D.H.

299　〈我歌頌電流竄動的肉體〉，惠特曼自稱「既是靈魂的詩人也是肉體的詩人」，這首詩就是後一方面的集中展現，但它同時闡述了肉體無法與靈魂分離，是靈魂寄託之所在。「電」在詩歌中意味著一種「強烈的情感」，也可以引申為精神、靈魂，是屬於靈魂範疇的東西，因此詩歌的標題就表達了靈肉結合的意思。

附錄

勞倫斯甚至認為惠特曼的女人「只是肌肉和子宮罷了，她們根本不需要面貌。」這種批評當然是就部分的詩而言，而且是片面的，因為沒有看到這些詩就是在寫性和生殖，像一個哲學家、科學家或優生學家那樣，它無法包括詩人在男女問題上的社會觀點。從社會倫理觀點來說，惠特曼十分尊重婦女，尤其尊重母性，這是《草葉集》主題思想的另一個部分，也可以從詩人一生的行為操守得到證明。至於愛情，惠特曼把它作為「舊世界詩歌中的傳統主題」之一，早已「拋棄」掉了。因此有的批評家指出，《草葉集》的主要意向中只有「性」而沒有「愛」，這是不無根據的。

《草葉集》成長的另一個重要階段是美國內戰時期，即《擂鼓集》的誕生。《擂鼓集》出版於 1865 年秋天，原來包括 50 首新作，從內容看可以大體分為三個部分。第一部分是寫於 1861 年 4 月戰爭爆發到翌年 12 月詩人赴前線尋找受傷的弟弟喬治這段時期，那時惠特曼還在布魯克林，所寫詩篇主要反映戰爭帶來的震驚和興奮情緒，詩人對這一正義戰爭的歌頌，以及由此引起的回憶等等。第二部分是 1862 年在維吉尼亞戰地及以後訪問戰地的產物，記錄了詩人對軍營生活和戰場情景的實地觀察和體驗。第三部分是寫醫院、傷病員、凱旋隊伍和送葬行列的作品，以及一些關於戰爭的沉思、回想、自白的篇章。此外還有少數題材與戰爭無關但主題思想有相通之處的，如〈開拓者啊，開拓者！〉、〈青春不屬於我〉等，後來《擂鼓集》編入《草葉集》時大都轉移到別的專輯裡去了。

《擂鼓集》的全部內容和精神實質都說明，在整個內戰時期，詩人的心同他的國家、同他視若生命的統一聯邦是緊貼在一起的，而他飽含著柔情和愛的眼光又始終傾注在那些戰鬥者、受傷者和犧牲者的身上。他同聯邦軍隊血肉相連、他的命運同他們在前線的勝敗息息相關。可以說，他在精神上始終歌唱著他們，歌唱著跟他們一起出發，一起行軍、追擊、撤

退；歌唱著撫慰和鼓舞他們在病床上同死亡搏鬥，歌唱著同他們交換最後的一瞥，然後送他們出殯，知道掩埋好他們的屍體，在月夜仍然守護者他們。他還歌唱著歡迎他們的凱旋，共用他們的勝利、和解、嚮往乃至回憶的夢幻。而所有這些，都來自他兩次上前線訪問和長期在醫院服務的實際體驗。

　　惠特曼在 50 年代後期經歷了一次「精神危機」。後來雖然漸漸擺脫，寫出了《從那永遠搖盪著的搖籃裡》這樣的傑作，但實際上到 60 年代初還沒有完全走出它的陰影。恰好這時內戰爆發，給他的生活和創作帶來了新的、也許一生中最重大的一個轉捩點。詩人自己對這一轉折也充分肯定，譬如他晚年在〈回顧過去走過的道路〉中談到了自己早期對文學事業的種種設想和抱負之後寫道：「可是這些以及許多別的想法都可能落空，如果不是一個突如其來的、巨大可怕的、直接與間接的衝擊使我進而向全國發言的話。我這裡說的是南北戰爭的爆發，以及它像閃電般地讓我看到的一切……」這個轉捩點，首先是在思想情感上，它將詩人從宣洩個人積鬱的那片沼澤地推向遠眺民族命運的高峰；將他的注意力從生、死、不朽、宇宙這些縹緲的幻想、特別是接著而來的「愛與死亡」這一主題的糾纏中，轉移到了血與火的現實；以戰爭生活的考驗取代他的主觀人格修養，以「裹傷者」崇高感填充和撫平了那個空虛、惶恐而精彩受懾動的心。更重要的是他一貫追求的個人的愛已擴展到對士兵、對人民的愛，並成為一種社會力量。同時，他在戰爭經驗中發現了作為人民群眾性格的重要組成部分的英雄主義和愛國精神，從而堅定了他對美國和人類未來的信念，相信他的民主理想是完全能夠實現的。由於這種新的認識，他成功地擺脫了長期以來的個人孤獨感，走進了到處是朋友的天地。

　　惠特曼在戰時完成的這一思想感情的轉變反映在創作中，便是唯心主

義玄想的內容和神祕主義的色彩少了，而風火交加般的現實主義激情和有血有肉的描寫多了；冗長單調的列舉和漫無邊際的浮誇之談少了，而簡潔樸實的速寫和平易近人的抒情多了。這樣，《播鼓集》從思想到藝術作為一個健康的新生兒，便首先贏得了詩人自己的欣賞。1865 年 1 月 6 日惠特曼致老友奧康納信中談到這部詩集的感受時寫道：「我之所以滿意，可能是由於它表達了我經常想著的那個創作雄心，即在詩中表現我們所處的這個時代和國家，連同他們在絕望和希望之間的鬥爭和起伏，連同那鮮血淋漓的一切。」這便是《播鼓集》的歷史意義所在。它透過對內戰時期廣大士兵和人民精神面貌的反映，讓讀者從中感受到美國歷史上這個偉大時代的脈搏，從而加重了《草葉集》作為十九世紀美國史詩的分量。

從藝術上看，《播鼓集》的形式比較接近傳統格律，其中有些甚至採用了抑揚格的音步，這顯得與惠特曼的理論主張不符，但私人可能是有意為之的。因為前面說過，從《草葉集》第二版以後，惠特曼在逐漸淡化自己的「粗人」面目，注意藝術修養。現在既然是在一次全面內戰這樣的大合唱中「想全國發言」，便有必要採取能為大家所接受並與眾人合拍的格調，而且與題材適應形勢發展的即興式需求亦有關係。不管怎樣，這種形式使他更好滴唱出了自己的心曲，引起了讀者的共鳴，成為時代的最強音。這一點，詩人在給奧康納的信中也表示過：他覺得《播鼓集》「作為一個藝術品，肯定比《草葉集》更加完美」。不過，當時及後來的一些批評家卻認為這是一種「倒退」，說它使惠特曼成了一個「較為馴順的詩人」，並對此深表惋惜。平心而論，《播鼓集》在精神面貌上與《蘆笛集》和《亞當的子孫》形成強烈的對照，而在藝術上卻沿著它們繼續想精美、凝練的方向發展，詩人在這裡以更加明快的筆調和樸素的語言寫出了不少即景而歌，隨興以賦的活潑自然的佳作，這只意味著詩人在藝術方面

的進步，在《草葉集》的成長過程中也是一個可喜而重要的轉折。

　　至於《擂鼓集》續篇，主要是那幾首悼念林肯總統的名作，後來編入《草葉集》時另闢專輯，其中〈當庭園中殘餘的紫丁香花開的時候〉是詩人在內戰時期緊緊追隨林肯，與他息息想通地艱苦戰鬥的情感結晶。它作為詩人中期的最高成就，後來被批評家們推崇為惠特曼創作生涯的第三個高峰，其藝術成就是不朽的，百餘年來一直擁有最廣大的讀者，並且配有幾種樂譜，至今仍在大眾口中流傳。

　　南北戰爭以後，隨著 1868 年《草葉集》第四版和英國威廉‧羅塞蒂編的《惠特曼詩選》相繼問世，1869 年〈暴風雨的壯麗樂曲〉在《大西洋月刊》上發表，惠特曼的聲望在英國和國內都顯著提升。可是就在這幾年，他面對戰後常見的種種跡象，愈來愈感到道德力量和宗教信念的重要，他想以生命、死亡和不朽為題出一本詩集，主要是強調宗教的作用。可以說這本心目中的詩集是以〈神聖的死的低語〉為開篇，〈向印度航行〉為主體，而洋溢著精神淨化感的〈暴風雨的壯麗樂曲〉則是其中的冠冕了。這是惠特曼創作思想的又一轉折，也是《草葉集》成長中又一個階段的開端，其歷史背景就是美國戰後「重建」初期的混亂情況。那時美國生活中某些一貫提倡的東西，如人道的標準，人與人之間的相互信任都不復存在。在聯邦政府及地方機關內，共和黨和民主黨競相賣官鬻爵，貪汙受賄，一片烏煙瘴氣。在惠特曼心中，他那一貫神聖的「民主」已淪落為一個「還昏睡未醒」的字眼，「它的歷史還沒有寫出，因為那歷史還有待扮演。」這些都反映在他的著名論著《民主展望》中，它是惠特曼思想轉折的最好見證，也可以說是〈向印度航行〉的對應篇，因為前者由政治而道德，後者由物資而精神，都是詩人從當時的現實出發向人類進化的遠景進行展望的探索。〈向印度航行〉被稱為惠特曼文學事業的「高原上」最後

一個峰巒，從此以後便逐漸下坡了。

　　70 年代是惠特曼在美國文壇上受到排斥的時期，那時由愛默生、布萊恩特和惠蒂埃相繼編輯的全國性詩選中惠特曼被完全拒之門外。至於惠特曼本人，他經歷了疾病、母喪、被解僱等嚴重挫折，漸漸懂得了「順其自然」的必要。他從前喜歡勸士兵的那句話：生活就像天氣，無論它怎樣變化你都得接受，現在他自己也只好這樣做了。這樣，到 1881 年的《草葉集》第七版，人們看到的那 20 首新作便大都是些旅遊即興、死亡預感和老年冥想之作了。這時候他已逐漸成為一個「自然作家」，不復有以前那種充滿幻想色彩的獨創性了。新版開闢的專輯《從正午到星光之夜》以「夜晚、睡眠、死亡和星星」結尾，正好說明了詩人當時的心境。而且從整個結構來說，這實際上是《草葉集》的最後定本，它到 1888 年出版第八版和 1891 年出「臨終版」時，只是將新作編為附錄而已。1888 年單獨出版的《十一月的樹枝》，正如書題所標示的，是惠特曼暮年的一幅全面寫照，他的詩只是些「戀戀不捨的疏葉」。不過，詩集的序言〈回顧過去走過的道路〉卻十分重要，它與《草葉集》初版序言首尾呼應，總結了詩人文學思想的發展和幾十年實踐的經驗，其中最引人注意的是詩人承認：「在語言節奏美以及一切傳統的詩歌技巧上」，當今許多「最佳作品都超過了我說達到或能夠達到的成就」。這說明他愈到晚年愈注意藝術琢磨。絕不是偶然的事。譬如《草葉集》最後一輯〈再見了，我的幻想！〉中，〈一個來自死神的聲音〉和〈致傍晚的風〉[300] 就被批評家譽為兩顆晶瑩的寶石，尤其後者，龐德 1909 年讀到後，曾抱怨「美國批評界至今還沒有

300　〈致傍晚的風〉，詩人向傍晚傾述自己的衷情，說它給自己帶來了清涼，像一種「神祕的藥物」鼓舞了他這個病殘孤獨的老人，給了他親切的撫慰，它還給他帶來了魔幻般的資訊，讓他感覺到了大自然的草原、森林和湖海，以及「在太空急速游泳的地球」本身。這首詩不但寫出了詩人暮年困居斗室時對大自然的嚮往和對來自大自然的一點點資訊的感激之情，也再次重申了他的曠達的生死觀。

來得及欣賞惠特曼的精雕細琢的藝術」。可以說，詩人晚年的轉變也給
《草葉集》增添了不少光彩。

附錄三 《草葉集》初版前言

美國不排斥過去，或過去在各種形式下，在其他政治形態、等級制觀
念、古老宗教中形成的東西 —— 它平靜地接受這門教益 —— 絕不因為腐
肉仍沾黏在各種觀念和文學風氣之上，尤其當過去的順其自然的生活已經
過渡到新形式下的新生活時 —— 她領悟到屍體要慢慢地從餐廳和臥室中
抬走 —— 領悟到屍體要在門邊停留上一會 —— 它曾經是與自己的時代相
得益彰的 —— 它的事業已經傳遞給那正在靠近的健壯美麗的後代，他到
來了 —— 而他也將是與自己的時代最為合宜。

在全世界古往今來的所有民族中、美國人也許是最具有詩人氣質的。
合眾國本身就是一首最偉大的詩篇。在迄今為止的歷史中，與美國廣大的
幅員和生物性相比，最為巨大和生物的事物都顯得馴良順服和默守陳規。
這裡終於有了與日與夜所傳播的行為相一致的人的事業。這裡不只是一個
民族，而是一個多民族相容的龐大民族。這裡的事業已從必定無視特點和
細節的束縛中解放出來，在廣大群眾中聲勢浩大地展開。這裡的慷慨大度
永遠象徵著英雄人物。這裡有粗野和大鬍子、有靈魂喜愛的空曠、崎嶇和
冷漠。這裡，對瑣碎的蔑視，無與倫比地展現在它的群體和集團的驚人魯
莽，以及對前景的追求之中，以變動不居的幅度展開、沐浴在燦爛繁茂的
光華之中。你看它一定要擁有四季的富饒，一定不會破產，只要地裡生長
穀物，果園落下蘋果，海灣會有魚蝦，男人能讓女人懷上孩子。

附錄

　　其他國家靠選出的議員來彰顯自身 —— 但是合眾國精神的最佳之處不在於它的行政和立法，不在於它的大使、作家、大學、教堂和客廳，甚至不在於它的報紙和發明家……而始終是它的普通民眾。他們的舉止、言談、衣著、友誼 —— 他們面容上的清新直率 —— 他們多姿多彩而又輕鬆自如的舉止 —— 他們對於自由不息的執著 —— 他們討厭失禮、軟弱和卑鄙 —— 所有各州公民都彼此認可 —— 他們被激怒時，也會大發雷霆 —— 他們的好奇心和對新鮮事物的歡迎 —— 他們的自尊和奇妙的同情心 —— 他們對於怠慢的敏感 —— 他們的從來不覺得誰會高他們一等 —— 他們暢所欲言 —— 他們對音樂的陶醉，那是男子氣的溫柔和靈魂固有的優雅的確實表現……他們的好脾氣和豪爽大方 —— 他們的選舉的意義極其重大 —— 是總統向他們脫帽而非相反 —— 這一切也是不押韻的詩。它在等待與之相配的天才來大書特書。

　　廣博的自然與國家的規模，如果沒有相應的公民精神上的偉大與慷慨，便會顯得非常荒謬。無論是自然，還是人群蜂擁的各州、街道、汽船、繁榮的商業、農場、資本、學問，都不可能滿足人們的理想 —— 詩人也不能，回憶亦不能。一個精力充沛的民族總能留下深刻的印記，能以最低的代價擁有最高的權威 —— 即發端於它自己的靈魂。這就是對個人或國家、對當下的事業和壯麗、對詩人們的題材的有益使用的總和 —— 難道非得要一代代地退回東方的故紙堆裡！難道顯而易見的美和神聖一定會落後於那些神話裡的！難道任何時代的人們都無法榜上有名！彷彿西方大陸由發現而來的開放，在北美、南美洲業發生的一切，難道還比不過古代小劇場上演的戲，或是中世紀漫無目的的夢遊！合眾國驕傲地把城市的財富和技術、商業與農業的全部收益、遼闊的國土和對外勝利的成果都留下來，去培養一個或一群發育完整的、不可征服的、單純的人。

　　美國詩人要囊括新舊，因為美國民族眾多的國家。他們的詩人要與人民匹配。對於這樣的詩人、其他大陸都是供奉品……他以他們的名義和自己的名義接受供奉。他的心靈回應他國家的心靈……他是國家的平原山川、自然生命、江河湖泊的化身。密西西比每年的洪水和多變的急流，密蘇里河、哥倫比亞河、俄亥俄河、多瀑布的聖羅倫斯河、雄美壯麗的哈德遜河，它們注入海洋，同樣也流入他的心裡。在維吉尼亞與馬里蘭內海之上，在麻州和緬因附近，在曼哈頓灣、查普林湖、伊利湖、安大略湖、休倫湖、密執安湖和蘇必利爾湖上，在德克薩斯、墨西哥、佛羅里達和古巴的海上，在加利福尼亞和奧勒岡附近的海上，浩瀚的藍天，與下面的茫茫藍海相得益彰、也與他上下相得益彰。當大西洋沿岸向前延伸，當太平洋沿岸向前延伸，他也便利地隨它們向北方、向南方延伸。他從東到西橫跨它們之上，彰顯著它們之間的萬般風情。在他身上也實實在在地生長著萬物，完全抵得上那些松樹、雪松、鐵杉、槲樹、刺槐、栗樹、柏樹、山核桃樹、菩提樹、白楊、百合樹、仙人掌、野葡萄樹、羅望子、柿子樹……像藤叢與沼澤那樣糾結在一起紛亂複雜……覆蓋著透明的冰、枝頭垂掛著冰凌、在風中咯吱作響的樹林……山腰和山峰……熱帶草原或高地或大草原那樣甜蜜而自由的牧場……他這裡也有什麼在伴飛翔、在歌唱、在鳴叫，回應著野鴨、啄木鳥、黃鸝、黑鴉、海番鴨、紅肩鷹、魚鷹、白鶻、印度雞、貓頭鷹、水雉、牢獄鳥、雜色鴨、烏鵲、嘲鶇、禿鷹、禿鷲、夜鷺和鷹隼。他世襲的面貌來自母親和父親。真實的事物亦即古今事件的本質根植於他的內心 —— 是多變的氣候、繁多的農業和豐富的礦產 —— 紅色土著人的部落 —— 飽經風雨的船隻進入陌生的港口、在多岩石的海濱靠岸 —— 北方或南方第一批定居點 —— 快速的發展和幹勁 —— 1766 年遇到的自大的挑釁，戰爭、和平與憲法的制定……經常被胡說八道所包

圍又總能冷靜自持的聯邦政府 —— 移民源源不斷地到來 —— 碼頭林立的城市，精良的船舶 —— 未經勘察的內地 —— 木屋、空地、野獸、獵人、捕獵的陷阱……自由貿易 —— 捕魚、捕鯨、淘金 —— 不斷孕育出的新州 —— 每年十二月召開的國會，從各地、從最邊遠的地方風雨無阻趕來的議員……青年技工和所有自由美國的男工和女工的高貴品格……到處洋溢的熱情、友善、進取心 —— 女性和男性的完全平等……旺盛的情慾 —— 湧動的人群 —— 工廠、商業生活、節省勞力的機器 —— 北方的貿易 —— 紐約的消防隊員、目標明確的短途旅行 —— 南方的種植園生活 —— 東北部、西北部和西南部的人們的性格 —— 蓄奴制和顫抖著伸出庇護它的手，對它的嚴厲反對永不會停歇。只要它還沒有終止，或者說話的舌頭和移動的嘴唇絕不會停歇。對於上述這些，美國詩人的表達將超越前人而新穎。它會是簡潔的，而非直接的、描述性的或史詩性的。它的特質貫穿其中並有所擴展。讓人們歌頌別的國家的時代和戰爭，讓它們的紀元和性格得到描繪，由此完成他們的詩歌。美利堅合眾國的偉大聖詩可不是這樣。在這裡，主題是創造性的、富有遠景。在這裡，從備受喜愛的石匠當中出現了一個人，他帶著果敢而科學的計畫，在今天還沒有任何堅實之處，看到了未來堅實而美麗的形象。

在所有國家中，合眾國的血脈裡充滿了詩的素材，它最需要詩人，無疑會擁有最偉大的詩人，並最大限度地使用他們。身為共同的裁決者，他們的總統還不如他們的詩人來得重要。偉大的詩人是人類中平靜的人。凡不在其內、反在其外的事物才變得古怪反常或有悖理智。任何偏離自身的事物都不會好，任何固守本源的事物都不會差。他為每一種事物或特質賦予合適的比例，不多又不少。他是紛繁事務的仲裁人，他是關鍵人物。他是他的時代和國家平衡者……凡有所需的，他提供；凡需檢驗的，他檢

驗。如果在和平年代,他宣揚和平精神,即宏大、富裕、節儉,建造龐
大、人口眾多的城市,鼓勵農業、藝術、商業 —— 啟迪對人類、靈魂、
不朽的研究 —— 聯邦、州、市的政府,婚姻、健康、自由貿易、海陸交
通⋯⋯一切既不太近,也不太遠⋯⋯星星也離得並不遙遠。在戰爭時期,
他是最致命的戰鬥力。招募他就等於招募了騎兵和步兵⋯⋯他帶來大批最
為精良的火炮⋯⋯如果時代變得怠惰沉悶,他知道如何激發它⋯⋯他能讓
他的每句話都鼓舞人的勇氣。在習俗、順從和法規的平庸環境裡,偉大的
詩人都不會裹足不前,權威無法控制他,是他控制權威。他站得高不可
及,轉動聚光燈⋯⋯他用手指轉動樞紐⋯⋯他站著就能擋住那些跑得最快
的人,輕易地趕上他們,圍住他們。當時代迷失信仰,日趨背信、玩世不
恭時,他依然堅守自己的信念⋯⋯他擺出自己的菜肴⋯⋯他提供讓男人和
女人得以生長的美味而富營養的肉食。他的大腦是頂尖的大腦。他不是雄
辯家⋯⋯他是審判者。他不是身為裁判的法官去裁判,而是像陽光那樣普
照無助者。他看得最遠,他同樣擁有最強大的信念。他的思想是讚美萬物
的聖歌。他對討論靈魂、永恆和上帝的話題時永遠沉默不語。在他看來永
恆並不像一出有頭有尾的戲⋯⋯他在男男女女身上看到了永恆⋯⋯他不把
男人和女人看得虛幻或微不足道。信念是靈魂的防腐劑⋯⋯它滲透在普通
人當中,使他們受到保護⋯⋯他們從不放棄信仰、期待和信賴。不通文墨
者身上有種難以描繪的清新自然,足以讓最高貴的藝術天才汗顏,並使之
變得謙卑。詩人能明確地看到,一個並非偉大藝術家的人也能和最偉大的
藝術家一樣神聖與完美⋯⋯偉大的詩人自由地使用毀滅或改造的能力,但
絕不使用攻擊的力量。過去的成為過去。假如他沒有顯露出優秀的典範,
憑他採取的每一步證明自己,他就不合乎需要了。偉大的詩人的存在即征
服⋯⋯不是談判、鬥爭或任何有備而來的意圖。現在他已走過了那條路,

從後面看他吧！他沒有留下一絲一毫的絕望、厭世、狡猾、排他、有不體面的出身或膚色，對地獄的幻覺或需求……從此再沒有人因為無知、缺陷或罪過而遭受懲罰。

最偉大的詩人不會在意瑣碎與淺薄。如果他賦予關注以往被認為渺小的東西，那這東西便具有了宇宙般的莊嚴和生命，隨之會得以成長。他是先知 —— 他是獨特的 —— 他是完人 —— 別人和他一樣好，但只有他認識到這一點，別人卻認識不到。他不是合唱隊裡的一員 —— 他不為任何規則而束縛 —— 他是規則的總管。視力揭示給別人什麼，他也給別人揭示什麼。誰知道視力那神祕奇特的奧祕呢？其他感官都能證實自身，但視力沒有任何證據，只有它本身，並預示了心靈世界的特質。對它撇上一眼就足以戰時人們的所有調查、世間所有的設備和書籍，以及所有的推理。還有什麼是不可思議？什麼是靠不住？什麼是不可能、沒有根據、模糊不清？ —— 一旦你睜眼看看遠近、看看落日，讓萬物以電一樣的速度，輕柔而及時地進入，就可以了。

陸地海洋，走獸魚鳥，天空星宿，深林草木、山峰河流，都不是小主題……人們期待詩人來揭示出這些暗啞實物的美與尊嚴之外更多的意義……他們期待他來指明現實與他們靈魂之間的路徑……男人和女人都能充分地感知到美……也許和他一樣。獵手，伐木者，早起者，在花園、果園和田野裡的收割者，都韌性十足；健康女性對於陽剛體態、航海者、馬車夫的愛慕，對光與戶外空氣的酷愛，所有這些都是一種既傳統又有變化的跡象，表達了對美的一貫感受，說明在戶外生活的人們身上固有的詩意。他們從來無法憑藉詩人的幫助去感知美……有些人也許可以，但他們絕不能。詩的特性不在韻律、均衡，不在於對事物的抽象表述，也不在於憂鬱的抱怨或俊秀的格言，而在於這些以及更廣泛的生活和體驗，在於靈

魂。韻律的益處，是它為一種更為甜蜜與豐富的韻律播下種子，均衡的好處在於它將自身深入到看不見的土地中的根。完美的詩的韻律和均衡展示出音韻規律的自由增長，蓓蕾萌發就像灌木上的紫丁香和玫瑰一樣精確且自如，形態緊湊有如同栗子、橘子、甜瓜和梨，散發出難以抗拒的芳香。最美的詩篇、音樂、演說或朗誦所具備的流暢和裝飾，不是獨立，而是有所依賴。所有的美來自美的血液、美的大腦。如果這兩種美結合在一個男人或女人身上，那就足夠了……事實就會在整個宇宙中流行……可玩世不恭、聲張虛勢即使過一百萬年也不會流行。誰要是為裝飾或流暢來困擾自己，那就是迷途。你要做的是：愛這大地、太陽和動物，輕視財富，給予任何需要的人以救濟，敢為傻子和瘋子直言，為他人貢獻你的收入和勞動，憎恨暴君，不要爭論有關上帝的事，對人們懷著耐心和寬容，不對任何認識或不認識的事物、不對任何人脫帽致敬 —— 與沒有受過教育卻有能力的人同行，與年輕人、與家庭主婦們同行，在你生命的每年每季，去戶外閱讀這些詩歌，重新審視學校、教堂和書本上曾告訴你的一切，驅散任何有辱你靈魂的東西，你的肉體將成為一首偉大的詩篇，擁有最為富麗的流暢，不僅在它的詞句中，更在它的嘴唇和面孔那沉默的線條中，在你雙眼的閃爍之間，在你身體的每一個動作和關節之中……詩人不會在不必要的工作上浪費時間。他知道大地已經翻耕過、施好了肥，別的人可能不知道，但他懂。他直截了當去創造。他的信念將掌控對他所接觸的一切事物的信念……還要掌控相關聯的一切。

　　已知的宇宙有了一個完美的情人，那就是最偉大的詩人。他燃燒永恆的激情，漠然於會遇到什麼機遇，和可能給他帶來財富或不幸的偶然事件，說服自己每天每時地做出貢獻。阻礙或妨礙別人的東西，反而刺激他奮勇向前，非觸碰一下布克，並帶著迷人的歡樂。別人接受樂趣的容量和

他相比就縮減成了烏有。當他置身於日出或冬天樹林的景象時，或有兒童的嬉戲時，或是他的手臂環繞在一個男人或女人的脖頸時，他就親切的感受到來自天堂、來自上帝的幸福。他的愛超乎所有的愛，從容、寬廣……他預先為自己留有餘地。他不是優柔寡斷或滿腹狐疑的愛人……他靠得住……他鄙視反覆無常。他的經驗、陣雨和激情並非徒然。沒有什麼能震動他……苦難和黑暗不能……死亡和恐懼亦不能。對他而言，抱怨、嫉妒和豔羨是埋葬、已經腐爛在地下的屍體……他眼見它們被埋。他相信他的愛、極致和美好都必有結果，如同大海對於海岸、海岸對於大海那樣相信。

美的果實不是偶然失去或遇見的……它像生命一樣必然出現……它像萬有引力一樣精確而絕對。從一個視野過渡到另一個視野，從一個聽力過渡到另一個聽力，從一個聲音過渡到另一個聲音，事物與人類的和諧永遠讓人好奇。與這些相對應的盡善盡美不僅僅存在於那些假定能代表其他人的委員們身上，也同樣存在於那些其他人本身。這些人都懂得潛藏在大千世界裡存在著盡善盡美的法則……美的完成要歸於為其自身，並從自身向前發展……它是慷慨而公正的……每一分鐘的光與暗、每一畝的陸地與海洋，它無所不在——周天四極、商貿百業、世事變遷，它無所不在。這就是美的恰當表現具有精確性和均衡性的原因……一個部分無須超越另一部分。最好的歌手並不是聲音最圓潤、最洪亮的人……詩歌的愉悅並不在於它們裡面那些最漂亮的格律、比喻和聲音。

最偉大的詩人毫不費力、不著痕跡，就把所寫事件、激情、景象、人物的精神揭示出來，當你聽到、讀到時，或多或少影響到你的個性。要做好這一點就是與遵循時間的法則競賽。目的必須明確，相關的線索也要明確……最不明顯的跡象就是最好的跡象，它會變成最清楚的跡象。過去、

現在、未來彼此分開的，而是互相結合的。最偉大的詩人把將要發生、已經發生和當前存在的事物聯結成統一體。他將死者拖出棺材，讓他們再次站立……他對過去說，起來吧，在我面前走走，那樣我就可以認識你們。他接受教訓……他把自己置身於未來成為現實的地方。最偉大的詩人不僅僅以其光芒照耀在人物、景象和激情上……他最終將提升和完成一切……他展示的高峰，無人能講出是為了什麼、其後還有什麼……他在最遙遠的邊緣短暫閃現。他最後的半遮半掩的微笑或是最為美妙……在那個分離時刻的閃光中，看見這些的人過多年仍會為之鼓舞或害怕。最偉大的詩人不會說教或運用道德……他深諳靈魂，靈魂擁有無限的自豪，除了它本身，從不承認任何教訓或推斷，但是它擁有與自豪同樣無限的同情、兩者互相平衡，相伴擴展，哪一個都不會走得太遠。藝術最深的祕密是與兩者同眠，最偉大的詩人緊貼著躺在兩者中間，它們在他的風格和思想裡不可或缺。

藝術的藝術 —— 表達手法的卓越和文字的華彩 —— 在於樸素。沒有比樸素更好的東西了……過度的無節制或是缺乏確切性皆無法彌補。要貫徹起伏的衝動並透入心智深處，使所有主題得以清楚的表達，這樣的本領既不平常，也不稀罕。但是，在文學中能以像動物行動時的完美精確而又漫不經心和森林樹木、路邊野草的無可指責的情感來對話，那便是藝術完美無瑕的成就。如果你見過已經抵達這一目標的人，你便看見了一個屬於所有國家和時代的藝術大師。這時，你會注視他，思考他，由此帶來的愉悅會勝過你注視海灣上灰色的海鷗的飛行、純種馬精神抖擻的賓士、高高莖稈上歪著頭的葵花、太陽行經天空或月亮隨後湧現。他更是思想、事物的通道，不增不減，同時他也是自我的通道。他宣誓效忠自己的藝術，我不會多事的，在寫作中，我不把任何高雅、效果、新奇的東西像帷幕一樣

附錄

懸掛在我和別人之間。哪怕是最富麗堂皇的帷幕，我也不用它來擋路。我要講述的就會講述得一清二楚。讓人們去提升、震驚、迷惑、安慰吧，我的目的將和健康、熱度、白雪一樣，毫不顧忌別人的看法。我所經歷或描繪的東西將來自我的作品，帶一丁點斧鑿的痕跡。你將站在我身邊，和我一起看鏡子。

　　偉大詩人的古老血統和高貴氣度將透過他們的無拘無束予以證明。英雄人物將從容地穿越和擺脫那並不適合他的習俗、先例和權威。一流作家、學者、音樂家、發明家和藝術家這些同道中，最好的莫過於以新的自由形式進行默默挑戰。在對詩歌、哲學、政治、技術、科學、工藝、藝術手法、一種適合本土的大歌劇、造船業或別的工藝時，他永遠是最能貢獻具有原創性和實際作用的楷模。最純粹的表達是那種找不到與他相稱的領域，於是他自創一個。

　　偉大的詩人們給每個男人和女人的資訊是，以平等地位來我們這裡吧，那樣你才能理解我們。我們並不比你們優秀，我們擁有的你們也擁有，我們欣賞的你們也能欣賞。你設想過只會有一個上帝嗎？我們確認可以有無數個的上帝，而且一個並不與另一個相抵消，就像一道目光並不抵消另一道目光……人們只有意識到自己也至高無上，他們才能至善、崇高。你認為風暴、國家的破碎、殘酷的戰鬥、遭難、狂怒、海洋的威力、大自然的運動，以及人類由欲望產生的劇痛、尊嚴和愛憎，其中的偉大之處何在呢？靈魂中的什麼東西在說，憤怒吧，旋轉吧，我到處踐踏者統治者──天空的震怒與海洋的破碎的統治者，自然、激情與死亡的統治者，以及一切恐懼與痛苦的統治者。

　　美國詩人將以寬宏大度、富有情感及鼓勵對競爭者而聞名……他們將包羅萬象……沒有壟斷或保密，樂於將一切傳給別人……日夜渴求著對

手。他們不會看中財富和特權……他們就是財富和特權……他們會看出誰是最富有的人。最富有的人就是從他更為強大的財富中拿出等價物來對待萬般炫耀的人。美國詩人不會專門描繪一個階級的人或一兩個利益階層，他們不會偏重愛、真理、靈魂或肉體，不會是領會或者身體……不會偏重東部各州甚於西部各州，或北方各州甚於南方各州。

精密科學及其實際運動不會成為最偉大詩人的阻礙，反而是他永遠的鼓勵和支撐。那裡有起始和回憶……那裡有最初將他舉起和給予他最大支撐的手臂……每次碰壁後他都要返回那裡。航海家和旅行者……解刨學家、化學家、天文學家、地質學家、骨相學家、通靈學者、數學家、歷史學家和辭典編撰者，他們不是詩人，而是詩人的立法者，他們的工作為每一首完美詩歌的構成打下了基礎。無論詩歌裡發生或說出什麼，都是他們送來了構思的種子……可見的靈魂的證明都來自他們，並站在他們身邊……從他們的精液裡產生出各種類型強健的詩人，且永遠如此。如果父子間存在愛和滿足，如果兒子的偉大來自父親的偉大，那麼在詩人與真正的科學家之間就會有愛。從此以後，詩的美就是科學的繁榮和其後的喝彩。

保有豐富的知識和對於品格與事物的深刻考察是極為重要的。詩人的靈魂在這裡穿過、徘徊，壯大，但它永遠主宰著自我。深不可測，趨向平靜。天真和赤裸的狀態恢復了……它們既不謙虛也不驕傲。那個關於特殊的和超自然的理論，以及與之糾纏或從中引申出來的東西像夢一樣消失了。曾經發生的、正在發生的和必定要發生的，都包容在生命法則中，它們足以勝任任何情況和所有情況……沒有一個會被加快或拖延……在那個巨大清晰的設計裡，任何事務或人物的特定奇跡都不受承認的，那裡的每個動作、每片草葉、男人和女人們的肉體和精神，以及與之相關的一切，都是不可言說的完美奇跡，一切相互關聯，又彼此區分，各在其位。承認

附錄

在已知世界中有什麼比男人和女人更為神聖的東西，這個想法與靈魂的實際情況並不相符。

男人、女人、大地及其所承載的一切，只有按其實際予以接受，對它們的過去、現在和未來的考察不應中斷，將以完全公正來完成，在這個基礎上，哲學沉思始終面對詩人，始終關切著一切朝向幸福的永恆的趨勢，永遠不會與各種感官與靈魂所清楚了解的東西相矛盾。因為一切朝向幸福的永恆趨勢能為合情合理的哲學作證。但凡內涵單薄的一切……但凡遜色於光與天體運動的法則……或任何比不上那些掌管小偷、騙子、饕餮者、酒鬼的此生來世的法則……或任何比不上時間的漫長推移、物質的緩慢形成、地層的漫長隆起的東西——都是無關緊要的。凡把上帝放在一首詩裡或一個哲學體系裡，以抵抗某種存在或影響的也同樣毫無價值。明智和整體性是大師的特點……一條原則搞砸了，就全部搞砸了。大師無關於奇跡。他身為群體一員而更理解自己的健康……他在非凡的卓越中看到缺陷。完美的形式來自於普通的土壤。服從於普遍的法則是偉大的，那意味著與法則相符。大師知道他具有不可言說的偉大，知道一切都是不可言說的偉大……例如沒有什麼比孕育孩子，並將他們撫養長大更為偉大……知道生存就如同感知、說話一樣偉大。

在傑出大師的形成中，政治上的自由理念是不可或缺的。無論男人和女人們置身何處，自由都為英雄們信奉……但沒有任何人比詩人更信奉和歡迎自由。他們是自由的呼聲和展現。無論哪個年代，他們都配得上這個莊嚴的理念……自由信賴他們，而他們必須維護它，沒有任何事情比它更重要，從不歪曲它、貶低它。偉大詩人的態度是鼓舞受奴役的人，讓暴君震驚。他們一回頭、一揮手。他們的腳步聲、對暴君充滿了威脅，給奴隸帶來希望。僅僅是接近他們片刻，即使他們什麼也不說，也沒有任何建

議，你也能學到值得信任的美國知識。有些人由於一兩次失敗或多次挫折，或由於人們偶然的冷漠與忘恩負義，或由於權力偶爾展露的鋒利獠牙，或由於從小就被灌輸了要忍受士兵、大炮或任何的威脅，他們的良好意圖從此削弱了，那麼這樣的人是不可能為自由效勞。自由獨立不倚，不求人，不許諾，它沉靜地坐在光明之中，積極而鎮定，從不沮喪。戰鬥進行時，充滿了響亮的警報聲，頻繁的前進、後退……敵人勝利了……監獄、手銬、鐵枷、腳鐐、絞刑架、絞索和鉛彈派上了用場……事業在沉睡……響亮的喉嚨被他們自己的血窒息……年輕人插肩而過時都垂下眼簾，望著地面……那麼，自由離開那個地方了嗎？不，它從未離開。自由離開的時候從來不是第一個離開……它是最末一個……當所有過去的殉道者已被徹底遺忘……當愛國者的大名在會堂的演說家嘴上遭到奚落嘲笑……當少年們在接受洗禮時不再用聖者的名字，而用暴君和叛徒的名字……當人們不願接受自由的法律，而告密者和血腥錢的法律讓人民倍覺甘甜……當我和你們在世界各地漫遊，看到無數兄弟回報給我們以同等的友誼，不向任何人臣服，我們為這樣的憐惜之情所激動 —— 當我們懷著崇高喜悅，深受鼓舞地看到奴隸們時……當靈魂退入涼爽的靜夜，省察它的經歷，那將一個清白無助之人推入掌權者的手中或是推入殘酷的卑下境地的言行而叫它欣喜若狂時……當全國各地的人本應更為容易地展現真正的美國性格卻還沒有展現時 —— 當成群的奉承者、傻瓜、不反對奴隸制的北方人、政治小人、為了自己在市政府或州立法機關或法院、國會、總統府獲得晉升的而策劃詭計的人，無論他們是否得逞，卻得到人們的愛戴和慣常的順從……當拿著高薪、飽受約束坐在辦公室裡的呆子和流氓，反而好過了自由卻最為貧窮的機械師或一個可以不用脫帽、目光堅定、心地正直、慷慨的農夫時……當市、州、聯邦政府的或任何壓迫者能夠以或大

或小的規模測試人民的奴性，而它本身不會在事後受到及時且無法逃避的懲罰時……也就是說，當所有男人和女人的生命和靈魂從整個地球被全部清除——到那時，自由的本能才會從地球被清除。

宇宙的詩人的屬性集中在真實的身體和靈魂，集中在對各種事物產生的樂趣中，因此它們在真實性上要優越於一切虛構和浪漫的文學。在他們自我表現時，事實就沐浴在光雨之中……白天被更為變化無常的光線所照亮……日落與日出之間，大海也被加深了很多倍。每一個確切的物體、狀況、組合或進程都展現出一種美……乘法運算表……老人……木匠的生意……大歌劇……乃至那艘龐大而漂亮的「紐約號」快船在海上滿帆全速行駛時都閃耀著無與倫比的美……美國各界與政府的巨大和諧、最普通而明確的意圖和行動，也都閃耀著它們的美。宇宙的詩人們穿過所有的干擾、掩蓋、混亂和計謀，向著最初的原則挺近。他們是有用的……他們消除貧困的匱乏，消除富有的自負。他們說，你這個大財主不會比別人知道或感受得更多。圖書館的所有者不是購買了它並有合法權利的人。任何人、每一個人都是圖書館的所有者，他們只要能讀便各種語言、主題、風格的書籍，這一切便會輕鬆地進入他們的內心，在那裡生根發芽，並努力培養出成熟的人性，從而變得靈活、強壯、豐富、博大……這些美國各州是強大、健康而完善的，它們不會以違背自然美獲取樂趣，也絕不允許此類事情發生。在繪畫、建築或木石雕刻中，在書籍、報紙的插圖中，在任何喜劇或悲劇的書籍中，在紡織品或任何美化房間、家具、服裝中，在飛簷、紀念碑、船頭船尾上、或放在人們的眼前戶內戶外的任何地方的飾物圖案中，但凡扭曲真實形象，或者創造出世上沒有的東西、地方或異事的，都是令人討厭的背叛。尤其有關於人類的形體，它如此偉大，絕不允許搞得荒謬可笑。對於一件作品的裝飾絕不允許有荒誕的元素……但有些

裝飾是可以被允許的，它們與自然中的完美事物相一致，或出自作品本身的特質，不可阻擋地迸發出來，並成為作品的完整性需求。大多數沒有裝飾的作品都是最為美麗的……誇張會在人類生理上得到報復。只有在自然的形體每天公開出現的社會裡，乾淨而活潑的兒童才會孕育、出生……合眾國偉大的天才和人民永不會被貶低成浪漫傳奇。一旦歷史得到恰如其分的陳述，浪漫傳奇便不再被需要了。

　　偉大詩人讓人一目了然，他們個人品格的正直、完美有據可查。於是人民從心底發出的一種新的快樂和神聖的聲音：正直是多麼美啊！完美正直的人，他的所有錯誤都會得到原諒。從此讓我們中沒有一個人說謊。因為我們已經看見，光明正大贏來了內在和外在的世界，這無一例外，並且自從我們的地球凝聚成形，欺騙、詭計、謊言從沒有吸引過一顆微粒或一絲一毫的光彩——透過一個州或整個共和國的宏大的財富和繁榮，鬼祟狡猾的人一定會被發現，遭到鄙視……靈魂從來不曾遭到愚弄，也永遠不會遭到愚弄……靈魂不喜歡、不讚賞的繁榮僅僅是一股臭氣……無論是在地球的哪塊大陸上，或者是在哪個行星、衛星、恒星、小行星上，或者是太空的任何部分，或者在任何具有密度的事物當中，或者在海流之下，或者在嬰兒出生之前的狀態中 ，或者是在生命變化期間的任何時刻，或者是以後活力的任何一個停頓或活躍時期，或者是在任何地方的形式或變形的過程中，一個憑本能就憎恨真理的傢伙就從來沒有出生過。

　　極端的謹慎和精明，最全面的官能健康，對於女人和兒童的巨大希望、讚賞和喜愛，巨大的滋養性、顛覆性和因果性，以及對自然的同一性的完美感受，對人類事務中相同精神的適應性……這一切都是從世界的智慧的漂浮物中召喚起來的，成為最偉大詩人的要素，來自出生他的母親的子宮和她母親的子宮。小心謹慎幾乎是怎麼都不過分的。人們認為，一個

附錄

謹慎的公民就是那些致力於務實、善於為自己和家庭打算、既不債務也不
觸犯法律的人。最偉大的詩人看到並承認這些經濟上的精明，正如他看到
食物和睡眠一樣重要，但是他對精明有更高的見解，而不僅僅留意一下門
閂就夠了。生活智慧的前提不在於它的殷勤好客或它的成熟、收穫。除了
存留一小筆喪葬費以便自立，除了在美國擁有一片立足之地，周圍有幾塊
護牆板、頭上有幾片木瓦，以及有支撐每年吃穿必花的錢就足夠了，令人
沮喪的精明是為了賺錢，拋棄作為人這樣一種偉大生命的尊嚴，只顧著賺
錢而虛度歲月，不舍炎日寒夜，令人窒息的欺詐和陰險詭計，或起居室裡
雞毛蒜皮的小事，或在別人挨餓時不知羞恥地大吃大喝……徹底喪失了享
受大地、鮮花、空氣、海洋的清香，錯過享受青年、中年時期遇見或打交
道的女人、男人的真實味道，在一個缺乏崇高或天真的一生終結時所引起
病態和不顧一切的反抗、缺乏寧靜或尊嚴的死亡那恐懼的嘮叨 —— 這些
都是對現代文明和遠見卓識的極大褻瀆，玷汙文明勾畫的那無可非議外觀
和秩序，用淚水打溼那在靈魂之吻面前迅疾展開的美好面貌……有關精明
還有待做出進一步的解釋。倍受尊敬的人生如果只在乎健康和尊嚴上的精
明，那也會黯然失色，根本不止一瞥，想起還有適合於永恆的精明，大大
小小的人物都會悄悄地站在一旁，那種在短短一年或七八十年裡施展的聰
明算得了什麼呢？大智慧是隔了很久後，在某個時辰又回來了，帶著強
勁的力量、豐厚的禮物，滿面春風的婚慶嘉賓們從你目力所及的各個方向
朝你歡樂奔來。只有靈魂是它自己 —— 其他一切都與其結果相關，一個
人的所做所想都會產生後果。一個男人或女人的一舉一動不但會在一天、
一個月或任何時候以及死亡之時對他們產生影響，而且同樣會在來生繼續
影響他們。死亡之後永遠和在世之時同樣出色和真實。精神從身體所接收
的和它給予身體的同樣多。任何一種言論或行為的名稱……得性病或玷汙

自己⋯⋯隱祕的手淫⋯⋯貪吃貪杯的人腐敗的血脈⋯⋯貪汙、詭計、背叛、謀殺⋯⋯那些引誘婦女的毒蛇⋯⋯婦女們的愚蠢服從⋯⋯賣淫⋯⋯年輕人的墮落⋯⋯不擇手段的獲取⋯⋯骯髒的貪欲⋯⋯官員對民眾、法官對犯人、父親對兒子、兒子對父親、丈夫對妻子、老闆對學徒的粗暴⋯⋯貪婪的表情、惡毒的希望⋯⋯人們的自作自受⋯⋯所有這些都永遠不是或永遠不會印在節目單上，可到時候它就會上演，得到報應，得到報應還會再上演⋯⋯而這些實現了的則再次獲得報應。博愛的動力或個人的力量永遠莫過於最為深刻的理智，無論它是否會帶來爭論。對它不必細說⋯⋯增減和區分都是徒勞的。無論大小、有無學問、黑人或白人、合法或非法、疾病或健康，從吸入氣管的第一口氣到呼出最後一口氣，每個男女的充滿活力，仁慈，清潔的行為，在宇宙不可動搖的秩序中，在它整個的領域中，對他或她永遠大有裨益。如果野蠻人或重罪犯是聰明的，那很好⋯⋯如果最偉大的詩人或學者是聰明的，那很好⋯⋯如果總統或者首席法官是聰明的，那也一樣⋯⋯如果年輕的技工或農夫是聰明的，那也差不多⋯⋯如果妓女是聰明的，那也恰如其分。總會有所收益⋯⋯一切都會來。戰爭與和平的一切最好的作用⋯⋯給予親屬、陌生人、窮人、老人、不幸的人、幼兒、寡婦、病人和所有被冷落的人以幫助⋯⋯所有給逃亡者和奴隸以支持⋯⋯所有在遇險的船隻上堅定地遠遠站在一邊看著別人上救生船的自我克制⋯⋯所有為了崇高事業或為朋友、為信念獻出財產和生命的人⋯⋯所有被鄰居嘲笑的熱心人的種種痛苦⋯⋯母親們所有巨大甜蜜的愛和承受的艱辛⋯⋯所有在有記載或無記載的戰鬥中受挫的老實人⋯⋯若干古代民族的所有崇高和美德，他們殘缺的歷史由我們繼承⋯⋯所有我們不知其名稱、時代、地域的許多古代民族的美德⋯⋯所有曾經的宏業駿開，無論成功與否⋯⋯那無論何時出自人心的神聖思想、高尚言詞或巧奪天工給予的

一切啟示……所有今天在地球表面的任何部分，或在任何行星、任何運動或固定的恒星上，那裡的人跟這裡的我們一樣，很好地想過、做過的事情……所有今後你或任何人很好地想過、做過的事情──這一切單獨地和全部地在當時、現在和將來都永遠適合那些從它們中已經或將要產生的個體……你可能猜想它們只是曇花一現？然而世界不是這樣運行的……其摸得著、摸不著的部分也不是這樣運行的……現存的結論無不來自於長久以前的結論，後者亦如此，這樣追根溯源，就無法說哪個最遠的點比任何別的點更接近開端……凡使靈魂滿足的東西都是真理。最偉大詩人的智慧最終應和了靈魂的渴望與貪欲，它不輕視任何小聰明，如果它們遵從它的方式，它不排斥任何東西，不允許自己的或任何別的緣故而停頓，它沒有特定的安息日或審判日，它不把生和死、正義與非正義相區分，它對現實感到滿意，對任何一種思想或行為都從自己這方面加以配合，它不知道可能的寬恕或替代性的補償……它知道那從容冒險並獻出生命的年輕人此生無憾，而那從不冒生命之險而是在富有舒適中活到老年的人則一無所成，不值一提……它知道只有學會了選擇真正長久的事物的人，對身體和靈魂同樣喜愛的人，並領悟到來世必然跟著現世，他所做的事情無論善惡都將一起向前，等待著與他再次相遇……只有那樣的人才無須學習偉大的智慧，這種人的精神在任何緊急關頭都從容鎮定、不懼死亡。

　　將成為最偉大詩人的人，直接的考驗就在今天。如果他不把當今的時代當作巨大的海潮來沖洗自己……如果他不將自己國家的機體和靈魂全都吸引，用無可比擬的愛摟住它的頸項，將自己閃米特人的力量投入它的精華與糟粕……如果他自己就不是理想化的時代……如果永恆沒有向他打開，那麼，就讓他消失在茫茫人海，等待他的成長。是永恆將相似性賦予了所有時代、地域、進程、有生命和無生命的形體，永恆是時間的紐帶，

以今天漂浮不定的形狀從時間的不可思議的模糊和無限中升起，被柔韌的生命之錨抓住，讓現在這個點成為從過去通向未來的通道，並代表了這一個鐘頭的時間之波，代表這一波的六十個美麗兒女之一……對於詩篇、任何作品或作品中的角色，還有最終的考驗。有先見之明的詩人會為自己做出未來幾個世紀的規畫，依據時代的變遷判斷表演者或表演。他的作品能經受住這些變遷嗎？那時它們仍在不知疲倦地堅持下去嗎？同樣的風格和類似的才能那時還能讓人滿意嗎？難道不會出現新的科學發現，或思想、判斷和行為達到更高的層面，使得他及其作品被人輕視嗎？難道千百年時間的進程願意為了他的緣故而繞路而行？在他死後很久很久還會被人愛戴？男孩們會時常想起他嗎？女孩們時常想起他嗎？中年人和老年人會想起他嗎？

　　一首偉大的詩是為世世代代所共有，是為了所有階層和各種膚色的人們所共有，為所有部門和宗派所共有，為了一個女人就像為一個男人那樣，為了一個男人就像為一個女人那樣所共有。一首偉大的詩對於男人或女人都不是終結，而更是一個開始。有人幻想過他最終能在某種適宜的權威下坐下來，他能滿足於一些解釋，實現自身，他能大徹大悟嗎？最偉大的詩人不會帶來這樣的終點……他既不會帶來停滯，也不會助長肥胖和安逸。他在行動中表露他的風格。他把他抓住的人緊緊掌握在手裡，帶入以往從未抵達過的生活領域……此後更無休息可言……他們看見空間和不可言喻的光輝將以往生活過的的地方和光線轉變成死灰的真空。他的同伴目睹群星的誕生和運行，並領悟到某種意義。現在將有一個人昇華出來……年長的鼓勵年輕的，並向他展示……他們兩人將一同開啟無畏的旅程，直到新世界適應了它的軌道，並泰然自若地看著那些群星的小軌道，迅速飛過沒有終點的圓環，永遠不再休閒。

　　牧師很快就不復存在了。他們的使命已經完成，他們會等上片刻……也許一代或兩代人……然後逐漸減少，一種更優秀的人將取代他們的位置……各種思想體系和新思想的信奉者會一同取代他們的位置。一種新秩序即將崛起，他們將成為人類的牧師，每個人將成為他自己的牧師。在他們的庇護下建造起的教堂將是男人和女人們的教堂。透過他們自己的神性，新思想體系和新一代詩人將成為男人和女人們以及所有事件和事物的解釋者。他們將在今天的真實事物中、在過去與未來的徵兆中發現自己的靈感……他們將不屑於維護永恆、上帝、完美的事物、自由、精緻的美和靈魂的真相。他們會在美國崛起，並得到世界各地的回應。

　　英語特別有助於表現莊嚴的美國……它足夠強壯，有足夠的柔韌和完整。它在一個歷盡世事變遷而從不缺少政治自由思想的種族中紮根，這種環境是一切自由精神的根基。它汲取了更加精緻、更加鮮明、更加微妙、更加優雅的詞彙。它是一種有耐力的強大語言……它是富有常識的語言。它是那些既驕傲而憂鬱的民族以及一切有追求的民族的語言。它是用來表達成長、信念、自尊、自由、正義、平等、友誼、豐富、智慧、果敢和勇氣的語言。它是一種能夠最恰當表達不可表達之物的工具。

　　沒有哪種偉大的文學，也沒有哪種類似風格的行為、雄辯、社交、家政、公共機構、僱傭關係，或行政細節、陸海軍的細則，或立法、司法、治安、教育、建築學、歌曲、娛樂、青年人的服裝，能夠長期逃避美國標準那敏感而熱情的直覺。這些東西要麼就消逝了、要麼就立足留存下來，不管人們嘴上說還是不說，它總是在每個自由男人和女人的心中生成疑問。它與我的國家一致嗎？它的安排是否存在屈辱的性質？它適合那些日益增長的由兄弟和戀人所組成的龐大、團結、比舊的模式更豪邁、比所有模式更豐富的不斷成長壯大的社團嗎？它是從田野裡新長出來的，是從

海裡採擷出來的，此時此地為我所用的嗎？我知道凡是適合我這個美國人
的，也必定適合每一個人和整個國家，他們都是我的一部分。它適合嗎？
或者它無關乎普遍的需求？或者它出自於那些不發達的特定等級的社會需
求？或者出於被現代科學和社會形態壓倒的老式樂趣的需求？它是否明確
且絕對地承認自由、廢除奴隸制是與國家命運休戚相關的？它有助於培養
一個健美結實的男人，還有一個女人作為他完美獨立的伴侶嗎？它會移風
易俗嗎？它適合哺育共和國的青年人嗎？它易於和那有著許多孩子的母
親乳房上的香甜奶汁相融合嗎？它也有那些古老而常新的克制和公正嗎？
它以同等的愛對待新生兒？看待那些正在成長的人？看待那些誤入歧途的
人？看待除了自己的力量，而蔑視一切外界攻擊力的人嗎？

　　從別的詩中提煉出來的詩可能會消失。怯懦者肯定會被淘汰。對活力
和偉大的期待只能由富有活力和偉大的行為來滿足。那多數圓滑的批評、
應景和文雅的作品將漂浮而去，留不下任何記憶。美國滿懷鎮靜和好意準
備迎接那些送出話來的來訪者。他們受歡迎的理由不是才智。有天賦者、
藝術家、有原創精神的人、編輯、政治家、博學之士……他們無不受到欣
賞……他們各得其所，各盡所能。國家的靈魂也履行它的職責。它不放過
任何偽裝……任何偽裝都瞞不過它。它什麼都不拒絕，它什麼都容許。它
只迎合與它一樣優秀和與它同類的民族。當一個人具有構成第一流國家的
品格時，他也就同這個國家一樣出色。最偉大、最富裕和最自豪的國家的
靈魂便自然會去迎合它的詩人們的靈魂。這樣的跡象應驗了。不要害怕它
會犯錯。如果一方是真實的，另一方也必定真實。一個詩人的證明在於他
的國家深情地吸納他，就如同他吸納了自己的國家。

1855 年，紐約市布魯克林區

附錄四　《草葉集》名篇節選欣賞

《我歌頌自我》（節選）

我讚美我自己，歌唱我自己，

我所承擔的一切你也得承擔起來，

因為屬於你的每一個原子都同樣屬於你。

我閒遊著，邀請我的靈魂一起，

我悠閒地俯身觀察一片夏天的草葉。

我的舌頭，我血液中的每個原子，都由這泥土這空氣所構成，

我生在這裡，我的父母生在這裡，他們的父母也生在這裡，

我如今三十七歲，身體完全健康，開始歌唱，

希望不停地歌唱下去，直到死亡。

教條和學派先不去管，

暫且退回來，滿足於它們的現狀，可是絕不能忘了，

我一味懷抱自然，我允許無所顧忌地述說自然，

以原始的活力，誰也不能阻攔。

……

我相信你，我的靈魂，那另一個我絕不向你屈就，

而你也絕不屈從另一個，

跟我在草地上閒遊，把你喉嚨裡的塞子拔掉，

我要的不是言語，不是音樂或旋律，不是習俗或演說，

哪怕它們最好也不要，

我只喜歡寧靜，你那有節制的聲音的低吟。

我記得有一回在這樣一個明媚的夏天的早晨，我們躺著，

你把你的頭橫擱在我的大腿上，在我身上輕輕地滾動，

然後把我胸脯上的汗衣解開，將你的舌頭伸入我那赤裸的心，

直到你摸觸到我的鬍鬚，直到你把我的雙腳抱住。

一種無可爭議的平靜和認識迅速地在我周圍升起和擴展，

我知道上帝的手便是我自己的諾言，

我知道上帝的精神是我自己的兄弟，

所有出生過的男人也都是我的兄弟，女人是我的姐妹和情侶，

而造化的一根龍骨是愛，

無窮無盡的是田野裡那些挺直或低垂的葉子，

它們底下那些小洞中的褐色蟻群，

以及亂石堆、接骨木、毛蕊花、牛蒡草和曲欄上的苔痕。

……

一個孩子說：草是什麼呢？他兩手捧一大把遞給我；

我怎麼回答這孩子呀？我知道的並不比他多。

我猜想它是性格的旗幟，由充滿希望的綠色質料所織成。

我猜想它是上帝的手帕，

一件故意丟下的芳香的禮物和紀念品，

我們一看便注意到，並說：這是誰的？因為它的某個角上帶有物主的

姓名。

附錄

我猜想或者草本身就是個孩子，是植物產下的嬰兒。

我猜想或者它是一種統一的象形文字，
它意味著，在或寬或窄的地區同樣繁殖，
在黑人或白人中間一樣成長，
凱納克人、塔克荷人、國會議員、科甫人，我給他們同樣的東西，我
對待他們完全一樣。
如今在我看來它好像是墳墓上沒有修剪過的美麗的頭髮。

這草葉顏色很深，不會是從老母親的白頭上來的，
比老年男人的無色的鬍子也暗黑些，
黑得不像來自淡紅色的上顎。

哦，我畢竟看見了這麼多說話的舌頭，
我看出它們不是無緣無故地從那些上顎來的。

我但願能夠譯出那些關於已死的青年男女的暗示，
還有關於老年男人和母親以及很開離開他們懷抱的嬰兒們的暗示。

……

你，大海啊，我也把自己委託給你 —— 我猜得出你的心意，
我從海岸上看見你那玩去的手指在召喚我，
我相信你沒有觸摸到我便不願回去，
我們只得在一起周旋一番，我脫下衣服，趕忙離開陸地，
你輕輕地托著我吧，搖著我在大浪上昏昏欲睡，
用多情的水波沖刷我，我會報答你。

波濤向陸地滾滾而來的大海呀，
呼吸粗獷和陣陣喘息的大海呀，
供人以生命之鹽和無需挖掘而隨時準備好了墳墓的大海呀，
叱吒風雲、任性而又文雅的大海呀，
我與你合在一起，我也是既簡單而又多樣的。

我分享你的漲落，讚頌仇恨與調和，
我讚頌愛侶和那些睡在彼此懷抱中的同夥，
我是同情心的作證者，
（難道我將清點房子裡的東西，而把安放這些東西的房子漏掉？）

我不單是善的詩人，我也並不拒絕做一個惡的詩人。

……

華特·惠特曼，一個宇宙，曼哈頓的兒子，
狂亂，肥碩，多欲，能吃，能喝，善於繁殖，
不是傷感主義者，不凌駕於男人和女人之上，或遠離他們，
不謙恭也不放肆。

把門上的鎖拆下來！
把門也從門框上撬下來！

誰貶低別人就是貶低我，
無論什麼言行最終都歸結到我。

靈性洶湧澎湃地通過我奔流，潮流和指標也從我身上通過。

附錄

我說出原始的通行口令，我發出民主的信號，

上帝啊！如非所有的人在同樣條件下所能相應地得到的東西，我絕不接受。

透過我發出了許多長期啞默的聲音，

病人和絕望者以及盜賊和侏儒的聲音，

準備和生長輪轉不息的聲音，

連結群星的線的聲音，子宮與精子的聲音，

還有那些被別人踐踏的人的權利的聲音，

畸形者、渺小者、呆板者、愚蠢者、被蔑視者的聲音，

天空的濃霧和轉著糞丸的甲蟲的聲音。

透過我發出的被禁止的聲音，

性的和情慾的聲音，原來被遮掩而現在讓我揭開了的聲音，

由我澄清並轉化了的淫穢的聲音。

我沒有用手指堵住我的嘴，

我對於腹部周圍像對於頭和心臟周圍那樣保持高潔，

性交對我並不比死亡更為淫邪。

我贊成種種的欲念和肉感，

視覺、聽覺和感覺是神奇的，我的每一個部分和附屬品都是奇觀。

我裡外都是神聖的，我使我所接觸的及接觸過我的一切都變得聖潔，

這些腋窩裡的氣味是比祈禱更美的芳香，

這個頭比教堂、聖經以及所有的信經更美。

如果我崇拜一物勝過另一物，我更崇拜的就是我自己的橫陳著的身體或它的任何一部分，

我的半透明的模型，那就是你！

陰涼的棚架和休憩處，那就是你！

堅硬的男性的犁頭，那就是你！

凡是來到我的耕地的，那就是你！

我的豐富的血液，那乳狀的流體，我生命的灰白的奶汁，那就是你！

緊壓在別人胸脯上的胸脯，那就是你！

我的腦子，那奧祕的迴旋啊，那就是你！

洗滌過的想菖蒲的根子呀！膽怯的池鷸呀！被守衛的雙生鳥卵的小窠呀！那就是你！

在頭上混雜和糾纏著的乾草，鬍子，肌肉，那就是你！

楓樹流淌著的葉汁，剛毅的小麥稈纖維，那就是你！

多麼慷慨的太陽，那就是你！

使我的臉時陰時暗的蒸汽，那就是你！

你出汗的溪流和露水，那就是你！

用柔軟而逗弄人的生殖器摩擦著我的和風，那就是你！

寬闊健壯的田野，活橡樹的葉子，我那曲徑上的愛戀的遊客，那就是你！

我所握過的手，我所吻過的臉，我曾經撫摸過的生靈，那就是你！

……

我看不見的某種東西高舉著色欲的尖頭工具，

海洋般明亮的液汁噴灑著天宇。

大地緊倚著天空，它們每天都連接起來，
那時我頭上升起了從東方湧現的挑戰，
嘲弄而威嚇地說，看你能不能充當主宰！

……

蒼鷹在上空掠過並斥責我，它怪我饒舌和遲遲不走。

我也一點不馴順，我也是一個不可解說的人，
我在世界屋脊上發出我的粗野的喊叫聲。

白天的最後的日影為我留連，
它把我的在其餘一切後面並像任何事物那樣真實的影子投擲在多影的荒原，
它勸誘我走向霧靄和昏暗。

我像空氣一樣走了，我向正在消逝的太陽搖晃著我的絡絡白髮，
我把我的血肉拋入旋渦，像包在花邊樣的皺襞中飄泛。

我將我自己饋贈給穢土，讓它再生長在我所愛的草叢裡，
如果你想再得到我，請到你的靴後跟底下去尋覓。

你很可能不會知道我是誰或我有什麼意義，
但是我仍然會有益於你的健康，
並將濾淨和增強你的血液。

如果你一時找不著我，請仍然保持勇氣，

一處不見就到另一處尋覓，

我總會在某個地方等著你。

《橫過布魯克林渡口》（節選）

在我下面的浪潮啊，我面對面看著你！

西天的雲 —— 太陽在那裡還有半小時的行程 —— 我也面對面看著你。

穿著平常衣服的成群的男女，你們對我顯得那麼新奇！

渡船上成百上千過河回家的乘客對我來說比你們所想像的還要新奇，

而你們，那些在今後歲月中還要從此岸到彼岸的人，對我來說更加新奇，比你們所想像的更加在我的沉思默想裡。

……

時間或空間都沒有產生作用 —— 距離產生不了作用，

我跟你們在一起，你們這一代或今後許多個世代的男人和女人，

就像你們望著河流和天空時的感覺一樣，我也曾這樣感覺，

就像你們每個人是或者的人群中的一員，我也曾是人群中的一員，

就像你們為河上與清流的歡樂所感染，我也曾受到感染，

就像你們在這裡憑欄站立，但與急流一起神遊，我也曾這樣站著神遊，

就像你們注視這無數的船桅和汽輪的粗大煙囪，我也曾這樣望著。

以前我也許多次橫度過這條河流，

看著十二月的海鷗，看著它們在高空平穩地滑翔，抖擻，

看見它們身體上那些黃色的被照得發光的部分，而其他的部分在濃重的黑影中，

看見它們緩緩地盤旋並漸漸向南邊移動，

看見夏季天空在水中的反映，

一道道忽閃的光輝讓我感到了眩暈，

望著照亮的水中我那頭影周圍的美麗的輻射光柱，

望著南邊和西邊那些小山上的薄霧，

望著那些染上黃色的羊毛般的蒸汽，

望著遠處的海灣，注意到抵達的船隻。

……

那一片片黑影不僅落在你身上，

黑影也曾一片片地降臨於我，

我所達到的最大成就據我看是空虛而可疑的，

我所自認為偉大的思想，實際上不是很貧乏嗎？

也並非只有你才知道什麼是邪惡，

我這個人也知道邪惡是什麼，

我也曾編過古老的矛盾之結，

我曾胡說過，臉紅過，怨恨過，欺騙過，偷盜過，嫉妒過，

有過詭詐、憤怒、淫欲和不敢明說的念頭，

曾經剛愎自用，愛好虛榮，貪婪，淺薄，狡猾，惡毒，怯懦，

身上並不缺少豺狼、毒蛇和蠢豬般的東西，

以及騙人的面孔，輕佻的言語，淫邪的欲望，

拒絕、仇恨、拖延、卑鄙、懶惰，應有盡有，

和其他的人一起，有著其他人一樣的日子和運氣，

當年輕人看見我走近或經過時都已最親昵的名稱和響亮的聲音打招呼。

……

向前進吧，河流！與漲潮一起奔湧，與落潮一起退走吧！

繼續嬉戲吧，你們這些頭戴花冠的扇貝形波濤！

日落時瑰麗的雲彩啊！用你的光輝浸透我活著我以後若干世代的男人和女人吧！

從此岸橫渡彼岸，數不清的過渡的人群啊！

站起來吧，曼哈頓的過渡的人群啊！站起來吧，布魯克林的美麗的群山！

跳動吧，困惑而又好奇的大腦，把問題和回答拋出來啊！

在這裡和無論哪裡暫停吧，液體的永恆漂流！

凝望吧，可愛的焦渴的眼睛，在室內或大街上或民眾集會的場所！

……

飄揚吧，所有國家的旗幟，日落時一定得降下！

把你們的火苗高高燃起吧，鑄造廠的煙囪！入夜時把黑影拋下！把紅光和黃光拋擲到屋頂！

你們這些表面現象啊，無論現在或今後，請標明你們是什麼，

你這必要的薄膜啊，請繼續把靈魂包著，

情為了我在我的身體周圍，為了你在你的身體周圍，飄起最聖潔的香氣，

　　繁榮起來吧，都市 ── 帶著你們的貨物，帶著你們的產品，寬廣而豐沛的河流，

　　擴張吧，也許比一切別的東西都更加富於靈性的存在，

　　保持你們的地位吧，比一切別的東西都更能持久的物體。

　　你們曾經等候過，你們永遠在等候，你們這些啞口無言的美麗的使者，

　　我們終於懷著只有的感覺接待你們，並且從此永不會滿足，

　　你們再也不可能使我們迷惑或拒不接近我們，

　　我們使用你們，不把你們拋擲在一旁 ── 我們永遠將你們栽植於我們心中，

　　我們不揣度你們 ── 我們愛你們 ── 你們身上也有的是完美，

　　你們對永恆盡到了你們的責任，

　　無論偉大或渺小，你們對靈魂盡到了你們的責任。

《當庭園中殘餘的紫丁香花開的時候》（節選）

　　當紫丁香最近在庭院開放，

　　而那顆巨星晚上很早便在西天隕落的時候，

　　我曾經哀悼，而且還要在今後年年回來的每個春天哀悼。

　　年年回來的買一個春天，你一定會帶給我三件東西，

　　一年一度開放的紫丁香和西天隕落的星星，

　　以及對我所愛的他的思念，三位一體。

　　……

在古老的農舍前面的庭院裡，靠近白色柵欄的地方，
生長著一叢高高的有著心形翠綠葉片的紫丁香，
它開著許多美麗的尖尖花朵，散發著我心愛的芬芳，
它的每片葉子都是一個奇跡 —— 極不平凡，
我摘取一個開滿鮮花的小枝，從這庭院，
這有著嬌豔花朵和心形綠葉的灌木叢裡面。

……

棺材穿過大街和小巷，
穿過白天黑夜有大片烏雲遮蓋的地方

這裡，緩緩經過的靈柩啊，
我把我的丁香枝先給你，連同上面的花朵。

……

唱吧，在那邊，在沼澤地裡，
啊，羞澀而溫柔的歌手，我聽見你的曲調，我聽見你的呼喚，
我聽見了，我就要來，我了解你，
但是我要延遲一會，因為那炫亮的星星留住了我，
那星星，我的告別的夥伴，他抓住我不讓我分離。

……

唱下去吧，唱下去，你這灰褐色的鳥兒，
從沼澤地那隱祕的地方，從叢林裡，傾瀉出你的歌聲，

附錄

讓它無休止地漫出黑夜，漫出杉林和松林。

唱下去吧，最親愛的兄弟，悠揚地吹奏你的蘆笙，
那響亮的人類之歌，用極端悲切的聲音。

啊，流暢、自由而溫柔！
啊，給我的靈魂以狂熱縱情的感受 —— 啊，奇妙的歌手！
我只聽你 —— 可是星星留住我（不過將很快分離，）
可是那芬芳迷人的紫丁香留住我。

……

幻象在過去，夜已深了，
夥伴們抓著我的那些手鬆開了，也過去了。
在過去的還有那只隱蔽的鳥兒的歌和我的靈魂與之相唱和的歌，
勝利之歌，死亡的出路之歌，可也是多樣的、永遠在變動的歌，
它低沉而哀婉，可是又清晰流暢，時高時低地彌漫於黑夜，
接著便悲戚地下沉和漸漸低微，好像在再三警告，但隨即又歡樂地爆
發了，
這時它籠罩大地，充塞著遼闊的天空，
就像那天晚上我從隱蔽處聽到的那支雄壯的聖歌，
我經過時留下你帶有心形葉片的紫丁香，
我留下你在那的前院裡，好年年與春天回來，年年開放。

我要停止我對你的歌唱了，
我將不再面對西方注視著西天的你，與你交談，

318

啊，有著銀白臉盤的在夜裡燦燦發光的夥伴！

不過我要把這一切都保留下來，不容許它們被黑夜吞沒，

這歌聲，這只灰褐色鳥兒的奇妙的歌聲，

這和唱，從我心靈中喚起的反應，

連同那顆低垂的燦爛的滿臉悲戚的星星，

連同那些正在向鳥兒的呼喚接近的握著我的手的挽留著，

我的夥伴們和當中的我，以及他們對於我所熱愛的死者的永久記憶，

對於我這時代和國家的最可愛、最睿智的靈魂的記憶，── 正是為了親愛的他的緣故，

紫丁香、星星和鳥兒與我的靈魂的歌交纏在一起，

在那，在芬芳的松樹和昏暗的杉林所在的幽深處。

《哦，船長，我的船長！》

哦，船長，我的船長！我們的可怕的航程已經終了，

船隻度過了一個個難關，我們追求的目的已經達到，

港口就在眼前，我聽到了鐘聲，聽到了人們狂熱的呼喊，

無數的眼睛在望著堅定的船。它威嚴而又勇敢；

但是，心啊！心啊！心啊！

鮮紅的血在流淌！

我的船長在甲板上躺著，

他倒下死了，已經冰涼。

哦，船長，我的船長！請起來聽聽這鐘聲，

起來啊 ── 旗幟在為你招展 ── 號角在為你哀鳴，

花束和花環為你贊禮，人群為你擠滿了海岸，

他們向你呼喚，這些晃動的人群，朝你高仰著急切的臉；

在這裡，船長！親愛的父親！

請把你的頭枕著這只臂膀，

在這甲板上，真想一場夢，

你倒下死了，已經冰涼。

我的船長沒有回答，他的嘴唇慘白而僵冷，

我的父親感覺不到我的臂膀，他已經沒有脈搏和神經，

船隻安全而穩定地下錨了，它的航行已宣告完畢，

勝利的船隻從可怕的旅途中走來，達到了目的；

歡呼啊，海岸，敲響啊，巨鐘！

但是我悲痛地踉蹌，

行走在甲板上，在那裡我的船長躺著，

他倒下死了，已經冰涼。

華特・惠特曼年表

華特·惠特曼年表

1819 年 5 月 31 日 ——— 華特·惠特曼誕生於紐約長島亨廷頓區的西山村。父親是建築木工；兄弟姐妹共八人，華特排行第二。

1823 年 ——— 惠特曼一家遷到布魯克林，最初住在渡口附近的前街。

1825 年 ——— 法國革命活動家、美國獨立戰爭志願參加者拉法葉訪問布魯克林，7 月 4 日在一公共場所偶爾擁抱了華特一會，詩人終生引為榮耀。

1825 ～ 1830 年 ——— 在布魯克林公立學校上學。

1830 ～ 1831 年 ——— 先後在一家律師事務所和一家醫院診所當勤雜工。

1831 ～ 1835 年 ——— 先後在《長島愛國者》報，沃辛頓印刷公司和《長島之星》報當印刷工學徒和排字工。

1833 年 ——— 惠特曼一家遷回鄉下，但華特繼續留在《長島之星》報。

1835 年 ——— 5 月 12 日至翌年 5 月在紐約市一些印刷所工作。

1836 ～ 1838 年 ——— 先後在長島的東諾威奇、漢普斯特德、巴比倫、朗斯瓦普、史密斯鎮等地的鄉村學校教書，在史密斯鎮時積極參加當地辯論協會的活動。

1938 ～ 1839 年 ——— 在亨廷頓編輯《長島人》週報。

1839 ～ 1840 年 ——— 在長島賈梅卡《民主黨人》報當排字工，並在該報發表詩歌和小品文。

1840 ～ 1841 年 ——— 參加民主黨人范布倫競選總統的活動，同時繼續在《民主黨人》報發表詩作。

1841 年	5 赴紐約，在《新世界》當排字工；6 月在市府公園一次民主黨人集會上發表演說；8 月開始在《民主評論》發表短篇故事。此後數年常給紐約幾家著名報刊如《百老匯日報》、《美國評論》、《紐約太陽報》、《哥倫比亞雜誌》等投稿，到 1845 年已經發表 15 篇以上的短篇故事和速寫，以及中篇《富蘭克林‧伊凡》。
1842 年	先後在《曙光》和《閒談者晚報》當編輯。
1843 年	在《政治家》當編輯。
1844 年	在《紐約民主黨人》當編輯，10 月到《紐約晚報》工作。
1845 ～ 1846 年	在《長島之星》報工作。
1846 ～ 1848 年	任布魯克林《每日鷹報》編輯，成為歌劇愛好者。
1848 年	1 月離開《每日鷹報》，2 月 11 日與弟弟傑夫赴紐澳良，就任《新月》編輯；5 月 24 日辭職返回北部，沿密西西比河經大湖區和哈德遜流域，6 月 15 日抵布魯克林。
1848 ～ 1849 年	主編「自有土地」派的《布魯克林自由人》報，1849 年 9 月被迫辭職。
1849 年 6 月	由顱相學家勞‧福勒看了顱相；在家開辦印刷所和書店。
1850 ～ 1854 年	在布魯克林經營房屋建築，參加木工勞動。1850 年與父親重訪西山村故居；發表〈起義之歌〉等

短詩四首。1851 年 3 月 31 日在布魯克林藝術協會發表演講。

1855 年 ⋯⋯⋯⋯⋯⋯⋯ 5 月 15 日申請《草葉集》出版許可；6 月 4 日左右《草葉集》第一版自費出版。7 月 11 日父親去世。7 月 21 日愛默生髮來祝賀詩集出版的「感謝信」。9 月 17 日蒙·唐韋來訪。12 月 11 日愛默生來訪。

1856 年 ⋯⋯⋯⋯⋯⋯⋯ 2 月布魯克林再次會晤愛默生。8、9 月間《草葉集》二版自費出版。11 月奧爾柯特和梭羅來訪。《論第十八屆總統選舉》於是年寫成，但未能出版。

1857 ∼ 1859 年 ⋯⋯⋯ 任布魯克林《時代日報》編輯。1859 年夏天失業，常去紐約浦發夫餐館訪問，陷入「第一次精神危機」，寫組詩〈蘆笛〉和〈亞當的子孫〉。

1860 年 ⋯⋯⋯⋯⋯⋯⋯ 《草葉集》三版由塞耶和埃爾德里奇出版社出版。3 月詩人赴波士頓看清樣，與愛默生討論「詩性」，拒絕後者關於撤銷《亞當》組詩的建議。在波士頓時結識奧康納和特羅布裡奇。

1861 年 ⋯⋯⋯⋯⋯⋯⋯ 塞耶和埃爾德里奇出版社破產，《草葉集》印版落入一個不法出版商手中，被不斷偷印盜賣。是年 4 月內戰爆發，詩人立誓要「鍛鍊出一個純潔而強壯的身體」；開始訪問紐約醫院的傷兵，並志願參與傷兵的康復工作。

1862 年 ⋯⋯⋯⋯⋯⋯⋯ 12 月 14 日得到弟弟喬治受傷的消息，立即赴維吉尼亞前線尋訪；年底回到華盛頓，與奧康納重逢。

1863 ～ 1864 年	定居華盛頓，成為陸軍醫院的義務護理員，同時在軍需處做抄寫工作以維持生計。1863 年結識巴勒斯。1864 年夏因病回到布魯克林，在家休養半年。
1865 年	1 月被任命為內務部印第安那事務局辦事員。4 月林肯總統被刺殺，詩人著手寫輓詩〈紫丁香〉。6 月底被內務部長哈倫無理解僱，隨即轉為司法部長辦公室職員。10 月《擂鼓集》及續編《林肯輓詩》出版。
1866 年	奧康納為抗議哈倫對詩人的解僱而寫的《白髮好詩人》出版。
1867 年	《草葉集》四版問世，威廉・羅塞蒂發表評論文章。巴勒斯的第一本傳記《關於身為詩人和人物的華特・惠特曼》出版。《民主展望》第一部分《民主論》在《銀河》發表。
1868 年	威廉・羅塞蒂編選的《惠特曼詩選》在倫敦出版。奧康納出版《木匠》，隱約地把惠特曼寫成現代基督。《民主展望》第二部分《個人人格至上論》發表。
1869 年	安妮・吉爾克里斯特夫人讀到惠特曼的詩。
1870 年	吉爾克里斯特夫人的文章〈一位英國婦女對惠特曼的評價〉在波士頓的《激進者》月刊發表。《民主展望》初版出書。
1871 年	《草葉集》五版及小冊子《向印度航向》問世。收到斯溫伯恩的一首頌詩、丁尼生的一封表示友

好的信和吉爾克裡斯特夫人的求愛信。在「美國學會」展覽會上獻誦《畢竟不只是創造》（即《博覽會之歌》）。《民主展望》丹麥文文本出版。

1872 年　　在達特茅斯學院畢業典禮上獻誦《像一隻自由飛翔的大鳥》（即《母親，你與你的一群平等的兒女》）。因黑人選舉權問題與奧康納發生嚴重爭吵。在經歷了一年多的症狀後終於發病；寫下第一個遺囑。

1873 年　　1 月 23 日晚上中風，得偏癱症。2 月間弟媳瑪莎病逝。5 月母親去世。6 月離職到紐澤西州卡姆登修養，從此寄居在弟弟喬治家長達十年之久。結識親年作家特勞貝爾。

1874 年　　7 月被解除政府機關職務，陷入貧病交困之境。發表〈紅杉樹之歌〉和〈哥倫布的祈禱〉。

1875 年　　結識青年印刷工哈利·斯塔福。在斯塔福德農場度過夏天，健康狀況好轉。11 月與巴勒斯訪問華盛頓，參加愛倫·坡的公葬儀式。

1876 年　　由於《紐澤西新聞》1 月 26 日的一篇文章，英美兩國文化發生關於惠特曼在美國是否受歧視的爭論。建國百周年紀念集出版，包括上下兩卷，即《草葉集》六版和《雙溪集》。羅塞蒂與吉爾克里斯特夫人在英國推銷兩卷集，予詩人以有力支援。9 月，吉爾克里斯特夫人全家到達美國，寓居費城，惠特曼常往訪問。

1877 年 ———— 1 月，在費城湯瑪斯·潘恩紀念會上發表演講。2 月，紐約朋友們為詩人舉行招待會。赴紐約埃索浦斯訪問巴勒斯家。5 月～7 月，英國作家愛德華·卡本特、加拿大醫生理查·巴克博士先後來訪，後者成為詩人晚年最親密的朋友。

1878 年 ———— 夏末，詩人朗費羅來訪。

1879 年 ———— 4 月在紐約發表紀念林肯的演說。6 月 7 日吉爾克裡斯特夫人一家動身返英，行前在紐約與詩人單獨晤談一次。9 月赴西部旅行，所到之處包括托皮卡、洛基斯、丹佛、猶他、內華達；歸途在聖路易弟弟傑夫家滯留三個月，翌年 1 月返抵卡姆登。

1880 年 ———— 6 月赴加拿大訪問巴克博士，並乘船往聖勞倫斯旅遊，10 月回到卡姆登。

1881 年 ———— 4 月赴波士頓發表紀念林肯的講演，回訪朗費羅。7 月與巴克博士訪問長島故鄉。8 月再赴波士頓，看《草葉集》第七版清樣，訪問康科德，受到愛默生夫婦款待。11 月《草葉集》七版由奧斯古德出版公司在波士頓出版。

1882 年 ———— 1 月 19 日王爾德來訪。2 月費城「不良圖書查禁協會」宣布《草葉集》七版「有傷風化」，5 月奧斯古德出版社決定停止出版，印版交作者處理，後由大衛·麥凱重印，並出版《典型日子》。3～4 月朗費羅和愛默生相繼去世，惠特曼撰文悼念。

華特·惠特曼年表

1833 年 ⋯⋯⋯⋯ 巴克博士在詩人自己的協助下寫成並出版了《華特·惠特曼》。

1884 年 ⋯⋯⋯⋯ 春天，用《草葉集》新版版稅收入夠得卡姆登米克爾大街 328 號住宅，隨即遷入。6 月卡本特再次拜訪。

1885 年 ⋯⋯⋯⋯ 英國文學評論家埃德蒙·戈斯來訪。朋友鑑於詩人外出艱難，捐贈一輛小馬車和一匹馬。

1886 年 ⋯⋯⋯⋯ 5 月收到英國朋友們捐贈的 850 美元；不久波士頓朋友捐來 800 美元，供詩人購置避暑別墅。年底又收到《帕摩爾》報送來的 80 英鎊新年贈禮。

1887 年 ⋯⋯⋯⋯ 4 月紐約麥迪森廣場歌劇院發表紀念林肯的演說，門票收入 600 美元。藝術家湯姆·艾金斯等為詩人畫像。

1888 年 ⋯⋯⋯⋯ 6 月初癱瘓症再次發作。開始受到特勞貝爾的經常照顧並逐日記錄談話，同時在他幫助下編輯出版《十一月的樹枝》和《詩文全集》。

1889 年 ⋯⋯⋯⋯ 經過一年的蟄居後開始坐輪椅外出。6 月奧康納去世，後不久詩人為其小品故事集做序。

1890 年 ⋯⋯⋯⋯ 4 月在費城做最後一次紀念林肯的演講。8 月寫信答覆西蒙德斯，駁斥所謂《蘆笛》有同性戀情緒的說法，並聲稱自己有過非婚生子女。10 月開始營建自己的陵墓。

1891 年 ⋯⋯⋯⋯ 5 月在米克爾大街 328 號舉行最後一次生日晚會。12 月 17 日感冒，得肺炎；24 日立最後一次遺囑，指定巴克博士、哈內德律師和特勞貝爾為

遺作負責人。出版《再見吧，我的幻想》和《草葉集》臨終版。

1892 年 ⋯⋯⋯⋯⋯ 3 月 26 日去世，30 日葬入哈雷公墓自建的墓穴。

1898 年 ⋯⋯⋯⋯⋯ 惠特曼散文全集在波士頓出版。

1902 年 ⋯⋯⋯⋯⋯ 《惠特曼全集》十卷由遺作負責人監督在紐約和倫敦出版。

1921 年 ⋯⋯⋯⋯⋯ 《惠特曼編餘詩文》兩卷由埃·哈羅威等人編輯出版。

自由詩之父華特・惠特曼：

《草葉集》如草葉般生生不息的文學生命，民主精神的詩歌捍衛靈魂自由

作　　者：[美] 布利斯・培利（Bliss Perry）

翻　　譯：韓春華

發 行 人：黃振庭

出 版 者：崧燁文化事業有限公司

發 行 者：崧燁文化事業有限公司

E-mail：sonbookservice@gmail.com

粉 絲 頁：https://www.facebook.com/
　　　　　sonbookss/

網　　址：https://sonbook.net/

地　　址：台北市中正區重慶南路一段六十一號八
　　　　　樓 815 室

Rm. 815, 8F., No.61, Sec. 1, Chongqing S. Rd.,
Zhongzheng Dist., Taipei City 100, Taiwan

電　　話：(02)2370-3310

傳　　真：(02)2388-1990

印　　刷：京峯彩色印刷有限公司（京峰數位）

律師顧問：廣華律師事務所 張珮琦律師

-版權聲明

本書版權為出版策劃人：孔寧所有授權崧博出版
事業有限公司獨家發行電子書及繁體書繁體字
版。若有其他相關權利及授權需求請與本公司聯
繫。

未經書面許可，不可複製、發行。

定　　價：450 元

發行日期：2023 年 02 月第一版

◎本書以 POD 印製

國家圖書館出版品預行編目資料

自由詩之父華特惠特曼：《草葉集》
如草葉般生生不息的文學生命，民
主精神的詩歌捍衛靈魂自由 / [美]
布利斯・培利（Bliss Perry） 著，
韓春華譯 . -- 第一版 . -- 臺北市：
崧燁文化事業有限公司 , 2023.02
面；　公分
POD 版
譯　自：Walt Whitman : his life
and work
ISBN 978-626-357-086-3(平裝)
1.CST: 惠 特 曼 (Whitman, Walt,
1819-1892) 2.CST: 傳記 3.CST: 美
國
785.28　111022501

電子書購買

臉書